Thomas Ahbe/Michael Hofmann **Es kann nur besser werden**

Thomas Ahbe/Michael Hofmann

Es kann nur besser werden

Erinnerungen an die 50er Jahre in Sachsen

Gustav Kiepenheuer Verlag

Mit 34 Abbildungen

ISBN 3-378-01051-7

1. Auflage 2001

Einbandgestaltung Therese Schneider
Layout Ulrike Vetter
Druck und Binden Clausen & Bosse, Leck
Printed in Germany

Inhalt

Vorwort

Dieses Buch präsentiert Erinnerungen an den Alltag der 50er Jahre. Von 1998 bis 1999 organisierten die Verfasser in Leipzig und Dresden Gesprächsreihen, in denen Geschichten und Erfahrungen aus dem ersten Jahrzehnt der DDR thematisiert wurden. Daneben führten sie mit Zeitzeugen Einzelinterviews über deren Lebenswege in den 50er Jahren. Auf diese Art und Weise kam eine Fülle von Erinnerungen und Erfahrungen zusammen, ein Teil davon wurde aufbereitet und wird hier nun vorgestellt.

Es ist unmöglich, den Alltag dieses Jahrzehnts auf eine einzige Formel zu bringen. Von der Gründung der DDR im Jahr 1949 bis zum Mauerbau 1961 erlebten die Menschen enorme Veränderungen ihrer gesellschaftlichen Lebensgrundlagen. Der Versuch, eine neue, sozialistische Gesellschaft zu schaffen, war für die einzelnen mit großen Belastungen wie auch großen Chancen, mit sozialem Aufstieg oder Abstieg verbunden. Die 50er Jahre wurden von Arbeitern anders erlebt als von Selbständigen und Angestellten, von Ärzten anders als von Künstlern. Und für Menschen mit sozialistischen Ideen bedeutete diese Dekade etwas ganz anderes als für Menschen mit einem christlichen Bekenntnis. So stand also Aufbruchstimmung neben der Hoffnung, daß die neuen Verhältnisse keinen Bestand haben mögen.

Die Spannung in den unterschiedlichen Erfahrungswelten zeigt sich in den Kapitel-Überschriften: »Schuften und Genießen« sind die Pole, zwischen denen sich die Erfahrungen der Arbeiter entfalten. Die Mühen des »Organisierens und Absicherns« widerspiegeln die Erinnerungen des Mittelstandes, der Selbständigen und Angestellten. Und »Streben und Streiten« prägt die Erzählungen der alten und neuen Intelligenz aus jener Zeit. Die Verschiedenheit der Erfahrungen wird besonders in den vier biographischen Darstellungen deutlich. Sie zeigen, wie die Chancen und Blockaden jener Zeit die Lebenswege der Menschen prägten.

Die Geschichten in diesem Buch wirken oft lebensprall und spritzig, sie sind mal dramatisch, mal komisch, und dann wieder beschaulich wie ein Griff in den Kramkasten des Lebens. Es ist von einer ganzen Reihe kurioser Begebenheiten zu lesen, die weder in die Geschichtsbilder der DDR noch in die des vereinigten Deutschlands so richtig »passen« mögen. Manchem mag das Erzählte unspektakulär, ja unwichtig erscheinen. Dennoch hat sich gerade im Alltag einfacher Menschen zu beweisen, was geschichtliche Einschnitte oder Wendepunkte wert sind und welche Verbesserungen oder Verschlechterungen sie für die Menschen verschiedener sozialer Schichten mit sich bringen.

Mit »Es kann nur besser werden« verfolgen die Herausgeber die Reihe von Alltagserinnerungen in Ostdeutschland weiter, die mit dem Buch »Hungern, Hamstern, Heiligabend. Erinnerungen an die Nachkriegszeit« begonnen wurde. Die Herausgeber wollen zeigen, welche spezifischen ostdeutschen Erfahrungen der Strom der Zeit in die Gegenwart gespült hat und in welcher besonderen Art die ostdeutsche Vergangenheit in unserem Alltag heute anwesend ist.

Schuften und Genießen

Erinnerungen und Geschichten von Arbeitern

Meine Mutter sagte: Lehrjahre sind keine Herrenjahre

Herr Kirbach: Meine Lehrzeit begann Anfang der 50er Jahre. Ich habe Rahmenglaser gelernt. Unter uns Lehrlingen gab es eine strenge Hierarchie – einjähriger, zweijähriger und dreijähriger. Der Einjährige, der mußte alles machen. Unsere Arbeit begann früh mit Späne machen, Öfen füllen und Anheizen, dann ging es weiter mit Einkaufen für die Gesellen. Kurz vor Mittag mußte ich loslaufen zur Großküche »Richter und Fischer«, in der Nähe der Leipziger Markthalle. Dort gab es markenfreies Essen. Wenn ich mich zu Hause beschwerte über manche Arbeiten, sagte meine Mutter: »Lehrjahre sind keine Herrenjahre. Wenn du die Prüfung nicht bestehst, wenn du kein Geselle wirst, bekommst du von mir keine Scheibe Brot mehr.«
Damals fing mit mir ein Lehrling an, der lief barfuß. Er hatte keine Eltern und kam aus dem Kinderheim. Der BGL-Obmann hat gesehen, daß der Junge ohne Schuhe kam, und ist zur Gewerkschaftsleitung gegangen und ist denen nicht von der Fichte gewichen, bis er mit einem Bezugsschein für ein Paar Arbeitsschuhe wiedergekommen ist. Das war damals schon sehr viel Einsatz für einen Lehrling. Aber im zweiten Lehrjahr, da kam mein Mitlehrling öfter zu spät zur Arbeit und manchmal auch gar nicht. Die Folge war, daß er rausflog. Die Lehrstelle wurde ihm gekündigt. Und noch schlimmer: der BGL-Vorsitzende rückte in das Kinderheim meines Kollegen ein, und er mußte die Schuhe, die der Betrieb bezahlt hatte, wieder abgeben.

Herr Blume: Ich habe ab 1951 bei einem kleinen Privat-Krauter Tischler gelernt. Als ich dort anfing, sagten mir die Gesellen als erstes: »Also paß mal auf, du darfst nicht erwarten, daß du hier viel lernen kannst.« Denn wenn es wieder Arbeitslose gibt, da kämpft jeder für sich, und wer sein Wissen preisgibt, der schadet sich damit nur. Die Schwächsten werden zuerst entlassen. Das war 1951. In den Folgejahren hat sich das dann aber verändert, und die Losung »Gemeinsam arbeiten, lernen und leben« wurde propagiert. Aber in dem kleinen Krauter-Betrieb habe ich noch kennengelernt, wie es früher zuging. Also im Winter zum Beispiel, da fuhr ich morgens zunächst in die Wohnung des Meisters, holte den Schlüssel für die Werkstatt und machte Feuer. Zu Arbeitsbeginn mußte es warm sein. Das kostete aber bestimmt eine dreiviertel Stunde zusätzlich. Das wurde einfach verlangt, sonst wäre ich wahrscheinlich ganz schnell rausgeflogen. Und nach Feierabend kehrte selbstverständlich der Lehrling die Werkstatt aus. Das dauerte bestimmt wieder eine halbe Stunde. Und wenn ich beispielsweise Möbel auslieferte mit einem zweirädrigen Handwagen, dann richtete der Meister das schon so ein, daß ich nicht zu zeitig losfuhr, denn das war ja zusätzlich zur Arbeitszeit. Der Meister hatte auch oft schlechte Laune und war ein bißchen nervös, wenn man nicht sofort alles präzise hinkriegte, wie er sich das vorstellte. Ich brauchte zum Teil wesentlich länger. Als ich mich mal besonders dumm anstellte, da kriegte ich paar gescheuert. Es lief ein bißchen Blut aus der Nase, und ich verließ empört die Werkstatt. Aber da kam er mir schnell hinterher, da bekam er nämlich Angst, ich könnte mich irgendwo beschweren. Das wäre für ihn sicherlich böse geworden.

1952 oder 1953 wurde dann ein Gesetz über die Arbeitszeit der Jugend eingeführt. Mit meinen 14 Jahren durfte ich dann nicht mehr so lange arbeiten. Vernünftig wäre nun gewesen, daß ich früh später gekommen oder abends zeitiger gegangen wäre. Aber wegen des Feuermachens und des Kehrens war das nicht drin. Also wurde meine Mittagszeit verlängert. Ich konnte mich aber mittags auch bloß in der Werkstatt aufhalten, so daß es am Ende ein noch längerer Arbeitstag wurde. Da habe ich eben freiwillig die alte Arbeitszeit beibehalten.

Nach der Lehre fing ich in einem volkseigenen Betrieb an, bei VEB Reprotechnik. Wir bauten fotografische Reproduktionsgeräte. Also dort

hab ich dann das genaue Arbeiten gelernt. Und dann gab es im volkseigenen Betrieb Leistungslohn. Das war natürlich ein anderer Ansporn, da mußte man selber genau rechnen, sich bemühen, um in eine höhere Lohngruppe zu kommen. Also konnte ich da wesentlich mehr verdienen. Mein Lehrlingsgeld betrug 60 Mark brutto. Und das stieg dann auf 70 Mark im dritten Lehrjahr. Als Facharbeiter verdiente ich dann im volkseigenen Betrieb 1,15 Mark die Stunde, und 1957 erreichte ich 2 Mark, einige lagen auch bei 2,40 Mark, andere darunter. Es war ja ein Leistungslohn.
Aber Pflichterfüllung stand auch bei uns obenan, zuerst kam immer die Arbeit. Einmal waren wir Betriebstischler an einem Freitagabend zum Polterabend bei einem Kollegen eingeladen. Da ging es natürlich feuchtfröhlich zu. Mein Kollege hatte dann irgendwie bei der Rückfahrt am Bahnhof den Anschluß verpaßt. Nun mußte er auf den nächsten Zug warten und ist in seinem Zustand eingeschlafen. Als er wieder munter wurde, war es schon früh um acht. Er kam also an diesem Sonnabend zu spät zur Arbeit. Der Mann, er war über 50 Jahre alt, hat geweint, weil ihm das in seinem Leben noch nie passiert war.

Herr Ficht: In der Lehre damals habe ich meine schönsten Urlaube verlebt mit der FDJ. Das war auf der Insel Rügen. Das war damals noch fast unberührte Natur, wir haben dort gezeltet. Unsere Zelte bestanden aus Umhängeplanen von der Polizei oder von der Armee. Die wurden also zusammengestückelt, da war kein Zeltboden drin, wir legten Stroh unten rein. Morgens sind wir aufgewacht mit eiskalten Beinen, weil die Beine unten aus dem Zelt herausguckten. Aber es war wunderbar abenteuerlich.
Auch bei den Weltfestspielen 1951, im August, war ich dabei. Das war aber gar nicht politisch, sondern reine Abenteuerlust. Wir sind im Güterwagen dorthin gefahren wie in einem Viehtransport, aber es war eine tolle Stimmung.
Nach der Lehre bin ich zur Armee gegangen, zur Kasernierten Volkspolizei. Eingezogen worden bin ich am 17. Mai 1955. Aber weil es immer so schön war in der Gruppe, bin ich freiwillig hingegangen. Ich habe auch dort viele kennengelernt, die freiwillig hingegangen sind. Das war irgendwie abenteuerlich. Ich war siebzehneinhalb und wollte etwas

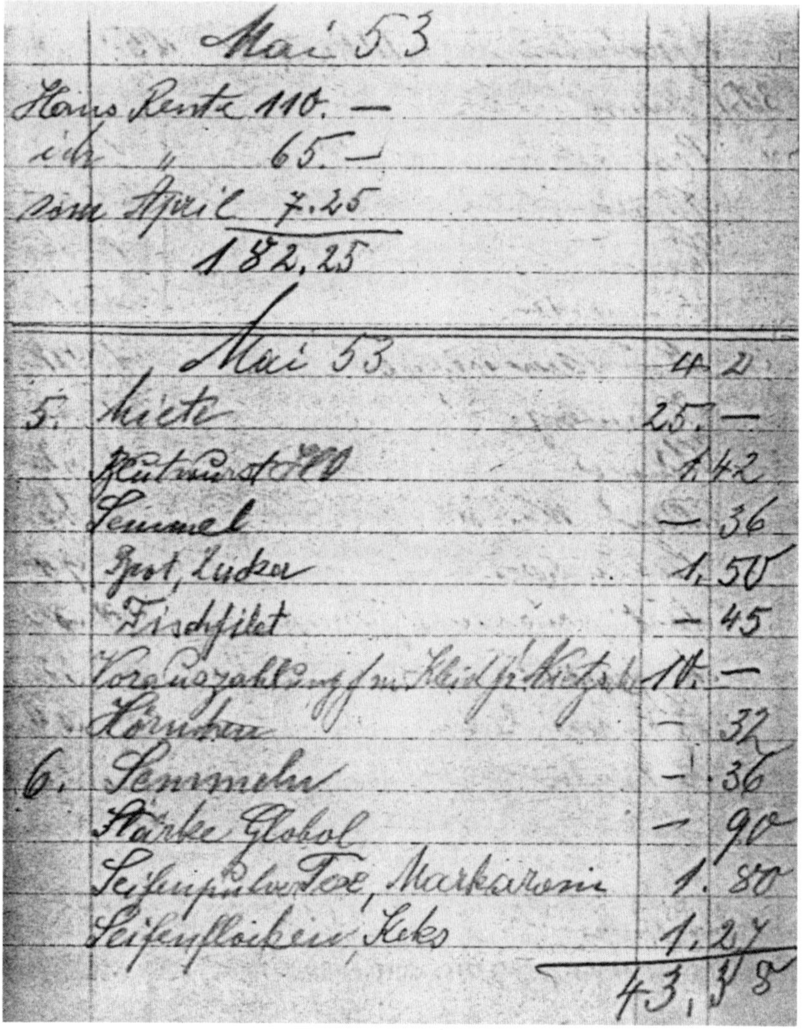
Mai 53
Hans Rente 110.—
ich [illegible] 65.—
vom April 7.25
182,25

Mai 53
5. Miete 25.—
Blutwurst [illegible] 1.42
Semmel —.36
Brot, Zucker 1.50
Fischfilet —.45
Vorauszahlung f. [illegible] 10.—
Hörnchen —.32
6. Semmeln —.36
Stärke Global —.90
Seifenpulver Fox, Makkaroni 1.80
Seifenflocken, Keks 1.27
43,38

Semmeln 36 Pfennig – aus dem Haushaltsbuch

erleben. Dort habe ich meine Fahrerlaubnis gemacht und bin dann die ganze Zeit Armeekraftfahrer gewesen. Anschließend bin ich zum Zoll gegangen. Ich wollte eigentlich ganz aus der Uniform heraus, aber das klappte damals nicht. Also bin ich zum Zoll gegangen.

Ich habe einen eindeutigen politischen Standpunkt dort gefunden und gleichzeitig alles kritisch hinterfragt. Aber ich habe nicht Widerstand geleistet.

Und am Ende der 50er Jahre ist es eben so gewesen, daß ich gehen mußte, weil ich nicht in die Partei eintreten wollte. Ich bin nicht hineingegangen. Mein Kollege, der neben mir saß, der konnte nicht rechnen. Dem mußte ich immer helfen, weil er allein nicht zurechtkam. Der konnte bleiben, und da habe ich mich gefragt, was hier nicht in Ordnung ist. Ich mußte gehen, nur weil ich nicht in die Partei gehen wollte, aber einer, der nicht richtig rechnen konnte, durfte bleiben. So ist es gekommen, daß ich eben immer kritischer wurde.

Herr Illner: In den 50er Jahren ging es es wirklich ziemlich streng zu. Ich war damals noch ein Schulkind. Und wir hatten eine Neulehrerin, ein Fräulein Wehlmann. Das war meine Klassenleiterin, und wir, die wir eingeschult wurden, waren voller Begeisterung. Aber das erste, was ich dort erlebt habe, war schrecklich: ich mußte meine Hände auf die Schulbank legen, bevor der Unterricht losging. Da wurden die Fingernägel kontrolliert, ob sie sauber waren. Was mich jedesmal in größte Ängste versetzte, denn ich war ein Junge wie andere auch, der überall herumsprang. Vier Jahre lang ging das so, jeden Morgen Kontrolle, es war ein furchtbarer Streß. Mein Schulfreund löste die Sache so, daß er die Fingernägel abkaute. Der Mann kaut heute noch an den Fingernägeln. Das gute Fräulein Wehlmann wollte uns für den Sozialismus begeistern, aber sie bestand auf sauberen Fingernägeln.

Herr Kaiser: Ich habe von 1952 bis 1954 gelernt, und zwar Schlosser im Werkstoffprüfmaschinenwerk. Wir lernten den Beruf in einem Lehrwerk zusammen mit Lehrlingen aus dem späteren Kirow-Werk. Bei so vielen Lehrlingen sind natürlich auch verschiedene Dinge vorgefallen. Junge Leute sind gern mal aufsässig. Oft wurden schon Kleinigkeiten bestraft, denn damals waren die Moralschwellen noch wesentlich niedriger.
1953 machten wir eine Lehrlingsfahrt. Es hatte sich eine Truppe zusammengetan, vielleicht sieben, acht Jungen, die alles gemeinsam unternahmen. Zum Abschluß der Fahrt fotografierten sie sich gemeinsam dort draußen im Grünen – und alle nackt. Über die Gesichter hatten sie eine Zeitung gehalten, man sah nur die Körper. Ein tolles Foto. Dann haben sie das Foto in die Lehrwerkstatt mitgebracht. Alle waren

natürlich scharf auf dieses Bild, und auch der Lehrmeister fragte, ob er das Foto mal sehen darf. Aber dann gab es Ärger. Denn die Zeitung war das »Neue Deutschland«. Und deshalb hat der Lehrmeister sie angeschwärzt. Das war ihm sowohl politisch als auch moralisch bedenklich. Dieses Foto ist nach damaligem Verständnis schon halb als Pornographie angesehen worden. Die Jungs haben viele, viele Arbeitseinsätze machen müssen und eine Verwarnung bekommen.

Es hat damals Delikte gegeben, die heute längst keine mehr sind. Zum Beispiel in der Zeit, als noch jeder nach West-Berlin fahren konnte, waren Nietenhosen verboten. Wir haben uns natürlich an der westdeutschen oder Westberliner Mode orientiert und wollten gerne das haben, was es dort zu kaufen gab und in der DDR nicht. Aber es war verpönt, die damals modernen schwarzen Niethosen mit karierten Aufschlägen oder bedruckte Hemden zu tragen. Und wer sich dennoch so etwas besorgt hatte, der durfte es in der Lehrwerkstatt oder auf dem Weg zur Arbeit nicht anziehen. Selbst wenn er privat damit gesehen wurde, wurde das angeprangert. Die Jugendorganisation FDJ hatte sogar im Statut festgelegt, daß man sich als Mitglied der Freien Deutschen Jugend von solchen westlichen Modeerscheinungen zu distanzieren hatte. Wer sich da nicht daran gehalten hatte, wurde öffentlich angeprangert. Und es gab immer welche, die politisch eine Vorreiterstellung einnahmen und einnehmen wollten. Die kamen täglich im Blauhemd zur Arbeit und waren natürlich auch Zuträger in solchen Fällen.

Aber wir haben dort eine einwandfreie Ausbildung bekommen. Alle handwerklichen Fertigkeiten, die zu unserem Beruf gehören, wurden uns beigebracht. Und nach der Lehre hat jeder Lehrling eine Arbeitsstelle vermittelt bekommen. Ich begann damals in einem Betrieb der sowjetischen Armee. Für die haben wir Panzermotoren regeneriert, Motoren von den alten T 34, die auch den Krieg mitgemacht hatten.

Wo Stalin wohnt

Herr Ficht: 1953 habe ich an der Berufsschule erlebt. Es wurde gesagt, der Unterricht fällt aus. Uns wurde nicht gesagt, warum. Wir fuhren zurück durch die Stadt und sind diesen Kolonnen begegnet, die ihre Transparente trugen: »Spitzbart, Bauch und Brille ist nicht des Volkes Wille«.

Frau Sänger: Den 17. Juni habe ich in Eisleben erlebt. Dort war schlimm was los. Mein Mann hatte gerade Frühschicht. Wir Frauen haben beobachtet, wie Arbeiterkolonnen von den Schächten auf die Stadt zumarschiert kamen, mitten in der Schicht. Das Ereignis ging um wie ein Lauffeuer. Die Männer von der Mittagsschicht kamen herunter in die Stadt. Sie winkten uns noch zu und riefen: »Geht zum Bäcker, holt euch schnell Brot, es wird lange nichts geben!« Da sind wir Frauen losgelaufen und haben uns beim Bäcker drei, vier Brote geholt. Die Brote waren schnell ausverkauft. Dann sind wir zum Fleischer und haben alles, was wir auf den Marken noch hatten, schnell aufgekauft.
Mein Mann war gerade im Schacht und einer von denjenigen, die versucht hatten, die Leute aufzuhalten. Während der Frühschicht hatten die Sirenen geheult, und alle Bergleute fuhren wieder aus. Wie aus dem Nichts waren Plakate da. Darauf stand »Mehr Lohn! Mehr Brot!« und solche Schlagzeilen. Und es waren auch plötzlich Männer da, die man im Schacht nicht kannte. Ein Nachbar von uns hat sich auf so eine Lore gestellt, zu den Leuten gesprochen und sie aufgehetzt. Und die Männer, die da aufgetaucht waren, sagten: »Los, antreten, wir marschieren.« Als sie dann unten auf dem Markt ankamen, war ein Demonstrationszug von einem anderen Schacht schon da. Dann sind eben Leute aufs Luther-Denkmal gestiegen und haben Reden gehalten. Sie forderten dazu auf, das Stadtschloß zu stürmen. Dort war die SED-Kreisleitung des Mansfeld-Kombinates drin. Aber sie sind nur bis zum Tor gekommen. Der damalige Kombinatsdirektor hatte den Mut, sich ans Fenster zu stellen und zu den Kumpels zu sprechen. Der Mann war von der CDU, nicht von der SED. Und das hat eigentlich den Ausschlag gegeben. Er hat auch dazu aufgerufen, sich wieder aufzulösen und an die Arbeit zu gehen. Daraufhin sind viele nach Hause gegangen.

Aber einige sind zum Gefängnis marschiert, haben es aufgebrochen und die Gefangenen rausgelassen. Man hat sie das wahrscheinlich auch tun lassen. Obwohl russische Panzer auf dem Markt standen, ist kein Schuß in Eisleben gefallen.
Und am Abend haben sich die Männer in unserer Siedlung unten auf die Bänke gesetzt und über all diese Dinge gesprochen – da ging es laut zu. Dann haben sie beschlossen, am nächsten Morgen wieder normal arbeiten zu gehen. Am anderen Morgen ist mein Mann wie immer um halb fünf aus dem Haus zur Arbeit gegangen.
Aber im Betrieb hat es Zoff gegeben. Zum Beispiel ist unser Nachbar, der sich hingestellt und die Leute aufgehetzt hatte, abgeholt worden. Auch zwei, drei andere noch, sogar ein FDJ-Funktionär. Sie sind alle eingesperrt worden. Nach ungefähr sechs Wochen kam der Nachbar wieder. Seinen Berichten nach ist ihm nichts passiert. Er hat auch seine Arbeit wiederbekommen.

Herr Müller: In der Betriebsberufsschule hatten wir Staatsbürgerkunde. Wir wurden von der Lehrerin gefragt, wo Stalin lebt. Wir hatten uns nie Gedanken darüber gemacht und sagten: »Im Kreml«. Das war natürlich falsch, er wohnte im Herzen eines jeden friedliebenden Menschen. Das muß 1952 gewesen sein. Kurze Zeit später hat sich die Lehrerin in den Westen abgesetzt.

Frau Tronicke: Ich bin 1951 in die Schule gekommen, ich war ein Arbeiterkind, und mein Vater, er war Tischler, hat sehr viel Wert darauf gelegt, daß das auch herausgestellt wurde. Er hat sich von Anfang an sehr in der Schule engagiert, im Elternbeirat. So hat er die Lehrerin, die auch eine Neulehrerin war, unterstützt bei all diesen Dingen, die in der Schule damals üblich waren, zum Beispiel bei den Wandzeitungen. Das war eine ganz wichtige Angelegenheit, wenn mein Vater sonntags zu Hause die Wandzeitung machte. Ich durfte dann helfen. Auf der Wandzeitung wurden Spalten nach Unterrichtsfächern eingerichtet und der Name jedes Kindes wurde aufgeschrieben. Und nach jeder Klassenarbeit hat dann die Klassenlehrerin die Zensuren dort eingetragen. Da konnte man also genau sehen, welcher Schüler zu den Besten gehörte und wer es eben nicht so geschafft hat. Und da gab es

In der Schule

auch Ämter; also der Gruppenratsvorsitzende bei den Pionieren durfte diese Wandzeitung dann eben führen, und es wurde somit ein gewisser Überblick über den Leistungsstand der Klasse gegeben. Mir hat das sehr gut gefallen, weil ich zu den besten Schülern gehörte und immer oben zu sehen war.

Als wir in die Pionierorganisation eintreten sollten, haben das viele nicht gewollt. Es sind auch nicht alle täglich mit Pionierhalstuch in die Schule gekommen. Ich habe bis zur 8. Klasse täglich das Pionierhalstuch getragen. Es gibt Klassenfotos, da bin ich die einzige, die es trägt. Aber ich habe das aus Überzeugung getragen. Das war mir wirklich wichtig. Und meine Mutter, die nähte den Wimpel für die Klasse. Jede Klasse hatte an einem Speer einen dreieckigen blauen Wimpel, und die Pioniergruppe hatte dann auch einen Namen. Und da mein Vater ja nun Tischler war, hat er die »Blaue Ecke« für unser Klassenzimmer gebaut. In dieser Blauen Ecke stand also ein kleiner Wimpel, der wurde dem besten Schüler auf den Platz gestellt. Und es war eine große Auszeichnung, wenn man eine Woche lang oder einen Tag lang diesen Wimpel an seinem Platz hatte. In der Blauen Ecke wurden auch die Selbstverpflichtungen abgegeben. Ich bin da immer ein gewisser Vorreiter gewesen. Ich war wohl eine der ersten in Dresden, die einen Briefwechsel mit einem sowjetischen Pionier aufgenommen hat. Diese

Kinderbrieffreundschaft ist mir sogar bis heute geblieben, und wir besuchen uns immer noch. Außerdem stand in der Blauen Ecke ein Bild des damaligen Oberbürgermeisters von Dresden, Walter Weidauer. Er hat uns dann auch persönlich etwas drauf geschrieben: »Wer seine Heimat liebt, der liebt den Frieden. Und wer den Frieden liebt, der kämpft dafür.«

Aber wegen der Wandzeitungen gab es auch einmal Ärger. Ich muß so in der dritten Klasse gewesen sein, da starb Stalin, und Vater machte eine Wandzeitung darüber. Ich wollte gern auch etwas tun und helfen. Und da hat er gesagt, du kannst das und das machen, aber zerschneide mir den Trauerrand nicht. Er hatte nämlich ganz mühevoll so einen schwarzen Rand herausgeschnitten, den er nun um dieses Stalinbild kleben wollte. Nun lag aber dieser Trauerrand mit der schwarzen Farbe nach unten, so daß ich ja oben nur die Zeitungsbuchstaben sah, und so habe ich diesen Trauerrand zerschnitten. Es war eine Tragödie in unserer Familie. Mein Vater hat mir wohl eine gelangt, obwohl er prinzipiell gegen Schläge war. Meine Mutter schrie: »Alles wegen dem Scheiß-Stalin!« Daraufhin nahm mein Vater seinen Hut, die Männer gingen damals noch mit Hut, und verließ die Wohnung. Wir hatten Angst und dachten, unser Vater käme nie wieder nach Hause.

Da hat sich gezeigt, was ein richtiger Facharbeiter ist

Herr Barthel: Ich habe bei der Deutschen Reichsbahn gelernt. Danach war ich am Bahnbetriebswerk Engelsdorf als Heizer auf der Dampflok und qualifizierte mich später zum Lokführer. In den Sechzigern habe ich auf der Diesellok Lehrlinge ausgebildet. Wir waren 32 Mann, und für 16 von ihnen war ich Gewerkschaftsvertrauensmann und Dienstplanleiter. Mein Prinzip gegenüber den Lehrlingen war: Ich sage du, und du sagst Sie zu mir. Aber gelernt haben die Burschen, wie man ein stolzer Lokführer wird.

Ich habe gut verdient. Wenn wir Lokführer und Heizer Kohle eingespart haben, gab es Kohleprämie. Wir feuerten dann verschiedene

Gemische, da konnte man schon ein bißchen strecken. Die Leistung mußte die Lok bringen, aber was wir verfeuert haben, das war unser Problem.

Herr Kirbach: Wer ein bißchen in der Geschichte Bescheid weiß, der weiß, daß zu Zeiten Friedrichs des Großen die Werber durchs Land gingen und die Leute überredeten, zum Militär zu gehen. Und so war es damals auch in der DDR. Man wollte keine Wehrpflicht, sondern die Leute überzeugen, daß sie freiwillig zur Armee gehen. Und so alle vier bis sechs Wochen kam eine Delegation zu uns in den Betrieb und versuchte die Leute für die Armee zu begeistern. Es waren Armeeangehörige und Parteiveteranen. Sie sagten zum Beispiel: »Wer der Besitzer von Produktionsmitteln ist, der hat die Macht. Und wir hier in unserem Arbeiter- und Bauernstaat, wir haben hier die Macht, und drüben haben die Kapitalisten noch die Macht. Und die sehen bestimmt nicht zu, daß wir hier gut leben und ihre ehemaligen Fabriken besitzen. Die werden versuchen, die Fabriken eines Tages zurückzugewinnen.« Ja, das leuchtete manchem schon ein. Ich hatte aber noch andere Argumente und habe gesagt: »Denkt mal paar Jahre zurück. Damals habt ihr gesagt: Wenn die Deutschen noch einmal ein Gewehr anfassen, dann sollen ihnen die Pfoten abfallen. Ich nehme kein Gewehr in die

Reichsbahnergarten mit Waggon-Laube

Hand, solange ich nicht muß, freiwillig geh ich da nicht hin.« Manche sind doch hingegangen. Und die haben nicht schlecht verdient, also der Lohn war höher, als wenn man gearbeitet hätte. Deshalb bestand bei vielen in unserem Betrieb die Ansicht, daß die, die zur Armee gehen, nur Faulenzer sind, nicht arbeiten wollen. Und das wollte ich mir nicht nachsagen lassen, daß ich zu faul bin zum Arbeiten. Ich wollte beruflich weiterkommen.

Herr Gruner: Ich erinnere mich auch an die Werbung für die Armee, die da in den 50er Jahren lief. Ich arbeitete damals gerade im Falz- und Heftmaschinenwerk an der Gewindewalzmaschine: alle fünf Sekunden die gleichen Handgriffe. Also Rohling zwischen die Walzplatten legen und Hebel drücken, so daß die Walzplatten mit bis zu zehn Tonnen Druck aufeinander zukamen und das Gewinde in den Rohling drückten. Im nächsten Moment den Rohling schnappen und ins Drahtkörbchen werfen. Das alles unter Öl, damit es nicht glühte. Dann den nächsten Rohling nehmen, einlegen, wieder Hebel drücken. Und das acht Stunden lang, in der Nachtschichtwoche neun Stunden. Nachts bin ich so und so viele Male aufgewacht und habe mich dabei erwischt, daß ich immer noch die Bewegungen machte, daß ich immer noch im Schlaf gewiegt und gewalzt habe. Und dann kam eines Tages diese Werbung, und da empfahl mir die Betriebsleitung: »Also wir haben uns schon einmal Gedanken gemacht über dich. Wir machen dir den Vorschlag, dich freiwillig zu melden! Denn bei dieser Arbeit machst du dich nur kaputt! Du bist doch nur noch Haut und Knochen.« Ich wog damals ganze 40 Kilo. Und diese Arbeit wurde ja auch nach Leistung bezahlt. Wenn ich tüchtig arbeitete, dann konnte ich mir jede Woche zusätzlich eine Tafel Schokolade leisten. Aber viel mehr auch nicht.

Nun sagte mir die Betriebsleitung, wenn ich mich freiwillig zur Armee melde, dann wäre das für alle Seiten besser. Denn die Armee würde mich Hänfling sowieso nicht nehmen. Aber der Betrieb könnte melden, daß sie einen Arbeiter zur Armee delegiert haben. Und ich hätte dann eine feine Kaderakte: Hat sich freiwillig zur Armee gemeldet. Und dann sollte ich noch in alle möglichen Organisationen eintreten, in der Gewerkschaft war ich schon, dann sollte ich noch in die Partei.

Und dann könne ich ganz schnell hauptamtlich werden. Dann hätte ich es geschafft und brauchte überhaupt nicht mehr zu arbeiten. Dann brauchte ich nur noch den anderen zu erzählen, sie sollen immer mehr, schneller, besser und billiger arbeiten, für den Sozialismus und für die frohe Zukunft. Und dann würde ich alles kriegen, wofür ich mich jetzt vergebens abstrample.
Im Grunde wollten die mir eine Eselsbrücke bauen. Ich hab' das nur nicht verstanden damals. Ich war zu jung und zu dumm. Ich hatte Ideale. Aber die sprachen so und nannten die Realität richtig beim Namen. Nein, ich war zu dusselig. Ja, ich hätte mich freiwillig melden sollen. An der Gewindewalzmaschine habe ich sowieso nicht mehr lange durchgehalten und mußte dann kündigen.

Herr Umlauft: Ich hatte mich berufsmäßig in den 50er Jahren ein bißchen nach vorne gespielt. Ich arbeitete in Dresden im Werk »Otto Buchwitz«. Ich hatte dort im Juni 1953 angefangen, und schon im September bekam ich dann eine kleine Baustelle als verantwortlicher, den Bau leitender Monteur. Ich mußte erst kämpfen, aber dann wurde mir das anvertraut. Und damit ging eigentlich der Aufstieg los. Ich bin mit meinem Betrieb großgeworden. Das Buchwitz-Werk fing damals mit der Elektrifizierung von Baugroßgeräten an, das waren vor allem Schaufelradbagger. Das war ein großes Programm, und davon hing ja die ganze Energieversorgung der DDR ab. Also das war eine wichtige Sache, und wir haben 15 Jahre pausenlos Bagger gebaut. Ich bin dann vielfach schon zweiter Bauleiter gewesen, Brigadier. Ab 1959 war ich auch im Ausland, in Polen, eingesetzt und habe dort als Bauleiter Bagger gebaut.
Man hatte im Buchwitz-Werk nie von uns Monteuren verlangt, daß wir sonnabends arbeiten. Eine Sechs-Tage-Woche gab es bei uns nicht. Das erzeugte viel Neid. Andere, ähnlich orientierte Betriebe haben dann gefordert: Die Buchwitzer sind die einzigen, die nicht sonnabends arbeiten, die müssen jetzt auch die Sechs-Tage-Arbeitswoche einführen. Aber als sie es versucht haben, hat es einen regelrechten Streik gegeben. 150 Monteure – wir waren insgesamt 180 Monteure – haben erklärt, daß sie sofort kündigen, wenn die Sonnabendarbeit eingeführt wird. Da hat der Betrieb klein beigegeben und das fallenlassen.

Die Leistung wurde an fünf Tagen geschafft, und damit war das vom Tisch, und irgendwann in den 60ern kam dann die Fünf-Tage-Woche für alle. Da haben wir uns geärgert, daß uns das nicht mehr betroffen hat.

Herr Zeidler: Nach dem Kriege arbeitete ich als Waagenschlosser in der Waagenfabrik in Oschatz. Ich war 1945 in die KPD eingetreten und machte dort in der Fabrik den Parteisekretär in unserer Abteilung. Und die kamen auf diese Schnapsidee, die sagten: Wir brauchen hier welche wie dich, also machst du Parteilehrer. Und so haben sie mich auf die Kreisparteischule geschickt, vier Wochen. Dann war ich erst Assistent und dann einige Jahre Kreisparteilehrer. Ich lehrte Marxismus, also Grundlagen, Ökonomie und was so alles dazugehörte. Das war freilich eine ganz andere Arbeit als Waagenschlosser. Wir hatten nicht mal eine Schreibmaschine. Der Unterricht ging früh um acht los bis 17 Uhr, so ungefähr. Danach hatte ich oft Lehrer vom Dienst. Und in der Nacht mußten wir uns manchmal hinsetzen und vorbereiten. Wir wollten ja keinen Mist erzählen. Manchmal habe ich die Nacht bis um zwei, drei gesessen und habe gepinselt. Die Schule war in einem ehemaligen Rittergut; der enteignete Rittergutsbesitzer wohnte sogar noch dort, während wir Marxismus paukten. Meine Frau wohnte mit den Kindern 13 km entfernt in Oschatz. Geldlich sind wir ganz gut über die Runden gekommen. Na, und 1953 bin ich von der Schule geflogen.

Das war so: Wir wollten in dieser Woche umziehen, ich wollte meine Familie bei mir im Schloß haben. Wir hatten einen Möbelwagen bestellt. Ich bin am 14. oder 15. Juni nach Oschatz gefahren, um dort den Umzug vorzubereiten. Am 17. wollten wir dann mit dem Möbelwagen los. Aber das klappte natürlich nicht. Ich sitze und warte, kein Möbelwagen kommt. Am Abend kommt der Parteisekretär der Waagenfabrik von der Arbeit und sagt: »Mensch, du bist immer noch hier.« Ich sage: »Naja, der Möbeltransport ist nicht gekommen.« Er fragt mich, ob ich kein Radio gehört hätte. Wir hatten keins gehört, wir räumten ja die Wohnung aus. Ich habe mich bloß gewundert über die vielen Leute auf der Straße und gefragt, was los sei. »Ach das ist bloß eine Kundgebung«, sagten die. Aber was da so richtig los war, das habe ich erst später erfahren. In der Parteischule wurde mir dann vorgeworfen, ich hätte mich in Oschatz verkrochen, ich hätte Angst gehabt. Aber ich kann doch bloß Angst haben, wenn ich was weiß. Naja, und da habe ich dort dann aufhören müssen und bin zur Polizei gegangen. Bis 1961 war ich bei der Polizei. Es wurden damals welche gesucht, da bin ich hingegangen. Ich habe mich aber nicht verpflichten lassen. Es wurden Propagandisten bei der Volkspolizei gebraucht, und dafür eignete ich mich. Ich machte einen Grundlehrgang und wurde dann Ausbilder, Gruppenführer. Später arbeitete ich als Zugsekretär bei der Abteilung Volkseigentum: Unterschlagung, Diebstahl, Einbruch – das haben wir bearbeitet. Die Abteilung Volkseigentum wurde 1961 aufgelöst, und ich sollte dann irgendwie versetzt werden, in eine ganz andere Ecke. Die wollten mir dann einen Posten versorgen, und da sagte ich: »Nee, ich suche mir meine Arbeit selber. Ich bin jetzt lange aus der Produktion raus, ich will wieder arbeiten.« Und da bin ich dann ins Leipziger Kirow-Werk gekommen, die suchten gerade einen Dreher. Und da ich ja auch Dreher gelernt hatte, habe ich 1961 als Karusselldreher angefangen. Wir haben in drei Schichten gearbeitet und hatten in der mechanischen Werkstatt noch uralte Maschinen. Die Karusselldrehbank, an der ich gearbeitet habe, war von 1930. Aber wir haben Qualitätsarbeit geliefert an allen Maschinen. Da hat sich gezeigt, was ein richtiger Facharbeiter ist. Und nach Feierabend sind wir manchmal in eine Kneipe gegangen, die hieß im Volksmund: »Der drecksche Ärmel«. Damals gab es viele Arbeiterkneipen in Leipzig-Plagwitz. Wenn ich nach Hause ging, mußte ich an vier oder fünf Kneipen vorbei. Andere gingen täglich, aber ich ging eher selten in die Kneipe, denn ich spielte damals schon leidenschaftlich Federball. Sonnabends waren Spiele. Dienstags und donnerstags war Training in der Turnhalle. Und dann bin ich noch zum Tischtennis gegangen. Also langweilig ist es uns in den 50er Jahren nie geworden.

Herr Jahn: 1959 bin ich in die Lehre gekommen. Ich galt als nicht studierfähig, weil meine Herkunft nicht »die Arbeiterklasse« war. Also mußte ich erst mal Arbeiter werden, um später studieren zu können. Arbeiter wurde ich in Großräschen in der Niederlausitz. Dort gab es Ziegelwerke, die so um 1900 gebaut und die durch den Krieg nicht

zerstört worden waren. Was sich dort abgespielt hat, war katastrophal. Es gab Arbeitsbedingungen wie im schwersten Kapitalismus.
Wir hatten eine Woche Schule und dann zwei Wochen Arbeit. Ich lernte in einer Ziegelei. Wir wurden also dort hingefahren in die Ziegelei, wenn der Bus kam. Wenn er nicht kam, dann standen wir da und haben gewartet. Das war ein solches Lotterleben, was ich da kennengelernt habe. Von wegen Erfüllung der Arbeitsaufgaben, Planerfüllung. Das haben bloß irgendwelche Leute zusammengeschrieben, daß der Plan erfüllt sei, aber er wurde nicht erfüllt.
Von früh um 6.00 Uhr bis 16.00 Uhr hatten wir Arbeitszeit. Wenn wir Pech hatten, mußten wir auch in die Öfen gehen, circa 60 °C herrschten dort. Die Öfen mußten neu beschickt werden mit getrockneten Lehmsteinen und wurden dann wieder beheizt. Zuerst mußten aber die fertigen Ziegel so schnell wie möglich herausgenommen werden, damit die Öfen neu bestückt werden konnten. Und je heißer die Temperatur in den Öfen noch war, desto mehr Energie konnte gespart werden. Also wurden wir in die bis zu 60 °C heißen Öfen reingeschickt. Es war kaum auszuhalten und eigentlich auch unzulässig, aber wir mußten irgendwelche Pläne erfüllen, die wir zwar nicht kannten, aber es blieb uns nichts anderes übrig. Wir waren also die Aushilfe für die fehlenden Arbeitskräfte. Das ist mir in starker Erinnerung geblieben. Die Leistung, die wir als Lehrlinge gebracht haben, wurde voll mitbewertet. Wir haben dann einen Facharbeiterabschluß bekommen, da wurde benotet, wie gut wir gearbeitet hatten, und nicht, was wir gelernt hatten.
Viele der Lehrlinge kamen aus Berlin. Und wir sind dann am Wochenende auch oft nach Berlin gefahren. Wir haben 72 Mark pro Monat verdient, und das Geld haben wir 1:5 umgetauscht. Davon habe ich mir ein schwarzes Hemd gekauft, weil es damals irgendwie Mode war. Es durfte aber niemand in dem Lehrlingsausbildungsbetrieb wissen, daß ich in West-Berlin war. Aber mit dem Hemd habe ich mich verraten und wurde vorzitiert: Warum ich mir gerade ein schwarze Hemd gekauft hätte? Ich wüßte wohl nicht, welche Bedeutung schwarze Hemden hätten?
Also ich hatte mir nichts dabei gedacht. Aber damals galt es irgendwie als SS-Schwarz. Mir wurde angedroht, daß ich nicht studieren dürfe,

wenn ich nochmals nach West-Berlin fahre. Jedes Delikt, was man begangen hatte, wurde sehr schnell politisch ausgelegt. Selbst wenn es eine harmlose Sache war, es wurde immer gesagt, du bist also gegen den Frieden, du bist gegen die Wiedervereinigung. Wer nicht für uns ist, ist gegen uns.

Herr Gruner: In den 50er Jahren habe ich ein paar Monate im Leipziger Bekleidungswerk gearbeitet, als sogenannte Etagenhilfskraft. Als Ungelernter bekam ich den Männerlohn von 96 Pfennig. Die Frauen und Mädchen dort waren gelernte Näherinnen, und sie kriegten 84 Pfennig die Stunde. Und für die 84 Pfennig brutto haben sie einen Zentimeter dicken Filz vernäht zu Wintermänteln für die Rote Armee. Netto verdienten sie im Monat 150 Mark. Meine Aufgabe als Etagenhilfskraft war, den Ausschuß wieder nach oben zu bringen. Von einer Etage zur anderen gingen schräge Rutschen. Die fertigen Filzmäntel wurden einfach auf die Rutsche gelegt und sausten ins Erdgeschoß zur Endkontrolle. Ja, und wenn unten bei der Endkontrolle festgestellt wurde, daß oben in der zweiten Etage Murks gemacht wurde, dann mußte der noch mal hoch. Das war dann meine Aufgabe, drei, vier Mäntel zu schultern und damit die Treppen hochzulaufen. Dafür kriegte ich den hohen Männerlohn von 96 Pfennig.
Und dann kam eines Tages der Konsum in den Betrieb zu einer Verkaufsausstellung. Die Konsumgüterproduktion lief zu dieser Zeit an, und die ersten Produkte wurden in die Betriebe gebracht und dort vorgeführt. Die Näherinnen konnten kaufen, und zwar auf Pump. Der Betrieb bezahlte die Waren und zog das Geld den Frauen auf ein Jahr verteilt vom Lohn ab, sogar zinslos. Damals gab es die ersten Stockschirme. Die kosteten aber 60 Mark. Das durfte in Monatsbeträgen von 5 Mark abbezahlt werden. Wer so einen Schirm gekauft hatte, der kriegte dann eben nicht 150 Mark ausgezahlt, sondern nur 145 Mark. Allerdings waren sie noch lange mit Ratenzahlung beschäftigt, da war der Schirm längst kaputt. Denn das waren ja die ersten Versuchsproduktionen, und solche Dinge gingen da sehr schnell kaputt.

Altneubau mit Bad – es war wie ein Lottogewinn

Herr Peisker: Über meinen Betrieb bekam ich 1952 eine Wohnung, eine Zweiraumwohnung. Ich arbeitete damals im Plattenwerk Niedersedlitz bei Dresden. Meine Frau und ich hatten vorher zur Untermiete gewohnt, und vor Freude sind wir fast an die Decke gesprungen. Es war ein Altneubau, sogar mit Bad, ich bin zum Himmel gehuppt, es war wie ein Lottogewinn. Die Miete kostete damals 28 Mark. Wir hatten keine Möbel, aber wir hatten uns etwas zusammengespart. Und damit sind wir zum Möbelschreiner gegangen. Das war früher so. Der sollte uns Möbel für die Wohnküche und die Schlafstube bauen. Ich ging öfter hinüber zum Schreiner, und der war immer sehr freundlich: »Hier gucken Sie mal, Meister, das ist ihr Küchenschrank. Muß bloß noch der Lackierer kommen. Muß bloß noch das und das gemacht werden, die Beschläge fehlen noch. Aber sonst ist alles fertig. Sieht der nicht hübsch aus?« So hat der mit mir gesprochen. Wir haben jedenfalls 3 500 Mark bezahlt, eine Quittung bekommen und alles schien in Ordnung.
Acht Tage vor unserem Einzug kommt mein Bruder zu uns und sagt: »Walter, setz dich mal hin.« Ich sage: »Na warum denn Erich, was ist denn los?« Er: »Nun setz dich hin!« Ich setze mich also hin, und er erzählt, daß der Schreiner Pleite gemacht hat. Dem haben sie den Kuckuck an die Türe geklebt. Wir haben keinen Pfennig mehr gesehen.

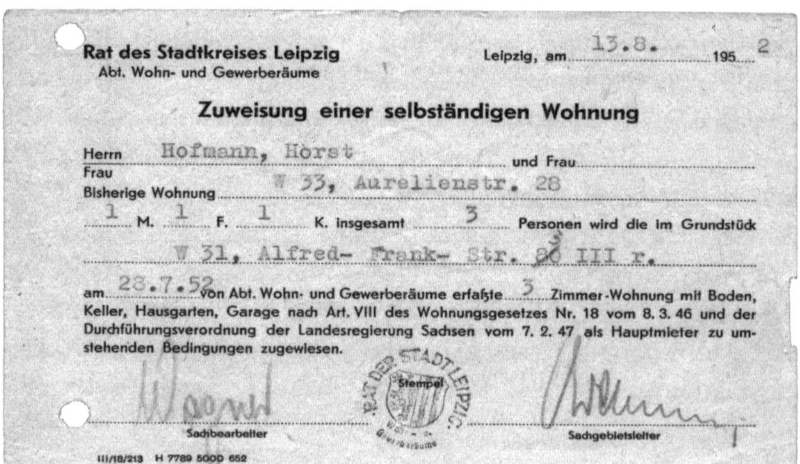
Rat des Stadtkreises Leipzig
Abt. Wohn- und Gewerberäume
Leipzig, am 13.8. 1952

Zuweisung einer selbständigen Wohnung

Herrn Hofmann, Horst und Frau
Frau
Bisherige Wohnung W 33, Aurelienstr. 28
1 M. 1 F. 1 K. insgesamt 3 Personen wird die im Grundstück
W 31, Alfred- Frank- Str. 86 III r.
am 28.7.52 von Abt. Wohn- und Gewerberäume erfaßte 3 Zimmer-Wohnung mit Boden, Keller, Hausgarten, Garage nach Art. VIII des Wohnungsgesetzes Nr. 18 vom 8. 3. 46 und der Durchführungsverordnung der Landesregierung Sachsen vom 7. 2. 47 als Hauptmieter zu umstehenden Bedingungen zugewiesen.

Stempel: Rat der Stadt Leipzig – Wohn- u. Gewerberäume

Sachbearbeiter — Sachgebietsleiter

III/18/213 H 7789 5000 652

Zuweisung einer »selbständigen Wohnung«

Frau Peisker: Also haben wir weiter mit unseren Kisten gelebt. Es war nicht mal ein Wandschrank da, nichts. Und 3500 Mark waren damals viel Geld. Und Möbel gab es so gut wie nicht zu kaufen.
Aber in unserer Straße gab es ein Möbelgeschäft, eine Möbelhandlung. Die gehörte der Wismut. Da sollte es Möbel für Bergleute geben, aber die Schaufenster waren leer. Ich habe meinen ganzen Mut zusammengenommen und bin dort, hochschwanger wie ich war, in den Laden gegangen und habe mein Anliegen vorgetragen: »Ich will eine Küche.« Natürlich wurde ich gefragt, ob mein Mann bei der Wismut arbeitet. Ich sage: »Nein.« Und wie ich so dastehe mit meinem dicken Bauch, da sagt der: »Naja, kommen sie mal mit.« Und da hat er mich mit nach hinten genommen. Und dort hatten sie tatsächlich Küchen stehen. Er hat irgendwo angerufen, und nach einer halben Stunde hatte ich meine Küche. Es war wieder wie ein Lottogewinn. Das war eine wunderbare Küche mit allem drum und dran.

Frau Rösner: 1949 bekam ich über eine Annonce in einem Zigarettenladen ein möbliertes Zimmer in der Wohnung eines älteren Ehepaars. 1950 starb die Wirtin, und mein Verlobter nahm das zweite Zimmer. Ich habe dann für den alten Mann gekocht, damit wir dort bleiben konnten. Dann mußten wir ganz schnell heiraten, um uns für die Wohnung bewerben zu können. Nach kurzer Zeit zog dann der Witwer aus und jetzt ging die Rennerei los. Jede Woche aufs Wohnungsamt. Ich stellte einen dringenden Antrag, weil mein Mann Schichtarbeiter war, Lokführer im schweren Güterzugdienst. Er mußte schlafen und brauchte seine Ruhe. Da bekamen wir die Zuweisung. Allerdings mit der Auflage, einen Untermieter zu nehmen. Weil es drei Zimmer waren. Obwohl wir dann einen Sohn hatten, war es nicht möglich, die Wohnung für uns zu behalten. Wir mußten in zwei Zimmern wohnen und einen Polizisten aufnehmen. Das war eine Marke. Er ging mit Stiefeln ins Bett, brachte jede Woche eine andere Frau mit. Das ging zu weit. Mein Mann hat ihn vor die Tür gesetzt. Daraufhin haben wir dann einen Studenten bekommen. Der wohnte sechs Jahre bei uns zur Untermiete. Und mein Mann und ich wohnten 50 Jahre in dieser Wohnung, die ich damals durch die Annonce in dem Zigarettenladen gefunden hatte.

Frau Sänger: Mein Mann und ich haben schon immer von einem eigenen Haus geträumt. Wenn man in Eisleben die Bahnhofsstraße hochgeht, sieht man gleich an der Ecke zur Halleschen Straße so ein hübsches Haus, direkt am Park gelegen. Da kamen wir jedesmal vorbei, wenn wir montags zusammen zum Bahnhof gingen; ich mußte zur Arbeit nach Halle und mein Mann zu seiner Mühle nach Schrapplau fahren. Es war ein verputztes Haus, ein Bürgerhaus. Wir wußten, daß wir uns so etwas niemals leisten könnten, aber wir sagten uns immer: »Das kaufen wir uns mal.« Das war so eine Spinnerei aus dem Jahre 1949.

Diese Idee hängt auch mit meiner Kindheit zusammen. Bis zu meinem vierten Lebensjahr lebten meine Eltern und ich im Hause meiner Großeltern. Dann heiratete meine Mutter meinen Vater. Er war von Beruf Melker, zog von Gut zu Gut, wechselte alle zwei bis drei Jahre die Stellung, und meine Mutter und ich zogen mit. Für mich war die Heimat immer das Haus meiner Großeltern. Auch mein Mann kannte nur dürftige Wohnverhältnisse, seine Eltern waren Tagelöhner in Pommern. Dann hatte es sie als Evakuierte nach Eisleben verschlagen, zu sechst lebten sie dort in zwei Räumen. Sie hatten wurmstichige Möbel und drei Eisenbetten für die ganze Familie. Nachdem wir 1950 geheiratet hatten, wohnten wir in einer Kammer bei meinen Eltern, die war so eng, daß die zwei Betten hintereinander stehen mußten. Und im Winter glitzerten die Eiskristalle an der Wand. Meine Tochter, die 1951 geboren wurde, schlief im Schlafzimmer meiner Eltern.

Im Frühling des gleichen Jahres kündigte mein Mann bei seiner Mühle in Schrapplau und begann in Eisleben auf dem Lademann-Schacht als Treckejunge zu arbeiten. Im Kupferbergbau konnte man doppelt soviel verdienen wie in der Mühle. Außerdem stellten wir gleich beim Betriebswohnungsamt einen Wohnungsantrag. Mein Mann war ein tüchtiger Arbeiter. Schon nach zwei Monaten wurde er als Hauer eingesetzt und begann sich nach Feierabend zu qualifizieren. Gute Arbeiter, die sich nebenbei noch qualifizieren wollten, waren damals rar. Deswegen bekam mein Mann auch die Unterstützung seines Betriebsleiters, als wir beim Wohnungsamt vorsprachen, denn mit dem Antrag tat sich nichts. Ich war dabei und hatte die Tochter im Wagen mit. Mein Mann schilderte also unsere Wohnverhältnisse und zeigte das

Schreiben vom Direktor. Er sagte, daß er den Betrieb wieder verlassen würde, wenn er keine Wohnung bekäme.

Im November 1951 wies man uns eine Neubauwohnung zu. Der Bau war noch durchfeuchtet, so daß wir täglich lüften und heizen mußten, aber nicht einziehen konnten. Im Frühjahr 1952 war es dann so weit. Es war ein Neunfamilienhaus, in dem nur Bergleute wohnten. Wir waren glücklich, daß wir endlich eine abgeschlossene Wohnung hatten. Die Wohnungen hatten Schlafzimmer, Wohnzimmer, Küche und Bad. Die Zimmer waren nicht besonders groß. In einem Raum bekam man ein Schlafzimmer und zwei Kinderbetten unter. Wir zahlten dreiundzwanzig Mark und einige Pfennige Miete. Das weiß ich deshalb so genau, weil ich erst vor ein paar Wochen den alten Mietvertrag in der Hand hatte. Die Küche hatte einen Kombiherd, Gas und Kohle, mit zwei Gasflammen an der Seite und einer Backröhre. In der Küche gab es ein Ausgußwaschbecken. Daneben an der Wand stand der Tisch, der hatte die zwei Waschschüsseln zum Vorziehen, um den Tisch standen vier Stühle, jeweils einer an der Stirnseite und zwei an der breiten. Wenn man reinkam, war rechts der Herd, links war der Handtuchhalter, dann kam der Küchenschrank, und gegenüber der Tür war das Fenster, da hatte ich ein Sofa drunter. Wir hatten eine neue, ganz normale Küche gekauft. Als wir die Wohnung zugewiesen bekamen, haben wir noch ein Eßzimmer gekauft. Dazu einen großen Ausziehtisch mit sechs Polsterstühlen. Außerdem haben wir uns bei einem Privathandwerker zwei Sessel und eine Couch dazu arbeiten lassen. Das Schlafzimmer hatten wir ja schon angeschafft, als wir geheiratet hatten, das stand ja noch verpackt bei meinen Eltern. Als wir bei meinen Eltern lebten, gaben wir 150 Mark an sie ab, ansonsten haben wir alles gespart. So konnten wir uns bei unserem Einzug vollständig einrichten.

In der Wilhelm-Pieck-Siedlung wohnten fast nur Bergleute. Unsere Häuser waren für die damalige Zeit, also für Arbeiterverhältnisse, wirklich sehr gut. Die Männer hatten für jedes Haus einen Wäscheplatz gebaut, einen großen Spielplatz mit Sandkästen und Bänken für die Erwachsenen, wo die Männer abends saßen. Da wurde auch viel politisch diskutiert. Mein Mann sagte einmal: »So geht's nicht. Ihr könnt euch nicht auf den Knochen anderer ausruhen. Ihr könnt nicht eine Stunde im Streb schlafen und behaupten, der Haspel sei kaputt.«

Mein Mann wollte immer Geld verdienen. Er schaffte untertage sehr viel, wurde dann auch als Brigadeleiter eingesetzt und mußte sich wieder qualifizieren. Zwei Jahre lang saß er entweder vor oder nach seiner Schicht in der Betriebsakademie. Mit seiner Brigade erreichte er die höchste Förderleistung, er war so schnell, daß sie ihn den »Schrapper« nannten, das war die Bezeichnung für ein mechanisches Abbaugerät.

Wir haben zu dieser Zeit eisern gespart, denn unser Ziel war ein eigenes Haus. Wir drehten jeden Pfennig um, auch beim Essen für uns beide. Oft kochte ich dicken Porree und Salzkartoffeln. Das war dann unser Abendbrot, nur damit wir Geld sparen konnten. Aber viele junge Familien lebten nicht so sparsam und haben ihr Geld einfach verjuxt. Damals gab es in Eisleben viele Tanzlokale, mittwochs und samstags war da immer etwas los. Da hatten die Frauen schon am Nachmittag Hummeln im Hintern: »Ich muß mir die Haare waschen, paßt du mal auf meine Kinder auf, nimmst du mal meinen Schlüssel, guckst du mal, wir gehen weg.« Wir sind nicht weggegangen.

Anfang 1954 wurden im »Neuen Deutschland« die ersten AWG-Häuser vorgestellt. »Der Staat baut für die Arbeiter Häuser«, hieß es. Die Betriebe wurden angeregt, »Arbeiter-Wohnungsbaugenossenschaften« zu gründen und Baumaterial und Geräte sowie Baugrund zu Verfügung zu stellen. Bauen sollten die Interessenten unter Anleitung von Bauingenieuren jedoch selbst. Das Mansfeld-Kombinat setzte das noch im selben Jahr um. Der Lademann-Schacht veranstaltete im Sommer ein Schlachte- und Betriebsfest, mit Tanzpodium und grünen Girlanden. In seiner Rede stellte der Betriebsleiter auch die neuen AWG-Häuser anhand von kleinen Modellen vor und sagte: »Unser Staat sorgt für uns, unser Staat ermöglicht uns, ein Eigenheim zu bauen.« Das veränderte die politische Stimmung. Die Leute waren begeistert, und auch jene, die ansonsten nörgelten und schimpften, zeigten sich zufrieden.

Wir haben uns gleich für so ein AWG-Haus angemeldet. Denn je eher man in die AWG eintrat, um so eher hatte man eine größere Wohnung, und wir wollten ja noch ein drittes Kind. Wir hatten die Anmeldung Nr. 4. Allerdings mußte man beim Eintritt in die AWG gleich 2500 Mark zahlen. Mein Mann war damals schon Brigadeleiter, und der Brigadeleiter verdiente das meiste Geld auf dem Schacht. Bei dem

Die neuen Häuser der Arbeiter-Wohnungsbaugenossenschaften

Schlachtfest hat der Betriebsleiter gesagt: »Na, Fritz hat seine ganze Brigade freigehalten. Und das kann er ja auch, der hat ja mehr Geld als ich.« Mein Mann hat so zwischen 1500 und 1600 Mark mit nach Hause gebracht. Wegen unserer Ersparnisse konnten wir also gleich die 2500 Mark für das AWG-Haus auf den Tisch legen. Von da an fing mein Mann wohl auch an, seine Gesundheit zu ruinieren. Er hat mit seiner Brigade auf dem Schacht jede Aufgabe angenommen, bei der es besondere Erschwerniszulagen gab, wie zum Beispiel die Arbeit in den Naßstrebs. In diese Strebs drang Wasser ein, so daß ständig in der Nässe gearbeitet werden mußte. Die Strebs waren nur 60 Zentimeter hoch, man hatte ein Bein unter dem Hintern, und so hockte man acht Stunden in der Nässe und arbeitete. Einem jungen Mann war das zuviel, der ist in eine andere Brigade gegangen. Die anderen waren zufrieden, denn sie haben ungeheuer viel Geld verdient.

Wenn mein Mann von der Arbeit gekommen ist, hat er gegessen, sich umgezogen und sich auf sein klappriges Fahrrad geschwungen. Dann ist er durch ganz Eisleben zum Bauplatz für die AWG-Häuser gefahren. Die Männer trafen sich dort vor oder nach der Schicht. Wir mußten ja nicht nur 2500 Mark bezahlen, sondern auch 1000 Stunden Eigenleistung bringen. Die Männer schachteten bei den ersten drei Häusern ohne technische Hilfsmittel aus. Als es dann tiefer wurde, schleppten sie den Aushub mit Körben die Leiter hoch, dann haben sie sich vom

Betrieb Förderbänder besorgt. Allerdings wurde nach einiger Zeit der Vergabemodus geändert, es ging dann nicht mehr nach der Reihenfolge des Eintritts in die AWG, sondern danach, wie schnell man seine 1000 Stunden Eigenleistung erbracht hatte. Und da wir zu den wenigen gehörten, die keine Helfer hatten, landeten wir weit hinten. Mein Mann hatte 800 Stunden gebracht, als er nachfragte, ob er die restlichen 200 Stunden nicht abzahlen könne, die Stunde mit fünf Mark. Die Genossenschaft brauchte das Geld, er zahlte, bekam in seinem Buch seine 1000 Stunden eingetragen und das Haus zugewiesen.
Im Dezember 1956 zogen wir ein. Jetzt hatten wir endlich mehr Räume, zwei Kinderzimmer, ein Schlafzimmer, ein Wohn- und ein Eßzimmer, Küche und Bad. Mein Vater fuhr mich ins große HO-Kaufhaus, und dort suchten wir uns Möbel aus, Teppiche, Bettumrandungen und Treppenläufer. Wir waren von den vier Hausvierteln die einzigen, die sich vollkommen neu einrichten konnten, eben weil wir gespart hatten. So haben wir uns unseren Traum erfüllt.

Herr Hobian: In den 50er Jahren wurde viel Musik gemacht. Ich habe im September 1952 bei der damals größten deutschen Waffel- und Keksfabrik »Gebrüder Hörmann« in Dresden als Waffelbäcker angefangen. Und ich war vielleicht zwei Tage dort beschäftigt, da spricht mich ein Kollege an und fragt: »Spielst du Mundharmonika?« Natürlich spielte ich Mundharmonika. Als Junge war es zu dieser Zeit selbstverständlich, daß man einen »Mundhobel« hatte. Er lud mich ein und sagte, daß jeden Mittwoch von 17 bis 19 Uhr im Speisesaal Probe wäre. Und da habe ich mich auch eingefunden. Im Mundharmonikaverein, der nach einem Produkt der Firma »Alpenstern« hieß, wurde Konzertharmonika gespielt. Diese Art zu musizieren hat es schon in den 20er und 30er Jahren gegeben. Es war ganz unkompliziert. Noten hatte nur der Dirigent, und wir mußten solange üben, bis wir sauber die Melodien, meist Volksmusik, geblasen haben. Die Firma »Gebrüder Hörmann« hat ihr Arbeiterorchester »Alpenstern« auch großzügig unterstützt, zum Beispiel bei Arbeitsfreistellungen und der Anschaffung neuer Instrumente. Der Verschleiß war sehr groß, denn die Instrumente verstimmten sich schnell. Eine Mundharmonika der Firma »Vermona« aus Klingenthal kostete zwischen drei und fünf Mark, und

jeder Spieler brauchte etwa 20 Stück im Jahr. Aber wenn der Direktor seinen Geburtstag hatte, gingen wir ein Ständchen spielen. Der hatte seine Dienstwohnung in der Fabrik ganz oben.
Wir traten am Sonntagvormittag in Krankenhäusern auf. Wir haben fast in jedem Dresdner Krankenhaus zur Erbauung der Patienten gespielt. Dadurch wurden wir immer populärer, und es blieb nicht bei den Krankenhäusern, sondern wir spielten auch auf dem Weißen Hirsch. Zur Auflockerung hat es bei uns ein paar Leute gegeben, die haben dann manchmal noch so eine lustige Einlage geschmissen. Wir hatten einen Stimmenimitator, der Hans Moser und Theo Lingen imitierte, und ein junges Mädchen, das ein bißchen Ballett tanzte. Und dann hatten wir einen, der konnte gut singen. Und der sang den damals populären Schlager »Die Welt ist groß und rund, ich bin ein Vagabund«. Das war Anfang der 50er Jahre so ein Reißer, so ein Schlager. Und den hat er so runtergeträllert.
Wenn wir als Trio auftraten, bekamen wir pro Auftritt 30 Mark. Wir sind damals auch gemeinsam mit Eberhard Cohrs aufgetreten, da war er noch nicht so bekannt. Es gab jedenfalls eine Menge bunter Veranstaltungen.
Zum Auftreten blieb eigentlich nur der Sonntag oder der Sonnabendabend übrig. Ich arbeitete damals im Schichtdienst. Wir hatten nicht viel Freizeit. Die Arbeit und die Mundharmonika, das war damals mein ein und alles. Meine Frau lernte ich erst später kennen.

Das Mundharmonikatrio »Alpenstern«

Frau Kutzschbach: In meiner Schulzeit, es muß 1956/57 gewesen sein, ging ich zur Tanzschule. Es gab in Leipzig ganz verschiedene Tanzschulen. In der Tanzschule Seifert durfte man zu den Bällen nicht mehrmals im gleichen Kleid kommen, da mußten verschiedene Kleider her. Für den Vorball und den Zwischenball und den Abschlußball. Und die jungen Herren mußten wohl auch die Tanzstundenpartnerin abholen und immer in Anzug und Blümchen gehen.
Aber mein Vater war Elektromonteur, und meine Mutti sagte: »Also den Zirkus machen wir nicht mit, so viel Geld können wir nicht ausgeben für das Ganze. Du gehst zur Tanzschule Ritter.« Und Ritter machte eine Tanzstunde im Haus der Deutsch-Sowjetischen-Freundschaft. Da bezahlte das Haus die Hälfte, und wir haben 10 bis 15 Mark für den ganzen Kurs bezahlt. Das konnten wir uns leisten. Allerdings hatte das Haus der DSF im großen Saal nur einen Fußboden aus Kacheln. Die waren sehr rupplig. Es lag ein Kokosläufer drüber. Zur Tanzstunde mußten wir den Kokosläufer immer zusammenrollen. Der ganze Schmutz fiel natürlich durch, und es knirschte dann furchtbar beim Tanzen. Der Musiker mußte auf dem alten, verstimmten Piano sehr laut spielen, damit wir etwas hören konnten. Andere aus meiner Klasse waren in anderen Tanzstunden, und da soll es damals edler zugegangen sein, aber bei mir reichte es nur für die Ritters.

Herr Hofmann: Ich war ungeheuer aktiv im Sport, im Fußball. Ich hatte einen Übungsleiterposten übernommen. Wir waren eine Kreisklassenmannschaft, aber gerade acht Mann, als die Saison begann. Deshalb holten wir uns noch fünf andere einfach von der Straße. Und mit dieser Mannschaft qualifizierten wir uns dann sogar für den Junge-Welt-Pokal. Sport und Fußball standen damals im Mittelpunkt. Viele junge Leute machten Sport und verbrachten damit einen großen Teil ihrer Freizeit. Es wurde natürlich auch reglementiert. Während meiner Lehre als Maschinenschlosser kamen gerade die Nickis auf. In Westdeutschland waren die sogar bemalt. Das war bei uns verpönt. Das kam aus Amerika.
Aber in der Messehofpassage gab es ein kleines Geschäft, und das machte Textilmalerei. Mein Freund und ich haben uns so ein Nicki – heute nennt man es T-Shirt – gekauft. Und weil wir so sportbegeistert

waren, sind wir in dieses Textilmalereigeschäft gegangen, um unsere Idole draufmalen zu lassen. Er hat sich einen Fußballspieler draufmalen lassen und ich einen Rennfahrer. Da habe ich den größten Ärger im Betrieb gekriegt. Der FDJ-Sekretär hat mich öffentlich niedergemacht und gesagt: Das ist Lästerung. Ich könne ja auch nicht einfach Wilhelm Pieck da vorne draufmalen lassen. Ich durfte das Nicki nicht tragen. Ich habe es zwar nicht abgeben müssen, aber ich durfte das nicht tragen, wenn ich in den Betrieb ging.

Wenn es mal eine zentrale Sportveranstaltung gab, dann wollten wir natürlich alle hin. In dem Zusammenhang muß ich immer wieder an dieses große Spiel im Leipziger Zentralstadion denken: Wismut Aue gegen Kaiserslautern. 1954 war die Bundesrepublik Weltmeister geworden, und der 1. FC Kaiserslautern kam mit fünf Spielern aus dieser Weltmeistermannschaft nach Leipzig. Da war das Stadion gerade fertiggebaut. Die Karten wurden nur über die Betriebe verteilt, sonst gab es keine. Die Eintrittspreise waren toll: Die Gerade kostete zwei Mark, die Kurve 1,50 Mark. Aber ich bekam keine Karte, denn die Karten wurden verlost. Bei uns kriegte die Karte für die Abteilung eine Reinemachefrau, die nicht mal wußte, daß der Ball rund ist. Die verschenkte sie, die ging selber nicht hin. Aber ich kam nicht ran. Da habe ich nun überlegt, wie kannst du denn da hinkommen. Also bin ich an diesem Nachmittag auf den Hauptbahnhof gefahren und habe die Ankommenden nach Karten gefragt. Das klappte auch. Als der Sportclub Einheit Dresden, eine ganze Truppe, ankam, hatten die noch eine Karte übrig. Block 6, Reihe 6, weiß ich heute noch. Ich hatte Glück und saß genau hinter dem Tor, in das Fritz Walther sein berühmtes Hacken-Trick-Tor schoß. Also wurde ich zumindest auf diese Weise belohnt.

Aber es gab nicht nur Fußball. Die 50er Jahre waren insgesamt eine sportbegeisterte Zeit. In Leipzig wurde beispielsweise das Stadtparkrennen eingeführt. Für die damalige Zeit war das eine grandiose Leistung, diese Rennstrecke zu bauen und alljährlich dieses Rennen zu veranstalten. Es waren die Jahre, als die Friedensfahrt ins Leben gerufen wurde und Tausende Zuschauer mobilisierte, ohne daß man Schulklassen dorthin delegieren mußte. Immerhin ist Täve Schur, der die Friedensfahrt mehrmals gewonnen hatte, dann auch Radweltmeister geworden.

Friedensfahrt 1954, »Täve« Schur vor dem Start in Leipzig

Wenn die Friedensfahrt über Leipzig ging, haben wir im Zentralstadion nicht nur die Ankunft der Sieger erwartet, sondern wir haben in einem Jahr sogar den letzten abgewartet. Er hieß Singh und war aus Indien. Er kam drei Stunden später an. Am Schluß war er noch im Windschatten eines Pferdefuhrwerks geradelt. Aber er kam ins Ziel, und wir haben das miterlebt.

Frau Kirst: Mein Bruder hatte wie viele Kinder in unserem Hof einen Holzroller mit so großen schwarzen Vollgummirädern. Oft wurden Rollerrennen gestartet. Und der Anfeuerungsruf war nicht etwa »Tempo, Tempo!«, sondern wir schrien einfach »Täve, Täve!«. Die Kleinen wußten eigentlich gar nicht, um was es geht. Aber alle schrien das. Auch hieß es damals: »Schlafe schnell wie Hennecke oder mache so schnell wie Hennecke«. Solche Sprüche haben sich bei mir bis heute ganz fest eingeprägt.

Herr Kirbach: 1951 gab es die Weltfestspiele in Berlin. Man hatte die Weltfestspiele den Deutschen, den Ostdeutschen gegeben, weil man überzeugt war, die Deutschen machen nie wieder Krieg, die nehmen nie wieder ein Gewehr in die Hand.
Ich bin damals mitgefahren, die Teilnahme kostete 16 Mark, die Fahrkarte eine Mark. Wir sind mit dem Güterwagen nach Berlin gefahren. Die Stadt war noch zerstört und zertrümmert und hat trotzdem Tausende von Jugendlichen beherbergt. Wir haben damals auch keine großen Ansprüche gestellt. Im Heu haben wir geschlafen, auf Stroh, auf den Dachböden. Viele sind ja nur mitgefahren, um einmal nach West-Berlin zu kommen. Man konnte damals ungehindert über die Grenze. Es stand kein Posten da, nichts. Ebenso kamen auch die West-Berliner rüber und kauften bei uns im Osten. Sie tauschten das Geld um. Die waren natürlich dicke da. Für 20 Pfennig bekamen sie eine Mark.
Der Senat von West-Berlin hatte die Jugendlichen eingeladen, auch FDJler, sie sollten mal nach West-Berlin kommen, sich dort was ansehen. Sie sollten aber keine Transparente mitbringen, auch nicht marschieren oder Lieder singen. Ob wir das nun nicht eingehalten hatten, weiß ich nicht mehr. Jedenfalls hat die Polizei damals viele von uns furchtbar zusammengedroschen.

Ein bißchen Schmuggel

Herr Kirbach: 1952 habe ich mir ein Fahrrad gekauft. Damals gab es vier verschiedene Sorten Fahrräder. Die billigste hieß wohl »Möwe«, dann kam »Mifa«. »Diamant« und »Simson« waren dann teurere Fahrräder, die kosteten 325 Mark. Pfingsten 1952 hatte ich jedenfalls das Geld zusammen: 300 Mark. Aber in der HO gab es selten Fahrräder. Und wenn es welche gab, da haben sich die Leute darum geschlagen. Alle wollten ein Fahrrad haben. Jedenfalls bekam ich an einem solchen Liefertag auch eins, das letzte, für 275 Mark, also 25 Mark billiger. Die Sache hatte einen Haken: das Rad hatte keinen Gepäckträger und keine Lampen. Die waren mit der Produktion von den Dynamos und den Lampen nicht nachgekommen. Ich bin wochenlang rumgelaufen, selbst eine Luftpumpe war damals ein rarer Artikel. Einmal bin ich mit dem Fahrrad bis nach Halle gefahren, aber nirgends gab es Fahrradlampen. Im Urlaub bin ich dann mit einem Freund nach West-Berlin gefahren. Dort gab es ja alles, ich hatte das einmal zu den Weltfestspielen gesehen. Der Unterschied war ganz schön groß. Jedenfalls sind wir mit dem Rad bis Berlin gefahren und haben geschaut, wo es Beleuchtung gibt. Wir fanden ein Fahrradgeschäft, und ich kaufte Dynamo, Lampe und Rücklicht. Der Ladenbesitzer tauschte mein Ostgeld sogar eins zu vier um. Die Lampe kostete umgerechnet 75 Mark. Also das war wahnsinnig viel Geld, aber ich war eben scharf auf die Beleuchtung.
Für den Rückweg hatte ich alles notdürftig anmontiert. An der Potsdamer Brücke in Glienicke wurde ich kontrolliert. Ich hatte dummerweise den Karton, wo der Dynamo drin war, auf dem Gepäckträger. Der Volkspolizist guckte schon so hämisch. Freudestrahlend stürzte er sich auf den Karton und schaute nach, was da drin war. Er war natürlich leer. Der Dynamo war ja am Rad, und die Lampe war auch am Rad, und das Rücklicht war am Rad. Auf dem Karton war nichts verzeichnet, keine Reklame dran, der Polizist konnte mir nichts nachweisen. Da war ich wirklich froh. Den Dynamo habe ich heute noch.

Herr Umlauft: Mitte der 50er Jahre arbeitete ich auf Montage in Gröditz, im Stahlwerk. Das war ja nicht weit von Berlin entfernt. Da bin ich mit dem Fahrrad nach Berlin gefahren, auf der Autobahn. Das war damals erlaubt. In Berlin habe ich eingekauft, was wir damals eben so brauchten. Ich hatte einen Pappkoffer auf dem Gepäckträger, und da packte ich alles rein. Auf dem Rückweg nahm ich dann die Dorfstraßen über Luckau und so. Einmal wurde ich unterwegs von einem VP-Posten angehalten, weil ich meinen Fotoapparat um den Hals hängen hatte. Die hatten diesen Fotoapparat gesehen und gedacht, ich hätte irgendwelche geheimen Sachen fotografiert. Ich wurde festgenommen und zur Stasi geschickt. Ich wußte damals noch gar nicht, daß es die Stasi gab. Da war ich in Finsterwalde bei der Stasi eingesperrt. Eine Nacht habe ich dort zugebracht. Dort haben sie meinen Film entwickelt und festgestellt, daß nichts Feindliches drauf war. Da entließ mich die Stasi wieder. Das andere, was ich im Koffer hatte, Zucker und andere Sachen, die ich in West-Berlin gekauft hatte, das hat die Stasi nicht interessiert. Aber sie haben mich wieder zur Polizei geschickt, und die haben mir dann alles weggenommen. Und eine Strafe bekam ich auch noch aufgebrummt: 80 Mark, Wirtschaftsstrafe haben sie das genannt.

Herr Kaiser: In der S-Bahn wurde viel geschmuggelt, und dabei wurden die Leute immer findiger. Ein bißchen schmuggelte jeder. Die S-Bahn fuhr ja von Ost-Berlin nach West-Berlin, und an der letzten Station waren Kontrollen. Das wurde immer angesagt. »Letzte Station des demokratischen Sektors«, hallte es aus den Lautsprechern, und dann ging die Polizei durch. Einmal lag ein Paket im Netz, oben im Gepäcknetz. Und aus diesem Paket guckten Gänsebeine raus. Das war sehr auffällig. Es war ja verboten, Fleischerzeugnisse nach West-Berlin zu bringen. Die standen auf der Liste verbotener Produkte. Der Polizist fragte nun: »Wem gehört denn das Paket?« Keine Antwort. Er fragte wieder. Keiner meldete sich. Da hat er das Paket aus dem Gepäcknetz gehievt und mitgenommen. Der Zug fuhr los, und als der Zug über die Grenze gefahren war, da sagt einer im Abteil ganz ruhig: »Na de Latschen ham'se, die Gans habe ich hier.«

Herr Imhoff: 1955 hatte ich die Fahrerlaubnis gemacht und war in der glücklichen Lage, ein Motorrad zu kaufen. Mein ganzes Tischlereinkommen hatte ich gespart und das damalige Traummotorrad, eine Java, gekauft. Mit der Java sind mein Freund und ich dann gleich nach

Westdeutschland gefahren. Das war ohne weiteres möglich. Wir hatten natürlich Ostgeld versteckt, um drüben zu tauschen und um Benzin kaufen zu können. Aber die Leute an der Grenze waren sehr raffiniert und geschult. Sie haben uns am Grenzübergang nach Bayreuth herausgewunken und kannten alle die Kniffe. Zuerst haben sie mein schönes neues Motorrad zerlegt. Nicht die ganze Maschine, aber die Verkleidung, die Lampenverkleidung und so weiter. Alles wurde demontiert, aber da fanden die nichts. Deshalb mußten wir zur Leibesvisitation. Wir mußten uns tatsächlich bis auf den splitternackten Körper ausziehen. Da haben sie natürlich das ganze Geld gefunden. Mein Freund hatte es unter der Einlegesohle und ich so am Körper. Ein Protokoll wurde angefertigt, und das ganze Geld wurde weggenommen. Wir sind dann trotzdem rübergefahren, sie haben uns auch fahren lassen. In Heilbronn haben wir uns bei einem Tischlermeister für eine Woche Arbeit besorgt und haben uns das Benzingeld verdient, damit wir mit der Java wieder zurückfahren konnten.

Frau Rösner: In den 50er Jahren gab es einen Geldumtausch. Da wurde von einem Tag auf den anderen das Ostgeld umgetauscht. Und das alte Geld war von einem Tag auf den anderen ungültig.
Jedenfalls waren wir jung verheiratet und haben uns alles Mögliche anschaffen wollen, und da war das Geld ziemlich knapp. Und als der Umtausch war, konnten wir die Summe, die man bar umtauschen konnte, also diese 200 Mark, nicht aufbringen. Ich wußte, daß mein Schwiegervater doppelt soviel verdiente wie mein Mann, und sagte zu meiner Schwiegermutter: »Na, da kannst du uns ja was geben, und da tauschen wir das mit um.« Es führte damals kein Weg rein. Ein paar Jahre später renovierten wir unseren Schwiegereltern das Wohnzimmer. Wir räumen also alles aus und nehmen auch die Wanduhr ab, einen alten Regulator. In dieser Uhr lag ein ganzer Stoß Hundertmarkscheine. Aber es war noch das alte Geld. Es ging kein Weg mehr rein, das noch umzutauschen. Das war eben verloren. Mit dem versteckten Geld haben wir sie dann jahrelang geärgert und aufgezogen.

Ich konnte richtig loslegen, bei der Arbeit und danach

Biographische Erzählung von Herrn Zimmerer: Geboren bin ich in Köln. Nach dem Krieg habe ich dort eine Lehre als Maler absolviert, aber es war gar nicht so einfach, eine Anstellung zu kriegen. Am Anfang verdiente ich 54 Pfennig die Stunde, und dann steigerte ich mich auf 72 und 98 Pfennig. Davon konnte ich mir meine 250er Sportmaschine mit zwei hochgezogenen Auspuffen kaufen, mit der bin ich durchs Rheinland gerauscht. Mit 20 Jahren lernte ich meine erste Frau kennen. Die kam aus dem Osten. Ihre Eltern hatten in Aschersleben ein Fuhrgeschäft. Im Krieg arbeitete ihr Vater jedoch als Baustellenleiter, er war gelernter Zimmermann, im KZ Auschwitz. Er hatte dort die Baracken aufgebaut. Und nach dem Krieg ist er gleich in den Westen abgehauen, und sein Fuhrgeschäft wurde in der DDR enteignet.

Wie das damals so war, meine Frau wurde schwanger, und wir heirateten. Ja aber, wo nun wohnen? Wir zogen in das Einfamilienhaus meiner Mutter. Das war schon dreimal überbelegt. Mein Bruder wohnte damals dort mit seiner Frau und den zwei Kindern, und meine anderen beiden Brüder hatten auch jeder ein Zimmer und meine Schwester und meine Mutter natürlich. Wir zogen also auch noch ein in die kleine Dachkammer, 7 Quadratmeter. Da wohnten wir mit dem Kind.

Nun starb 1952 die Oma meiner Frau. Die hatte bei Eisleben ein Haus, aber die ganze Familie war inzwischen im Westen. Nun sagte meine Frau immer: »Ach, das ist schön da. Wollen wir nicht mal zu Besuch rüberfahren?«

Da sind wir rübergefahren. Wir haben bei dem Onkel, der die Fleischerei im Ort hatte, übernachtet und uns das Haus angeschaut. Es stand direkt zwischen zwei Seen, der großen und der kleinen Ottilie, und es war, wie im Mansfeldischen so üblich, eine Mauer drum. Es war wirklich schön, mit einem kleinen Garten. Aber in dem Haus wohnte inzwischen irgendein Parteisekretär oder einer von der Staatssicherheit mit seiner Familie.

Da sind wir beide zum Rat des Kreises Eisleben gegangen. Ja, haben die gesagt, wenn sie in die DDR übersiedeln, dann räumen wir das Haus wieder leer. Da haben wir zugesagt.

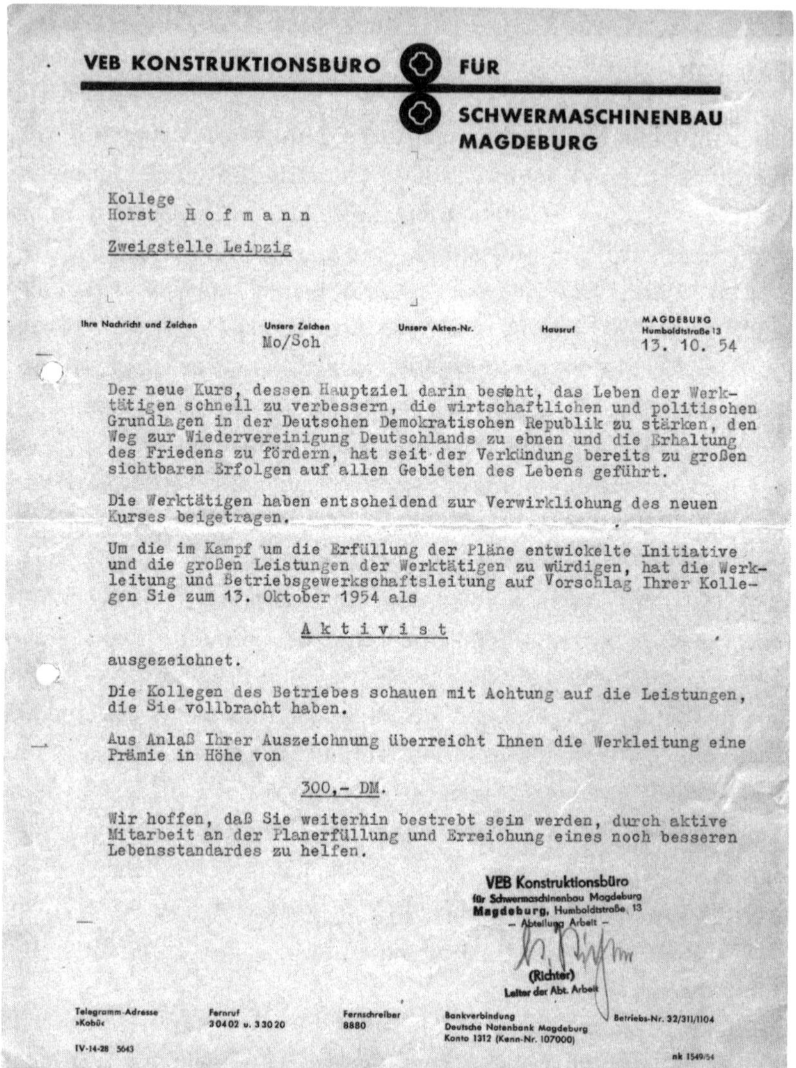

VEB KONSTRUKTIONSBÜRO FÜR SCHWERMASCHINENBAU MAGDEBURG

Kollege
Horst H o f m a n n

Zweigstelle Leipzig

Ihre Nachricht und Zeichen	Unsere Zeichen	Unsere Akten-Nr.	Hausruf	MAGDEBURG Humboldtstraße 13
	Mo/Sch			13. 10. 54

Der neue Kurs, dessen Hauptziel darin besteht, das Leben der Werktätigen schnell zu verbessern, die wirtschaftlichen und politischen Grundlagen in der Deutschen Demokratischen Republik zu stärken, den Weg zur Wiedervereinigung Deutschlands zu ebnen und die Erhaltung des Friedens zu fördern, hat seit der Verkündung bereits zu großen sichtbaren Erfolgen auf allen Gebieten des Lebens geführt.

Die Werktätigen haben entscheidend zur Verwirklichung des neuen Kurses beigetragen.

Um die im Kampf um die Erfüllung der Pläne entwickelte Initiative und die großen Leistungen der Werktätigen zu würdigen, hat die Werkleitung und Betriebsgewerkschaftsleitung auf Vorschlag Ihrer Kollegen Sie zum 13. Oktober 1954 als

A k t i v i s t

ausgezeichnet.

Die Kollegen des Betriebes schauen mit Achtung auf die Leistungen, die Sie vollbracht haben.

Aus Anlaß Ihrer Auszeichnung überreicht Ihnen die Werkleitung eine Prämie in Höhe von

300,- DM.

Wir hoffen, daß Sie weiterhin bestrebt sein werden, durch aktive Mitarbeit an der Planerfüllung und Erreichung eines noch besseren Lebensstandardes zu helfen.

VEB Konstruktionsbüro
für Schwermaschinenbau Magdeburg
Magdeburg, Humboldtstraße 13
– Abteilung Arbeit –
(Richter)
Leiter der Abt. Arbeit

Telegramm-Adresse »Kobü« · Fernruf 30402 u. 33020 · Fernschreiber 8880 · Bankverbindung Deutsche Notenbank Magdeburg Konto 1312 (Kenn-Nr. 107000) · Betriebs-Nr. 32/311/1104

IV-14-28 5643 · nk 1549/54

»Weg zur Wiedervereinigung Deutschlands zu ebnen …«
Aktivisten-Schreiben an Herrn Hofmann

Es gab damals noch keine so großen Unterschiede, der Lohnunterschied war jedenfalls nicht groß, und ich bekam vor allem sofort Arbeit. Der einzige Unterschied, der uns auffiel, war, daß es in der DDR noch alles auf Marken gab. Im Westen war alles schon frei. Das hat uns doch ein bißchen gestört, aber dadurch, daß der Onkel meiner Frau

Fleischer war, bekamen wir immer mal ein Wurstpaket. Und meine Familie hatte auch nichts dagegen, daß ich rüberging. Bei uns war keiner groß an Politik interessiert. Die waren schon froh, als ich gesagt habe, ich ziehe aus, da wurde die Bodenkammer wieder frei, und meine ältere Schwester zog nach oben.

Das größte Problem des Umzugs in den Osten war, daß ich mein Motorrad nicht mitnehmen durfte. Es war gar nicht so einfach, es auf die Schnelle zu verkaufen. Alles in allem schmuggelte ich 7000 Mark Westgeld in die DDR. Das Geld tauschte uns Onkel Horst in der Fleischerei um, ich glaube 1:3 in Ostgeld. Davon haben wir dann am Haus alles in Ordnung gebracht.

Aber in der DDR gab es als Maler kein Geld zu verdienen, da habe ich als Anstreicher angefangen bei der Firma Korrosionsschutz Eisleben. Ich wollte ja was verdienen und habe mich mächtig ins Zeug gelegt. Nach sechs Wochen kam der Baustellenleiter zu mir und sagte: »Karl, wenn du so arbeitest, kannst du bei uns was werden.« Ich habe wirklich geschuftet. Ich habe das, was der Baustellenleiter sagte, ernst genommen, und ich wollte mein Geld ehrlich verdienen. Es waren ja auch viele Faulenzer dabei. Nach anderthalb Jahren bin ich Brigadeleiter geworden. Unsere Brigade fuhr immer auf Montage, vor allem in die Braunkohlegebiete. Wir verdienten so um die 450 Mark mit der Auslösung, da konnten wir uns schon jeden Tag unser Bierchen leisten. Bald kaufte ich mir auch wieder ein Motorrad, eine Sport AWO. Damit fuhr ich zu den Baustellen, nach Böhlen, nach Deutzen, nach Regis, überall hin. Und abends machten wir Touren. Mit dem Alkohol wurde es damals nicht so genau genommen. Einmal hatten wir nach der Schicht ein paar Bierchen getrunken, und ich bekam mein Motorrad nicht mehr an. Die Sport-AWO war schwer anzutreten. Da bin ich zur Polizei gegangen, und die Polizisten haben mich angeschoben, stinkbesoffen wie ich war. Ich nehme an, in diesem Zustand bin ich immer besonders geradlinig gefahren. Ich hatte immer Glück und habe nie einen Unfall gebaut. Ich war mit dem Motorrad und meiner Frau auch einige Male in Köln. Wir nahmen uns ein paar Tage frei und fuhren einfach los. Und dann sind wir wieder zurückgekommen, ganz selbstverständlich. Auch später, als ich alleine war, wäre ich nie auf die Idee gekommen, wieder zurückzugehen.

Auf der Arbeit kam ich schnell vorwärts. Viele beneideten mich. Die waren schon zehn Jahre dabei und sind keinen Schritt vorwärtsgekommen. Ich verstand ihren Neid gut. Die sagten sich, da kommt einer 600 Kilometer weit hergefahren und wird hier was, während ich auch schufte, doch aus mir wird nichts. Es war aber nicht nur Glück. Wenn es damals hieß, wir müssen zwei Stunden länger arbeiten, dann haben andere rumgemeckert. Ich war das von drüben gewohnt. Wenn da der Alte gesagt hat, die zwei Zimmer müssen heute noch fertiggemalert werden, dann mußten sie eben gemacht werden. Da gab es keine Widerrede.

Das lottrige Montageleben tat natürlich meiner Ehe nicht gut. Zu Hause lief es einfach nicht mehr. Da sind meine Frau und ich zum Amt gegangen und haben gesagt, wir brauchen einen Scheidungstermin. Wir waren uns einig und haben keine dreckige Wäsche gewaschen, da war das schnell erledigt. Es war ganz einfach, sich in der DDR scheiden zu lassen, auch damals schon.

Jetzt mußte ich aus dem Haus raus, wegen dem wir in die DDR gekommen waren. Ich habe also meine paar Klamotten geholt und zog nach Regis ins Wohnheim des Braunkohlekombinates. Wir hatten da mehrere Großaufträge.

Nun begann die schönste Zeit in meinem Leben. Als ich damals geschieden war, konnte ich richtig loslegen, in der Arbeit und auch danach. Wir waren vier Mann in unserem Wohnheimzimmer, und wir arbeiteten immer Zwölf-Stunden-Schichten. Freitags war dann Feierabend, offiziell um elf Uhr, aber wir haben meist schon halb zehn Schluß gemacht, viele mußten ihren Zug erreichen. Wir Junggesellen, es waren auch viele geschieden, sind dann immer durch die Gegend gereist. Es war kein Problem, ein Mädel abzuschleppen. Ich kann nicht sagen, daß wir nach strengen Moralregeln gelebt haben. Ich habe mich erst mal richtig ausgetobt. Das ging keinen Tag ohne Bier, aber ich habe nicht die harten Schnäpse getrunken. Ich habe immer Likör getrunken. Meistens diesen Kirsch, so 12 bis 13 Doppelte am Abend und genauso viel Bier. Und in jeder Gaststätte waren Frauen anzutreffen. Frauenprobleme hat es nie gegeben. In dieser Braunkohleregion gab es viele Klubhäuser, wo wir tanzen konnten. Das Regiser Klubhaus war besonders schön. Es hatte ein großes Foyer, alles mit Marmor und

Und nach der Schicht vielleicht ein Eis? Eisverkäuferinnen in Leipzig

dann den großen Saal, wo die kleine Bar drunter war. Da ist jeden Sonnabend Tanz gewesen. Da saßen so 18jährige junge Frauen, die wollten tanzen und haben sich dabei an dich rangemacht. Meine jetzige Frau ärgert das heute noch. Immer, wenn wir in Regis auf dem Friedhof sind, da werde ich von Frauen gegrüßt. Und meine Frau weiß dann ganz genau, daß ich einmal mit der im Bett gelegen habe. Es war eine schöne Zeit.
Auf Arbeit hatte ich auch Glück. Ich hatte einen Vorgesetzten, mit dem ich mich gut verstand. Mein Baustellenleiter, er war parteilos, kam eines Tages zu mir und sagte: »Wenn du meine Stelle haben willst«, er wollte nämlich weg, »dann wäre es besser, in die Partei einzutreten.« Ich sagte: »Du bist doch auch nicht in der Partei.« Aber er sagte: »Bei mir ist das was anderes, ich bin noch ein Alter.« 1957 trat ich in die Partei ein, und tatsächlich, ein halbes Jahr später wurde ich Baustellenleiter. Da habe ich mich schnell eingefuchst. Es war mit viel schriftlicher Arbeit verbunden, die ganzen Aufrechnungen mußte ich machen und für meine 40 bis 50 Mann die Lohnabrechnungen. Aber wir waren bekannt für unsere gute Arbeit. Eigentlich konnte ich alles, aber die haben mir die Pistole auf die Brust gesetzt. Nachdem ich schon drei Jahre Baustellenleiter war, mußte ich doch noch die Meisterschule besuchen. Das lief dann noch eineinhalb Jahre nebenbei. Korrosionsschutz ist nämlich nicht einfach Anstreichen. Wir haben bis zu sechs Farbanstriche übereinandergelegt, und die mußten von der Beschaffenheit und Stärke genau berechnet werden. Und ich habe immer mitgemacht, immer auch auf der Baustelle gearbeitet. Ich bin einer von uns geblieben, habe mir nicht den Arsch im Sessel breitgedrückt. Und ich kannte alle möglichen Leute, und wir haben uns untereinander geholfen.
Es war ja zum Beispiel nicht möglich, einen Arbeiter zu entlassen. Wenn wir einen schlechten Mann hatten, verfuhren wir nach unserer eigenen Methode. Ein Baustellenleiter rief mich also an und sagte: »Karl, ich schick dir mal einen ...« Ich habe den eine Woche arbeiten lassen und dann zu ihm gesagt: »Paß auf, du wirst da und da gebraucht.« Da mußte er seine Sachen packen und zur nächsten Baustelle fahren. Das war ziemlich unangenehm, denn er mußte seine ganzen Gerätschaften mitschleppen: Sicherheitsgurt, Sicherheitsseil, Malertopf,

Pinsel, Hammer, Spachtel und dazu noch alle Klamotten, die er auf Montage brauchte. Er wurde zwei, drei Monate durch die gesamte DDR gejagt, und dann hat er von ganz alleine gekündigt.
Wir waren eine gute Truppe, und Politik spielte bei uns kaum eine Rolle. Ich war ja nun in der Partei, und in meiner Truppe war einer, dessen Vater war 1952 in Eisleben am Lutherdenkmal erschossen worden. Und er hat das immer wieder erzählt und gerufen: »Die Kommunistenschweine haben meinen Vater erschossen.« Ich sagte zu ihm: »Gerhard, ich möchte nicht, daß du das in meinem Beisein äußerst. Ich bin in der Partei, ich bin also auch so ein Kommunist. Wenn du dieser Meinung bist, dann bitte äußere sie woanders.« Und dann ging das. Der Gerhard war nämlich ein sehr guter Arbeiter. Wir spielten nach der Schicht oft miteinander Skat.
Schließlich lernte ich in den 50er Jahren auch meine jetzige Frau kennen. Wir strichen in Regis die Brikettfabrik, und sie arbeitete da. Sie mußte, damit wir weiterkamen, irgendwelche Rohre abschrauben. Sie arbeitete als Schlosserin, die tüchtigste Schlosserin, die ich je getroffen habe. Aber es war für mich nicht leicht, mich wieder in eine Ehe hineinzufügen. Ich kam oft betrunken nach Hause, angesoffen vom Skatspielen. Und erst, als ich es einmal nicht ganz nach Hause geschafft hatte – ich war mehr gefallen als gelaufen und lag dann besoffen im Treppenhaus – da versprach ich meiner Frau: Ab heute gehe ich in keine Kneipe mehr. Ich habe von diesem Tag an keine Kneipe mehr betreten, ich schwöre es.
Dann kam auch nicht mehr viel. Ich habe praktisch bis zu meiner Rente im Korrosionsschutz gearbeitet. In den 60er Jahren baute ich mir ein eigenes Haus in Regis, es ist ein bißchen wie das in Eisleben geworden, mit einem wunderbaren Garten hinten dran. Hier haben wir unsere zwei Kinder großgezogen.

PS: Herr Zimmerer arbeitete bis 1991 als Meister im Korrosionsschutz. Er wollte sich dann mit Anfang sechzig noch selbständig machen und mit den besten Leuten seines Bereiches eine eigene Korrosionsschutzfirma gründen. Jedoch erkrankte er schwer, verbrachte mehrere Monate im Krankenhaus und setzte sich dann schweren Herzens zur Ruhe.

Die Selbständigen – vom Aussterben bedroht

Organisieren und Absichern

Erinnerungen und Geschichten
von Selbständigen und Angestellten

Irgendwie bin ich immer ins Geschäft gekommen – die Selbständigen

Herr Diebler: Die 50er Jahre waren für das Handwerk, abgesehen von der Materialknappheit, nicht die schlechtesten Jahre. Der Staat erkannte den Nutzen des Handwerks. Die Volkskammer hatte am 9. August 1950 das Gesetz zur Förderung des Handwerks beschlossen. Für mich als selbständigen Tischlermeister war das eine große Erleichterung. Wir wurden nicht mehr nach Umsatz und Gewinn versteuert, sondern hatten einen festen Steuersatz. Die Zeit, in der wir sagten, wenn wir mehr arbeiten, ist es auch nur für die Steuer, war vorbei. Ich arbeitete dann auf der Leipziger Messe mit und baute außer den Messeständen auch Ausstellungsstücke. Zweimal im Jahr war in Leipzig eine Messe, im Frühjahr eine technische Messe und im Herbst eine Mustermesse, zu der im Unionsmessehaus auch Möbel und andere Tischlerarbeiten ausgestellt wurden. Auch ich habe mich an den Herbstmessen beteiligt. Ich baute einen Satz Anbauschränke, die verschieden verwendbar waren. Sie waren variabel, konnten also umgestellt werden, nebeneinander, übereinander, über Eck. Jeden Messetag stellte ich sie um und zeigte einen neu gestalteten Raum. Auch hatte ich einen Schreibtisch gebaut, einen Neulehrerschreibtisch. Diese Art der Möbelgestaltung war neu und fortschrittlich.

Nun begann die Messe, der Besucherstrom füllte die Gänge, und eines Tages kam eine Regierungsdelegation. Sie besichtigte die Messe und kam auch in das Unionsmessehaus zur Möbelmesse. Der Leiter dieser Delegation war der Genosse Walter Ulbricht. Bekanntlich war er Tischler von Beruf und interessierte sich besonders für das Angebot an Möbeln. Vor meinem Stand verweilte er sehr lange, und es entspann sich ein Gespräch. Er kritisierte meine Möbel und meinte, sie wären nicht würdig für die Werktätigen. Am Nebenstand stellten die Zeulenrodaer Möbelwerke große, dunkle, schwere Eichenholzmöbel mit Schnitzerei und Löwen aus. Ulbricht stellte Vergleiche an und sagte, so werden in Zukunft die Werktätigen wohnen. Meine unwürdigen Möbel durften nicht gezeigt und nicht verkauft werden. Mein Messestand wurde zugehängt. Da diese Affäre gleich in den ersten Tagen der Messe passierte, hatte ich Angst, große Verluste zu machen. Ich hatte erst einen richtigen Abschluß gebucht. Denn gleich am ersten Messetag bestellte die Parteischule der SED 50 Stück einzelne Schränke in verschiedenen Ausführungen. Sie brauchten sie für ihre Internatsräume. Sie fanden meine Möbel sehr passend für diesen Zweck und hatten bisher nichts Passendes gefunden. Hiervon wußte natürlich Walter Ulbricht nichts. Der Auftrag wurde nach der Messe auch bestätigt, zur Zufriedenheit ausgeliefert und bezahlt.

Schließlich machte ich am letzten Tag der Messe doch noch ein Geschäft. Ein Einzelkunde kaufte alle Möbel von meinem Stand. Es war ein Mitarbeiter des Bauministeriums in Berlin. Er sprach sich sehr lobend über meine modernen Möbel aus und hat mir dann noch einige Kunden zugewiesen.

1957 durfte ich dann sogar in München zur Handwerkermesse ausstellen. Da konnte die DDR zwar mitmachen, aber das DDR-Schild mußten wir abmachen und etwas anderes darüberschreiben.

Einige Wochen nach der Messe wurde in der DDR ein Buch veröffentlicht. Der Titel lautete: »Kastenmöbel«. Die Möbel, die dort propagiert wurden, sahen meinen sehr ähnlich. Sie waren zweckmäßig, schlicht und schön. Ob Walter Ulbricht noch zur Einsicht gekommen ist, weiß ich nicht, aber es kam die Zeit, wo diese Möbel in den Möbelgeschäften zum Verkauf angeboten wurden. Und sie wurden massenhaft gekauft. Die großen Hersteller kamen mit der Lieferung nicht nach. Ich griff ihnen unter die Arme und stellte noch viele Anbausätze für Privatkunden her. Irgendwie bin ich immer ins Geschäft gekommen.

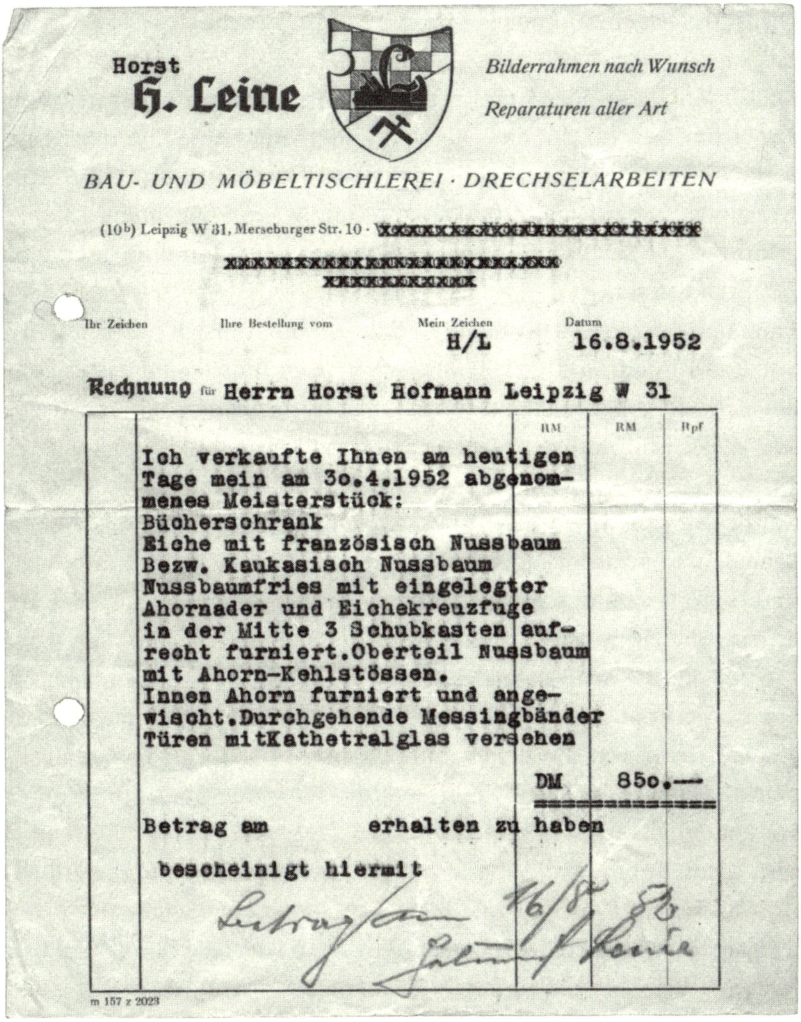

Horst
H. Leine

Bilderrahmen nach Wunsch
Reparaturen aller Art

BAU- UND MÖBELTISCHLEREI · DRECHSELARBEITEN

(10b) Leipzig W 31, Merseburger Str. 10 · XXXXXXXXXXXXXXXXXXXXXXXX
XXXXXXXXXXXXXXXXXXXXXXXXXXXX
XXXXXXXXXXX

Ihr Zeichen — Ihre Bestellung vom — Mein Zeichen H/L — Datum 16.8.1952

Rechnung für Herrn Horst Hofmann Leipzig W 31

		RM	RM	Rpf
	Ich verkaufte Ihnen am heutigen Tage mein am 30.4.1952 abgenommenes Meisterstück: Bücherschrank Eiche mit französisch Nussbaum Bezw. Kaukasisch Nussbaum Nussbaumfries mit eingelegter Ahornader und Eichekreuzfuge in der Mitte 3 Schubkasten auf-recht furniert. Oberteil Nussbaum mit Ahorn-Kehlstössen. Innen Ahorn furniert und angewischt. Durchgehende Messingbänder Türen mitKathetralglas versehen			
		DM	850.—	
	Betrag am erhalten zu haben bescheinigt hiermit			

m 157 z 2023

Handwerkerstolz: »... Meisterstück: Bücherschrank Eiche mit französischem Nussbaum, Nussbaumfries mit eingelegter Ahornader und Eichekreuzfuge«

Herr Klette: Ich erhielt 1952 das Gewerbe für Gütertransport, sprich Fuhrgeschäft mit LKW und Hänger. Ich war gut mit Aufträgen versorgt, ich arbeitete für die Großmarkthalle. Am Morgen wurden die Filialen beliefert nach ganz bestimmten Routen. Nachmittags und abends ging es dann zu den Produzenten über Land. Am liebsten fuhr ich Pilze zusammen, im Raum Dahme, Herzberg, Schlieben. Da mußte ich über Waldwege fahren und die Ladung Posten für Posten von den

Pilzsammlern einsammeln – und dann zurück in die Großmarkthalle. Das war oft erst gegen Morgen. Dann hab ich den Wagen abgestellt, mich auf den Sitz oder, wenn es zu laut wurde, in einer Ecke auf Kisten gelegt und geschlafen. Eine halbe Stunde, eine Stunde, je nachdem. Verbrachte ich mal eine Nacht im Bett zu Hause, kam oft ein Anruf: »Waggons stehen da, hilf!« Die mußten wegen der hohen Standgebühren der Reichsbahn immer gleich entladen und die Waren ausgefahren werden.

Einmal, es war am Heiligabend im Jahre 1953, fuhr ich mit dem LKW und drei Tonnen Möhren von Mutzschen nach Leipzig und hatte einen Reifenschaden. Schnell bei Schnee und einbrechender Dunkelheit das Rad gewechselt und weiter. Aber zwischen Köhra und Trähna wieder ein Knall – ein Zwillingsreifen war defekt. Was nun? Das Reserverad war bereits im Einsatz. Mit nur einem Reifen fahren kostet noch einen Reifen. Also bockte ich auf, montierte die Zwillingsreifen ab – mit Hebel und Hammer – und schraubte die zwei Felgen ohne Reifen wieder an. Ab ging die Fuhre nach Leipzig, auf einer Seite fuhr ich auf den blanken Felgen. Die Schieflage des Triebwagens war zu ertragen, aber ob das Differential das aushalten würde, wußte ich nicht. Ich habe es geschafft und war am ersten Feiertag nachts 3.00 Uhr in der Großmarkthalle. Die Möhren waren gerettet. Es wurde noch ein schönes Weihnachten.

Aber als Selbständiger habe ich nicht viel verdient, summa summarum sind in der Woche 50 bis 70 Mark und im Monat 200 bis 300 Mark übriggeblieben. Auch die Lebensmittelkarten wurden für Selbständige gestoppt. Wir mußten in der HO kaufen. Kein Wunder, daß so viele Selbständige in den Westen geflüchtet sind.

Frau Naumann: Wir hatten damals in Dresden ein Geschäft für Kohlehandel. Wir haben für die Bevölkerung gearbeitet, aber wir sind damals oft schief angesehen worden. Mein Mann hatte zum Beispiel mal einen Unfall mit unserem alten Siemens-Ruppert-Elektrokarren. Das war ein gutes Fahrzeug. Ich bin bis heute ein Verfechter der Elektroautos. Es ist das sauberste und beste Auto, das es gibt. Später hatten wir dann auch einen LKW, aber der blieb öfter liegen. Nur der Elektrokarren hat uns nie im Stich gelassen. Mit dem konnten wir

auch in die Hinterhöfe fahren. Jedenfalls war mein Mann mit diesem Elektrokarren in einen Unfall verwickelt und hatte sich die Hand verletzt. Als endlich die Polizei kam, um den Schaden aufzunehmen, da machte der Polizist mit Daumen und Zeigefinger die typische Handbewegung und sagte: »Geld zählen kann er nun nicht mehr.« Diese innere Einstellung ist bis heute nicht gewichen. Wir kleinen Gewerbetreibenden waren und sind bis heute die Kapitalisten im Osten.
Aber für uns gab es keinen Achtstundentag. Es gab auch keine sechs Wochen Krankschreibung. Wenn ich erkältet war und Fieber hatte, da hieß es: Zähne zusammenbeißen und durch. Aber wir wollten auch vorwärts kommen. Als ich einmal für meine Tochter etwas geschneidert habe, da hat mein Mann zu mir gesagt, sie hätte genug anzuziehen, ich solle ihm lieber ein paar neue Kohlensäcke nähen. So haben wir uns eingesetzt für die Versorgung der Bevölkerung.
Einmal bin ich wegen der miserablen Versorgungslage halb verrückt geworden. Da bin ich aufs Rathaus in Dresden-Cotta und habe gesagt: »So, jetzt haue ich den Dreck hin, jetzt langt es mir mit dieser schlechten Kohlequalität.« Da waren die ganz erschrocken: »Unsere jüngsten Kohlenhändler, um Gottes willen, machen Sie weiter! Wir unterstützen Sie.« Aber geändert hat sich nichts. Deshalb war ich beim Protestieren natürlich immer ein bißchen vorne dran. Uns Kohlenhändler hat das tüchtig angestunken, daß die Kohle so bröckelig war. Das war nur der Abrieb, und er brannte schlecht. Aber West-Berlin bekam Briketts der Marke »Star«, die waren gut. Diese Ostbriketts konnte man vergessen. Wir haben uns eines Tages zusammengetan, vier Kohlenhändler aus Dresden und Freital, und sind nach Berlin gefahren. Wir wollten uns beschweren. Ich als einzige Frau, zu viert sind wir bis in die Leipziger Straße gekommen, dort saß das Ministerium. Beim Pförtner haben wir gesagt: So und so, wir kommen aus der Provinz, aus Freital und Dresden und wollen die Sorgen der Bevölkerung vortragen. Da haben die uns für vier Bürgermeister gehalten, und wir sind tatsächlich von so einem Regierungsrat empfangen worden, wir Kohlenhändler. Wir hätten gar nicht so weit kommen dürfen, aber man hat uns freundlich zugehört. Die haben sich gewundert, das die Bevölkerung sich ausgerechnet über die Sache mit den Kohlen aufregt. Und uns wurde versprochen, das sie sich darum kümmern. Aber geändert hat sich nichts.

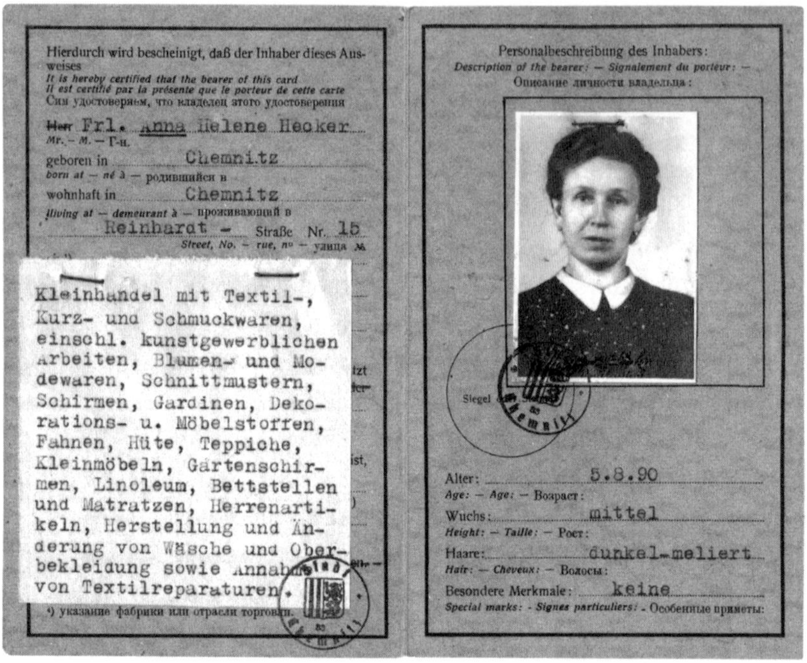

Hierdurch wird bescheinigt, daß der Inhaber dieses Ausweises
It is hereby certified that the bearer of this card
Il est certifié par la présente que le porteur de cette carte
Сим удостоверяем, что владелец этого удостоверения

~~Herr~~ Frl. Anna Helene Hecker
Mr. – M. – Г-н.
geboren in Chemnitz
born at – né à – родившийся в
wohnhaft in Chemnitz
living at – demeurant à – проживающий в
Reinhardt – Straße Nr. 15
Street, No. – rue, n° – улица №

Kleinhandel mit Textil-, Kurz- und Schmuckwaren, einschl. kunstgewerblichen Arbeiten, Blumen- und Modewaren, Schnittmustern, Schirmen, Gardinen, Dekorations- u. Möbelstoffen, Fahnen, Hüte, Teppiche, Kleinmöbeln, Gartenschirmen, Linoleum, Bettstellen und Matratzen, Herrenartikeln, Herstellung und Änderung von Wäsche und Oberbekleidung sowie Annahme von Textilreparaturen.

*) указание фабрики или отрасли торговли.

Personalbeschreibung des Inhabers:
Description of the bearer: – Signalement du porteur: –
Описание личности владельца:

Siegel

Alter: 5.8.90
Age: – Age: – Возраст:
Wuchs: mittel
Height: – Taille: – Рост:
Haare: dunkel-meliert
Hair: – Cheveux: – Волосы:
Besondere Merkmale: keine
Special marks: - Signes particuliers: - Особенные приметы:

Gewerbeerlaubnis

Frau Neubert: Meine Schwiegermutter hatte in Dresden ein kleines Lebensmittelgeschäft, einen sogenannten Tante-Emma-Laden, und sie brauchte Hilfe. Ihr Sohn war noch in Gefangenschaft, und der andere schaffte es nicht allein. Da bin ich also, weil ich arbeitslos war, nach Dresden gefahren und habe geholfen. Zum Beispiel mußte die Butter auf 125 Gramm abgewogen werden. Es gab solche großen Blöcke Butter, die wogen 25 Kilogramm. Die holte man bei den Gebrüdern Pfund in der Bautzener Straße, in Pfunds Molkerei. Nach dem Zerteilen mußte das Ergebnis genau den Marken entsprechen. Auf dem Versorgungsamt mußten wir Marken für genau 25 Kilogramm vorweisen können. Diese Marken wurden auf große Zeitungsbogen geklebt und genau abgerechnet. Nur dann bekam man eben wieder einen Schein.
Auch den Zucker holten wir zentnerweise. Da hatten wir so ein kleines Möppel, das war wie ein Motorrad, also ein Vorderlader, und das nannte sich Goliath. Goliath hatte drei Räder. Hinten saß ich wie auf einem Motorrad. Man konnte auch Menschen damit transportieren. Wir sind sonntags manchmal mit vier Personen an den Steinbruch

zum Baden gefahren. Das war damals alles möglich. Mit diesem Fahrzeug haben wir alles zusammengeholt, was wir verkauften. Gurken und Salzgemüse gab es damals viel, auch Trockengemüse manchmal, so richtiges Dörrgemüse.
Frisches Gemüse mußte ich beim Gärtner holen, da bekam ich auch mal was privat. Ansonsten gab es die Großmarkthalle. Dort mußte man früh um sechs Uhr da sein. Da gab es Weißkraut und Rettiche. Rettiche wurden in den 50er Jahren viel gegessen und Möhren und alles, was so auf den Feldern gewachsen ist. Und abends sind wir dann eben meistens noch nach Cossebaude gefahren. Da hatten wir unseren Privatgärtner. Für besonders schönes Gemüse mußte man eben auch ein bißchen Beziehungen haben. Dafür brauchten wir auch keinen Berechtigungsschein oder keine Marken oder etwas, das haben wir zusätzlich gekauft. Manchmal kamen sogar Leute von der Küste, und dann hatten wir auch einmal Sprotten oder Bücklinge oder ein paar grüne Heringe unter der Hand. Meine Schwiegermutter hat dann manchmal Heringe eingelegt und verkauft. Außerdem kamen sonntags im Sommer zur Pilzzeit noch Frauen mit riesigen Körben und brachten Pilze. Da mußte ich dann auf dem Bahnhof sein und diese Frauen abholen. Die Pilze haben wir am Sonntagnachmittag noch an der Haustür verkauft. Das hat dann etwas eingebracht.

Die Mülltonne war voller Hundertmarkscheine

Herr Imhoff: In den 50er Jahren gab es einen Geldumtausch, und zwar am 13. Oktober 1957. Ich weiß das deshalb so genau, weil ich an diesem Tag meine Frau kennengelernt habe.
Also das ist so gewesen, daß in West-Berlin die Wechselstuben waren, wo man das Ostgeld eins zu vier oder eins zu fünf umtauschen konnte. Und die DDR-Regierung war natürlich bestrebt, dem einen Riegel vorzuschieben, um diesen unkontrollierten Abfluß von Geld zu verhindern. Am 13. Oktober 1957, einem Sonntag, sprach Otto Grotewohl in aller Frühe auf sämtlichen Rundfunksendern, die die DDR hatte. Er erklärte diesen Geldumtausch. Er sagte, es sei keine Entwertung, sondern ein reiner Geldumtausch 1:1. Er hat alle Verantwortlichen in den

Betrieben, die mit Bargeld zu tun hatten, aufgefordert, ihre Arbeitsstellen aufzusuchen, um die Bargeldbestände zu den Umtauschstellen zu bringen. Und die Bevölkerung sollte es ebenso machen. Das alles an einem Sonntag. Da hatten die Regierenden in der DDR ja den Vorteil, daß sie ihre Schäfchen alle beisammen hatten. Also es konnte keiner groß weg sein. Und die nun vielleicht im Ausland auf Montage waren oder so, da wurde das auch irgendwie geregelt. Also Fakt ist, daß die Leute an dem Sonntag nach der Rede von Otto Grotewohl, die ist andauernd wiederholt worden, alle zu den Umtauschstellen gingen. Eine bestimmte Summe wurde sofort umgetauscht, ich glaube es waren 200 oder 300 Mark. Und für die Summen darüber bekam man eine Quittung. Es war technisch gar nicht möglich, alles an einem Tag umzutauschen. Aber nach einer Woche oder vierzehn Tagen wurde man angeschrieben, man solle zur Bank kommen. Dort haben sie dann den Rest umgetauscht. Es kam neues Geld in Umlauf. Und da haben natürlich die Wechselstubenbesitzer in West-Berlin ein bißchen alt ausgesehen. Die hatten nun das ganze Ostgeld in Riesenmengen, aber das tauschte ihnen ja niemand um. Die Leute hatte ja auch Angst, und die Angst war nicht unbegründet. Man konnte nicht einfach mit einer Million Bargeld zum Umtausch kommen, das hätte sich niemand getraut. Und damit haben die natürlich unheimliche Einbußen gehabt. Also der Zweck der Übung ist schon erreicht worden. Und das lief dann technisch so ab, daß die Lohnbuchhalter und Kassenleute in die Betriebe mußten. Mein Vater war selbständig. Wir hatten so einen kleinen Tischlerei-Betrieb. Zu dem Betrieb gehörte ein Ladengeschäft, das hatte freitags sehr viel Geld eingenommen durch Verkäufe. Und das Geld hatte mein Vater nicht auf die Bank geschafft, wie es Vorschrift war. Er wollte den Leuten im Betrieb am Montag Lohnabschlag zahlen, und da hatte er das Geld gleich dagelassen. Jetzt hat er nun als gelernter DDR-Bürger Angst gekriegt und hat sich gesagt, wenn ich jetzt mit dem Abschlag für vierzig Mann auf die Umtauschstelle komme, da denken die doch, ich bin ein Schieber oder sonst etwas, woher habe ich das viele Geld. Er traute sich das nicht. Also hat er dann mit seiner Lohnbuchhalterin die ganzen Lohnabschläge fertig gemacht. Und ich mußte sie verteilen. Ich hatte mir gerade ein neues Motorrad gekauft, da hat er mich mit der Adressenliste losgeschickt.

Ich mußte zu allen Betriebsangehörigen nach Hause fahren und das Geld hinbringen. Das sollten die Leute selbst umtauschen, weil das unverfänglich war. Bei einem unserer Betriebsangehörigen zu Hause trank ich noch einen Kaffee. Dabei lernte ich seine Schwester kennen, die war Lohnbuchhalterin im Stadtbad. Sie mußte an diesem Tag natürlich auch gleich in ihre Lohnbuchhaltung. Ich durfte sie auf meinem neuen Motorrad mitnehmen, und heute ist sie meine Frau.
Am Tag nach dem Geldumtausch ging unser Heizer ins Nachbarhaus, weil er dort einer alten Dame die Asche hinunterbringen wollte. Er öffnete die Mülltonne und da war sie voller Fünfzig- und Hundertmarkscheine. Da hatte es also jemand mit der Angst zu tun gekriegt und hatte sich nicht getraut, das Geld umzutauschen.
Und der Heizer kam zu uns in die Werkstatt: »Hier ihr jungen Kerle, ihr wollt doch alle neue Motorräder kaufen, da habt ihr Geld.« Und er warf die Scheine herum. Viele, viele Tausende von Mark, und wir haben damit herumgeballert.
Aber es ging bei der ganzen Sache nicht etwa darum, die DDR-Bevölkerung zu ärgern, da bin ich mir sicher. Es ging um die Wechselstuben in West-Berlin. Dieser Schachzug ist ihnen auch nur gelungen, weil es niemand geahnt hat.

Frau Fischer: Ich war zu dieser Geldumtauschaktion eingesetzt und war so etwas wie der zweite Zähler. Eigentlich bin ich Lehrerin, aber wir mußten eben beim Geldumtausch mithelfen. In aller Frühe mußten wir die Listen für den Umtausch vorbereiten. Ich war sehr unruhig, weil meine zwei Kinder zu Hause alleine waren. Aber das war eben Pflicht. Als dann die ersten Leute kamen, mußte ich das Geld, das am Vordertisch entgegengenommen wurde, noch einmal nachzählen.
Das Umtauschbüro war genauso aufgebaut wie ein Wahlbüro. Es lag in der Leipziger Bauhochschule an der Ecke Richard-Lehmann-Straße. Und mir ist in Erinnerung geblieben, wieviel Geld wirklich unter den Leuten war, wieviel Geld manche Menschen da zum Umtausch brachten. Da war ich doch sehr geschockt, ich sagte mir bei manchen Menschen, die da kamen: »Du lieber Himmel, wo habt ihr denn bloß diese zigtausend Mark her?« Und es kamen ja nun nicht bloß Geschäftsleute, die vielleicht am Sonnabend ihre Einnahmen nicht wegbringen

konnten. Also für mich war das zuviel. Ich hatte bloß Schulden bei der Sparkasse. Unser Geld in der ganzen Familie reichte nicht einmal, um die 200 Mark bar umzutauschen. Wir hätten können noch ein bißchen mehr umtauschen, aber wir hatten es nicht.
Andere aber hatten mehr als genug. Und wenn ich mich richtig erinnern kann, gab es in der DDR zur damaligen Zeit eine Verfügung, daß Bargeld nicht in größeren Mengen zu Hause aufbewahrt werden darf. Das mußte auf der Bank sein. Es ging nicht bloß um West-Berlin. Zum Umtausch konnte man zwar jede Menge Geld bringen, aber hinterher kam entweder die Steuer oder der Zoll. Und man mußte nachweisen, wo man die riesigen Summen herhatte. Und deswegen sind nämlich viele nicht hingegangen, weil sie Schwarzgeld hatten. Und das haben sie lieber zu Hause versteckt oder weggeschmissen. Viele kleine Gewerbetreibende oder Händler, die nicht alles bei der Steuer angegeben hatten, hatten nun das Bargeld zu Hause und konnten nicht nachweisen, wo sie das herhatten. Die wurden überprüft. Nicht jede Menge Geld konnte straflos umgetauscht werden. Man wurde kontrolliert dabei, man wurde registriert, man bekam eine Quittung und mußte unterschreiben, daß alles seine Richtigkeit hatte.

Geldscheine

Herr Gruner: Ein Bekannter, ein Gemüsegroßhändler, erzählte mir nach dem Umtauschtag, daß sie Tausende im Ofen verbrannt hätten. Es gab damals eben schon diese Anordnung, daß die Tageseinnahmen abends zur Bank zu bringen sind. Das hat er aber nicht gemacht, weil er immer viel Bargeld brauchte, um Gemüse beschaffen zu können. Er hatte zum Beispiel Leute in Mecklenburg, die kauften dort Gemüse auf, und einmal in der Woche schickte er ein Auto hin, und hat das Gemüse abgeholt. Und auf diese Weise hatte er immer Ware. Dadurch war er nicht auf die übliche Anlieferung angewiesen. Und dieses Geld wollte er nicht umtauschen, weil er Angst hatte, daß dann die ganze Dimension seines Handels auffliegt. Da hat er das ganze schöne Geld verbrannt.

Von einem Tag auf den anderen wurden wir Gemüsehändler

Biographische Erzählung von Frau Gollan: Als Kind mußte ich mit meinen Eltern aus Breslau flüchten, dort war mein Vater Bäcker gewesen. Wir kamen dann nach Leipzig, und ich machte die Schule fertig. Eigentlich wollte ich noch weitermachen und Lehrerin oder so was werden, aber uns ging es damals nicht so gut. Als ich 1946 aus der Schule kam, fing ich deswegen in einer Buchbinderei im Leipziger Westen an. Ich war dort eine Angelernte. Mit 15 Jahren verdiente ich mein erstes eigenes Geld, das waren damals 185 Mark. Anfang der 50er Jahre verdiente ich dann schon 320 Mark im Monat, aber das meiste mußte ich zu Hause abgeben.

Zu Hause war es sehr eng. Mama und Papa wohnten in einer Zwei-Zimmer-Wohnung. Vom Hausflur ging es gleich in die Küche, wir hatten gar keinen Korridor. Das Klo war auf der halben Treppe, es war ein »Plumpsklo« ohne Wasserspülung. Drei Familien auf der Etage mußten sich zwei Klos teilen. Es ging da ein dicker Tunnel in die Tiefe, und ich hatte immer ein bißchen Angst, dort hineinzufallen. Im Vorraum stand ein Sack mit Kalk, und so nach zehn Benutzungen mußten wir immer eine Schaufel Kalk hineinschütten.

In der Wohnung spielte sich alles in der Küche ab. Mama kochte immer auf dem Herd, auch im Sommer. Da war es dann ganz schön heiß. Meine Schwester und ich mußten für Feuerholz sorgen. Vom Kohlenhändler bekamen wir eine Fuhre Holz, das mußte noch gehackt werden. Aber kleine Zweige zum Anbrennen, die holten wir aus dem Küchenholz, das war da so ein Waldstück. Ein paar Zweige wurden zusammengebunden und zum Trocknen aufgehängt. »Büscheln« nannten wir das. Abends wurden zwei Briketts in eine nasse Zeitung eingewickelt und in das Feuerloch geschoben. Dadurch blieb die Glut erhalten, und Mama konnte früh gleich Holz auflegen und Frühstück machen. Der Herd hatte auch ein Wasserbecken. So hatten wir praktischerweise immer heißes Wasser. Aber die Küche stand auch immer unter Dampf. Manchmal, wenn ich allein zu Hause war, setzte ich mich an die Fenster und benutzte die beschlagenen Scheiben als Wandtafel. Ich spielte dann Lehrerin und schrieb für meine Schüler Texte an die Tafel und machte Zeichnungen.

Meine Schwester hatte längst einen Freund und heiratete 1953. Ich war damals auch schon fast Mitte zwanzig und eigentlich ganz hübsch. Aber ich hatte noch keinen Mann. Mit meiner Freundin Ilse bin ich viel zum Tanz gegangen in Mätzschkers Festsäle in Kleinzschocher. Ich angelte mir jedoch immer den Falschen. Damals gab es ja viele Hallodris.

Meinen Mann lernte ich in unserem Wohnzimmer kennen. Die gute Stube wurde bei uns selten benutzt. Mama hatte so Schonbezüge über die Sessel gelegt, und eigentlich benutzten wir die Stube nur zu Familienfeiern. Deswegen merkten wir auch nicht, daß der Kachelofen kaputtgegangen war. Das war kurz vor Weihnachten 1953, und Weihnachten wollten wir natürlich in der Stube feiern. Wir brauchten schnell einen Ofensetzer. Papa arbeitete als Gehilfe in einer Bäckerei und fragte den Meister. Und der hat uns dann auch einen Ofensetzer geschickt.

Als ich nun von der Arbeit kam, sagte Mama: »Los, schnell, schnell, hilf mir die Wäsche aus dem Büfett zu holen, der macht einen furchtbaren Dreck.« Und wie ich da so reinrenne, stehe ich vor einem Mann wie ein Baum, groß und stark, und er arbeitete in einem kurzärmligen Hemd. Wenn die Stube nicht benutzt wurde, war es dort immer sehr kalt, und der wirtschaftete dort kurzärmlig. Ich habe dann zugesehen, wie Peter den Ofen umsetzte. Ich stand mitten im Dreck, aber das hat mir gar nichts ausgemacht. Mama kochte ihm Kaffee, und er hat sich nur das Material bezahlen lassen, sonst wollte er nichts haben. Papa hat dann später immer scherzhaft gesagt: »Das war ein sehr teurer Ofensetzer. Geld hat er keins genommen, aber die Tochter.« Jedenfalls war ich dann mit Peter zusammen, aber wir hatten keine Wohnung. Er wohnte im Wohnheim und war sehr oft außerhalb eingesetzt. Am 12. Oktober 1954 haben wir uns verlobt. Wir wollten so schnell wie möglich heiraten.

Eine Woche nach unserer Verlobung kam ich von der Arbeit nach Hause, und Tante Irma saß in unserer Küche. Ich wunderte mich. Tante Irma war nämlich unsere »reiche Tante«. Sie hatte einen Gemüseladen an der Hauptstraße. Tante Irma hatte meinen Eltern auch geholfen, als wir nach der Vertreibung nach Leipzig kamen. Sie war unsere einzige Leipziger Verwandte, aber wir sahen uns selten. Ich hatte sie zuletzt bei der Hochzeit meiner Schwester gesehen. Und diese Tante Irma saß nun in einem blauen Lodenmantel in unserer heißen Küche und wartete, bis Papa von der Arbeit kam. Gerade an diesem Tag trödelte mein Vater, und wir drucksten mit Tante Irma herum. Sie wollte nicht mit der Sprache herausrücken, bevor Papa nicht da sei. Und dann kam er, und sie eröffnete uns: »Ich will den Laden abgeben.« Sie hatte eine leichte Tbc, und ihr wuchs das alles über den Kopf. Gerhard, die Ladenhilfe, sei auch schon zu alt, meinte sie, und mein Vater sagte: »Irma, ich bin auch schon über fünfzig.« Und da fragte Tante Irma plötzlich mich: »Ist dein Verlobter nicht Ofenbaumeister?« Alle schauten mich an, und ich habe gedacht, das ist deine Chance. Wir würden endlich auf eigenen Füßen stehen. Außerdem wußte ich, so vor den Leuten an der Ladentheke zu stehen, das würde mir Spaß machen. Wir besprachen alles Notwendige, und am Wochenende, als Peter kam, war der auch begeistert.

Wir hatten ausgemacht, daß wir erst einmal bei Tante Irma als Angestellte anfangen und dann so Stück für Stück den Laden übernehmen würden. Und so kam es auch. Von einem Tag auf den anderen wurden wir Gemüsehändler. In der Buchbinderei hatte ich gekündigt, und Peter brauchte auch nicht mehr auf den Baustellen außerhalb zu

arbeiten. Wir wohnten in der ersten Zeit sogar im Laden. Das war so ein Flachbau, eigentlich eine Ruine, ein Haus, von dem nur noch das Erdgeschoß stand. Aber dadurch hatten wir zwei Hinterzimmer. In einem hatten wir unser Bett aufgestellt, und Wasser holten wir vorne im Laden. Die Arbeit war schwer, ich hatte das vorher nicht gedacht. Ich hatte mir das so schön vorgestellt, im Laden zu stehen und die Leute freundlich zu bedienen. Daß ich aber schuften mußte, war mir nicht klar. An einem Tag, ich hab das mal ausgerechnet, habe ich ungefähr eineinhalb bis zwei Tonnen bewegt: Hier zwei Pfund Möhren, dort ein Weißkraut, da kam eine Menge zusammen. Wir machten ja früh um acht auf, in der Mittagspause mußte ich schnell etwas zu Essen für uns kochen, und dann ging es weiter bis abends um sechs. Aber bevor wir öffneten, mußte Peter in den Markthallen gewesen sein, um Ware ranzuschaffen. Am schlimmsten war es im Winter. Ich habe vorne im Laden gefroren wie ein Tütenkleber. Das war kein Pappenstiel.
Durch uns ging es aber auch vorwärts. Wir haben ganz schön Schwung in den Laden gebracht. Weil Peter immer selbst in die Markthallen und zu verschiedenen Großhändlern fuhr, hatten wir öfter mal was extra. Tante Irma und ich verkauften, und meistens half auch Mama im Laden mit. Mama hatte ja auch in Breslau unsere Bäckerei geführt. Aber sie ging noch halbtags zu Hörig, das war so eine Kunsthonigfabrik, und nachmittags kam sie meist in den Laden. Es gab ja immer unheimlich viel zu tun. Das Gemüse, vor allem die Mohrrüben, mußten vor dem Verkauf gewaschen werden. Außerdem betrieben wir selbst auch Vorratswirtschaft. Die Gurken, die nicht mehr zu verkaufen waren, salzten wir ein.
Ja, nun wollten wir den Laden überschrieben haben. Tante Irma aber sagte, daß das gut überlegt sein will. Peter habe ja noch nicht einmal seinen Meister. Man brauchte das damals, um die nötige Qualifikation zur Führung eines Einzelhandelsgeschäftes nachweisen zu können. Tante Irma riet uns, in der Handelskammer nachzufragen. Dort hieß es, wenn man keinen Meister hat, muß man einen Lehrgang zum Verkaufsstellenleiter absolvieren. So ein Lehrgang dauerte ein Jahr, und wenn man privat war, mußte man den bezahlen. Ich weiß nicht mehr, wieviel er gekostet hatte, aber Peter sagte damals: »Da kann ich mir ein Motorrad für kaufen.« Außerdem lief ohne Peter ja gar nichts

bei uns Frauen. Wer sollte in die Markthallen fahren und mit den Händlern verhandeln? Wer sollte die schweren Kisten schleppen und die Kartoffelsäcke? Also entschloß ich mich, den Lehrgang selbst zu machen, nebenbei, zusätzlich zur Arbeit im Laden.

Geheiratet haben wir an meinem 25. Geburtstag, am 17. Mai 1955. Die Mutter von Peter schenkte mir eine alte Goldkette mit Medaillon aus ihrem Familienbesitz, und da wußte ich: Jetzt haben wir es geschafft. Denn Peters Familie war am Anfang nicht so begeistert. Sie hatten sich wohl was Besseres für ihren Sohn vorgestellt, und zu unserer Verlobung sind seine Eltern, sie wohnten in Bad Düben, gar nicht erst gekommen. Statt einer Hochzeitsreise, die wir eigentlich machen wollten, aber wir bekamen keine Betriebsferien für den Laden, räumten wir unsere Wohnung ein. Wir hatten die Zuweisung für eine Zweieinhalb-Zimmer-Wohnung in Plagwitz bekommen. Durch den Laden konnten wir uns einiges anschaffen. Für mein Wohnzimmer hatte ich komplett neue Möbel gekauft und rote Samtgardinen genäht, die waren weiß abgesetzt, da waren sie alle neidisch. Überhaupt war das eine schöne Zeit. Wir lernten ja nun nach und nach die anderen Einzelhändler und Geschäftsinhaber kennen. Montags hatte der Laden geschlossen, da gingen wir zum Wirt der Gartenkneipe. Der kochte montags für uns, und ich hatte mal frei. Wir feierten auch viel bei uns zu Hause. Ich machte immer Salate von dem, was am Wochenende wegmußte, und der Kneiper brachte das Bier mit. Wir haben manchen Fasching zusammen gefeiert.

Im Sommer 1957 war ich mit dem Lehrgang fertig, und nun wollten wir den Laden überschrieben haben. Aber damals gab es gerade einen harten Kurs gegen die Selbständigen. Tante Irma hatte Angst, ganz enteignet zu werden, wenn sie den Laden abgibt. Es war tatsächlich eine schwierige Zeit. Durch den Wegfall der Marken hatten wir zwar dann oft günstigere Handelsspannen, aber das wurde alles durch die Steuer wieder aufgefressen. Ich machte ja nun alle Abrechnungen selbst. Es war auch schwierig, weil wir nicht wußten, ob die Steuern gleich bleiben. Die haben manchmal mitten im Jahr irgendwelche Bestimmungen geändert und uns das Leben schwergemacht. Und wenn ich bei der Kammer vorgesprochen habe, dann hieß es nur, ich solle froh sein, daß wir überhaupt noch eine Existenzberechtigung im Sozialismus hätten. So konnte man nie richtig planen oder sich auf dauerhafte Verträge einlassen. Und das ging nicht nur uns so. Der Orthopädie-Schuhmacher bei uns an der Ecke, der sagte mal zu mir: »Der Ulbricht, der versteht nichts vom Handwerk. Angeblich soll er Tischler gelernt haben, aber mit einer eigenen Tischlerei wäre er längst Pleite gegangen, so wie der das hier organisiert.« Das hat mir eingeleuchtet. Bei uns kauften die Kunden jedenfalls viel lieber als in der HO, wir hatten immer die frischere Ware.

Tante Irma feierte am 31. Oktober 1957 ihren 60. Geburtstag. Danach arbeitete sie nur noch halbtags im Laden mit. Peter und ich hatten alles in der Hand, und man hätte denken können, Tante Irma ist unsere Angestellte. Wir sagten auch ganz offiziell, wenn jemand danach fragte, wir sind die Geschäftsführer. Das klang damals gut. Aber Tante Irma war die Inhaberin, und sie wollte den Laden nicht hergeben. Auch war sie gar nicht so krank, wie sie damals sagte. Vielleicht ist sie aber auch gesund geworden, durch ihre Kuren. Es gab in den 50er Jahren schon solche Kuren, da fuhr sie immer in die ČSSR. Das mußte sie selbst bezahlen. Das war aber auch der größte Luxus, den sie sich leistete. Sonst nahm sie nie Urlaub. Wir mußten ja immer gemeinsam fahren, damit der Laden Betriebsferien anmelden konnte. Wir fuhren am Anfang immer in die Dübener Heide, da hatte der Reifen-Günther, mit dem wir Freundschaft geschlossen hatten, ein Grundstück.

1959 wurde unsere Tochter geboren, da war es gut, daß wir selbständig waren. Ute stand im Kinderwagen mit im Laden, und wenn die Sonne geschienen hat, dann schob ich sie auf den Hof. Auch die Kunden hat das immer gefreut, und keiner hat sich beschwert, wenn es mal etwas dauerte, weil ich mal schnell mein Kind beruhigen mußte. Meine Mutter hat das Kind aber auch viel genommen. Unsere Tochter wurde so nebenbei mit groß.

Ende der 50er Jahre hatten wir es halbwegs geschafft. Weil ich ja auch mit meiner Tochter zu tun hatte, wollte ich damals ganz groß eine Verkäuferin einstellen. Das ist aber nichts geworden. Sie fragte gleich am zweiten Tag, ob sie mal eher gehen darf, weil sie zum Zahnarzt müsse. Das ging aber bei uns nicht. Ich konnte den Laden ja nicht zumachen. So haben wir uns lieber selbst hingestellt. Der Laden hat immer unseren Lebensrhythmus bestimmt. Aber wir haben uns auch ganz schön kaputtgemacht. Vor allem mein Mann, der immer alle schweren Arbeiten am Halse hatte. Aber ein Leben ohne den Laden konnten wir uns gar nicht mehr vorstellen. Die Leute grüßten uns auf der Straße, wir waren eben die »Gemüse-Bärwaldt«. Meine Tante hieß Bärwaldt, und da färbte der Name auf uns ab. Einmal brachte ein Kunde einen Strauß Blumen in den Laden und überreichte ihn mir. Peter stand im Leergutzimmer und guckte ganz eifersüchtig. Der ganze Laden war voll, und der Mann sagte zu mir: »Ich wollte Ihnen schon immer mal gratulieren zu Ihren Salzgurken. Es sind die besten in der ganzen Stadt. Da sind Sie eine Künstlerin.« Dabei nahm ich zum Gurkeneinlegen ja immer nur die angegangene Ware, aber vom Würzen verstand ich schon was.

Tante Irma starb dann 1966. Bis zu ihrem Tod hat sie den Laden nicht hergegeben. Anfang der 60er Jahre wurde sie krank, und wir boten ihr an, alles zu übernehmen. Wir wollten sie ja auch entlasten. Aber sie sagte nur: »Wartet doch, bis ich unter der Erde bin.« Und dann hatte sie sich wieder aufgerappelt. Aber als sie gestorben ist, war ihr Testament eindeutig. Auch die Ämter konnten nichts machen. Wir erbten den Laden, den wir ja schon zwölf Jahre lang geführt hatten.

PS: Frau Gollan und ihr Mann führten den Gemüseladen bis zum Jahre 1991. Dann standen sie kurz vor der Pleite. Niemand wollte den Laden übernehmen. So wurde er für immer geschlossen.

Wir wurden gezwungen, politisch zu sein – die Angestellten

Frau Seidel: Nervig war, daß wir in den 50er Jahren alle an der politischen Bildung oder Aufklärung teilnehmen mußten. In meiner Lehrzeit fanden jeweils montags sogenannte politische Seminare statt. Ich lernte damals in der Verwaltung, ich war in keinem Produktionsbetrieb, sondern in der Vereinigung volkseigener Betriebe. Diese Verwaltungsebene wurde nun besonders politisch ausgerichtet. Alle vierzehn Tage lief also montagfrüh von sieben bis neun Uhr immer die politische Aufklärung. In den politischen Schulungen kriegten wir die politische Situation oder beispielsweise das Programm des Sozialismus tröpfchenweise eingeträufelt. Zuerst sprach immer irgendein Referent. Eine ganze Stunde lang. Und dann wurden Gruppen gebildet, und wir diskutierten bis um neun weiter. In sogenannten Themen-Heftchen war das Programm für das ganze Jahr vorgegeben. Also das war immer ein Greuel, wir wurden gezwungen, politisch zu sein.

Frau Haeger: Ich war damals gerade in dem Alter, daß ich die neuentstandene sogenannte Zehn-Klassen-Schule besuchen durfte. Ich bin in einer Familie aufgewachsen, die sehr christlich eingestellt war. Ich bin katholisch erzogen worden und war sehr aktiv in der katholischen Jugend tätig.
Ich gehörte damals auch zu den Jugendlichen, die sich um den Dominikanerpater Gordian geschart hatten. Es war für mich eine schöne, eine sehr interessante Zeit, eine sehr erlebnisreiche Zeit. Wir Jugendlichen haben natürlich unter seinem Einfluß gestanden. Vor allem seine Jugendpredigten in der Universitätskirche, mit denen er ja durch die ganze DDR gereist ist, versäumten wir nie. Diese Jugendpredigten waren wohl auch der Hauptanlaß, daß die Universitätskirche später gesprengt wurde. Es kamen ja sehr viele Jugendliche, nicht bloß katholische; alle möglichen Leute sammelten sich dort. Es war schon ein kleiner Protest, und nach der Predigt ging es dann noch auf dem Karl-Marx-Platz weiter.
Das war dem Walter Ulbricht damals ein großer Dorn im Auge. Ein paarmal wurde auch der Platz gesperrt und unser Auflauf verboten, aber immer wieder scharten wir uns dann doch irgendwo zusammen. Dann hieß es auch, es dürften überhaupt keine Gruppen mehr gebildet werden auf dem Platz, und wir sind ständig von der Polizei auseinandergetrieben worden.
Aber in der Schule wurde ich in die FDJ aufgenommen. Ich brauchte keinen Antrag zu stellen, ich wurde erst in die Pioniere aufgenommen, weil meine Leistungen und mein Verhalten entsprechend waren. Wir bekamen damals das blaue Halstuch. Wir bekamen das Ehrenbuch der Jungen Pioniere und sind dann eben automatisch in die FDJ übergegangen. Da gab es auch keinen extra Antrag, ich war Pionier und wurde automatisch FDJler. In meiner Klasse wurde also FDJ-Arbeit

Leipzig, Coppistraße

gemacht. Es waren aber auch einige Schüler in der evangelischen Kirche und in der Jungen Gemeinde. Wir haben uns aber ruhig verhalten. Bis es um den Atheismus ging. Bei diesem Thema taten wir dann unsere Meinung kund, und es kam zu harten Auseinandersetzungen. Das spitzte sich um den 17. Juni herum zu. Kurz vor dem 17. Juni wurden wir von der Schule geworfen – raus! Obwohl wir schon die Prüfungen der 10. Klasse abgelegt hatten. Es wurde befohlen, daß wir die Schule sofort zu verlassen haben. Es blieb uns nichts anderes übrig, wir mußten gehen. Natürlich haben wir Protest erhoben, aber das nützte uns nichts. Es wurde in der FDJ-Stadtbezirksleitung, die war damals in der Ernst-Thälmann-Straße, so eine Art Gericht gehalten. Wir mußten dorthin und mußten uns verantworten. Wir wußten gar nicht wofür. Wie die Angeklagten auf dem Gericht saßen wir da.
Dann kam der 17. Juni. Der Tag machte mir große Angst. Ich hatte das Gefühl, der Krieg geht los. Ich bin total in Panik geraten. Die Leute kauften plötzlich, was es nur zu kaufen gab. Überall standen Schlangen. Das letzte Brot wurde aus den Bäckerläden geholt. Ich weiß heute

noch, wie russische Panzer durch die Ernst-Thälmann-Straße fuhren, und das war für mich sehr erschreckend. Ich habe furchtbare Angst gehabt, denn ich mußte die Straße überqueren, um nach Schönefeld zu kommen, wo ich wohnte. Dort wollte ich erst mal abwarten, was kommt. Drei Tage ging ich nicht aus dem Haus.

Ein paar Tage nach dem 17. Juni bekam ich eine Einladung. Ich sollte mich wieder in der Schule sehen lassen. Wir haben dann alle doch noch unser Abschlußzeugnis der 10. Klasse erhalten. Also man hat die Entlassung nach dem 17. Juni wieder zurückgezogen.

Nun stand ich vor der Berufswahl. Ich entschloß mich, Krankenschwester zu werden. Ich hatte mich damals im Bezirkskrankenhaus St. Georg beworben und bekam auch die Zusage. Aber nach dem, was ich alles so mitgemacht hatte, hatte ich richtige Angst, mich wieder mit der FDJ anzulegen. Ich wollte da einfach nicht mehr hin. Also nahm ich Kontakt nach Berlin zum Hedwigskrankenhaus auf. Das ist ein konfessionelles Krankenhaus, da konnte ich erst mal hinkommen, mich vorstellen. Dann bekam ich die Lehrstelle. Das war gar nicht so einfach, denn man bekam nach Berlin keinen Zuzug. Ich habe mich dann in Michendorf angemeldet. Dort war ein konfessionelles Kinderheim. Aber an dem Tag, als mein Lehrvertrag begann und ich nach Berlin fahren wollte, war in Berlin die Viererkonferenz. Niemand durfte nach Berlin fahren. Alle Züge wurden blockiert und fuhren dann leer nach Berlin. Ich mußte mir eine Sondergenehmigung besorgen, die ich aber dann schließlich auch bekam. Dann waren alle Hürden genommen, und ich konnte meine Ausbildung als Krankenschwester beginnen.

Frau Glasow: Der 17. Juni hat mich politisch nicht so erschreckt, aber er bereitete mir ganz persönlichen Kummer. Ich hatte nämlich mein erstes Rendezvous mit einem kleinen Sportfreund ausgerechnet am 17. Juni 1953. Am Nachmittag rief mein Vater an und sagte unserer Mutter: »Laß die Kinder nicht raus, heute ist allerhand los in Leipzig. Ich kann auch nicht nach Hause kommen.« Und ich durfte nicht weg. Wehmütig guckte ich nun aus dem Fenster und dachte, vielleicht kommt er vorbei und du kannst es ihm wenigstens erklären. Aber er kam nicht. Ich habe ihn nie wiedergesehen, und ich glaube, er hat es mir bis heute nicht verziehen, daß ich nicht gekommen bin.

Frau Rösner: Als ich am 6. März 1953 meinen Sohn entbunden habe, gab es ein großes Geschrei. Ich lag noch im Kreißsaal, und da kam eine Schwester und sagte: »Eben kam die Radiomeldung: Stalin ist gestorben.« Und ich sagte ganz laut: »Gott sei Dank.« Ich war froh, weil ich als Kindergärtnerin immer mit den Kindern Stalins Geburtstag feiern mußte. Statt einer Weihnachtsfeier mußten wir uns am 21. Dezember im Kreis setzen, das Stalinbild in die Mitte stellen und Kerzen anzünden. Das fand ich furchtbar und habe immer eine Ausrede gebraucht. Mir war plötzlich schlecht, und ich konnte an diesem Tag nicht in den Kindergarten gehen. Da war ich dann krank. Ich war also glücklich, daß dieser Mann nicht mehr da war. Trotz meiner Bemerkung in der Klinik ist mir aber nichts passiert.

Frau Radke: Unsere Familie wurde Ende des Krieges aus Breslau vertrieben. Die Nazis hatten die Stadt zur Festung erklärt, Hals über Kopf mußten wir Breslau verlassen, ohne irgend etwas von unseren Möbeln und Sachen mitnehmen zu können. Zuerst kamen wir bei Verwandten in Reichenbach im Vogtland unter. Von da siedelten wir nach Leipzig um. Dort hatten meine Eltern eine Wohnung beantragt, um unsere durch die Vertreibung völlig zerrissene Familie wieder zusammenholen zu können. In der Meusdorfer Straße wies man uns eine schöne, große Dreieinhalb-Zimmer-Wohnung zu. Es war ein ganz bürgerliches Haus; der Herr Apotheker wohnte da, und die Augenärztin hatte dort ihre Praxis. Es fiel sehr auf, daß wir mit so gut wie nichts einzogen. Aber es zeigte sich auch, daß die Leute im Haus sehr hilfsbereit waren. Das ging nicht allen Flüchtlingen so. Doch in unserem Haus hielt man damals sehr gut zusammen. Mit unserem Nachbarn feierten wir auch zusammen Silvester. Dieses Haus hatte früher sogar schon eine Zentralheizung gehabt, doch die ist im Krieg eingeschmolzen worden. Zum Glück gab es noch die Essen, so daß wir in einem Zimmer einen Kanonenofen aufstellen konnten. Möbel hatten wir natürlich keine, woher auch. Aber eine Bekannte gab mir einen Tip. Im Stadtteil Gohlis wollte eine Frau ihren großen Hausstand auflösen, weil ihr Mann im Westen geblieben war. Von der Dame holten wir nun den Grundstock für unsere Einrichtung: zwei Metallbetten, einen großen Schreibtisch für meine Schwester, die ja studiert hatte, Bettwäsche und Handtücher aus Damast, einen Küchentisch mit zwei Schüsseln für den Aufwasch, Geschirr – und Gläser, die habe ich heute noch im Schrank stehen. Bezahlt haben wir auf Raten, Monat für Monat stotterten wir ab. Aber jetzt, Ende 1949, hatten wir endlich unsere erste eigene Wohnung nach dem Krieg – und endlich wieder in einer Großstadt! Mein Vater, der damals in Wurzen arbeitete, zog zu uns und meine Mutter und die Schwestern aus Reichenbach.

Ich hatte Kontoristin gelernt und arbeitete in der Buchhaltung eines Leipziger Betriebes. Das Geld war immer noch sehr knapp. Ich konnte gut nähen und kleidete die halbe Familie ein. Damals gab es herrliche Stoffe zu kaufen. Manchmal holte ich mir sonnabends einen Stoff und erschien montags im neuen Kleid im Büro.

Meine Eltern wollten die Familie wieder zusammenhaben, doch mein Bruder war in Bayern in amerikanische Kriegsgefangenschaft geraten. Nach seiner Entlassung hatte er sich dort freiwillig zum Arbeiten gemeldet. Meine Mutter fragte: »Was macht unser Junge in dem Scheiß-Bayern?« Sie stellte im Leipziger Rathaus einen Antrag auf den Zuzug ihres Sohnes Alfred, doch der wurde ohne Begründung abgewiesen. Da war meine Mutter sehr wütend. Eines Tages komme ich von der Arbeit nach Hause, und meine Mutter sagt zu mir: »Ich habe dem Pieck geschrieben.« Ich sage: »Was? Hättest du mich den Brief doch mit der Schreibmaschine schreiben lassen. Dann hätte er ordentlich ausgesehen.« – »Nein, das wollte ich nicht«, sagte meine Mutter, »ich habe ihn extra mit der Hand und in der alten Schrift geschrieben, damit er sieht, von welchen Leuten der Brief kommt. Ich habe ihn auch geduzt, ihm gesagt, daß ich schon mit siebzehn in die SPD eingetreten bin, und ihn gefragt, ob er bei seinem Parteieintritt auch so jung gewesen sei. Ich schrieb ihm, daß ich meinen Sohn hier in der DDR haben will und daß der Sohn die gleiche sozialistische Erziehung bekommen hat wie seine Schwestern, obwohl er jetzt gerade im Westen sei.« Ich selbst bin ja auch 1945 in die SPD eingetreten und habe dann die Einheitspartei mitgegründet. Ich war Delegierte im Land Sachsen. Und ich bekenne mich auch dazu. Wir sind immer eine sozialistische Familie gewesen.

Eine Woche nach dem Brief bekam meine Mutter eine sehr höfliche Einladung ins Rathaus, wo sie sich die Genehmigung für den Zuzug abholen konnte. 1952 war mein Bruder Alfred dann bei uns. Aber er

war krank und mußte dann bald ins Diakonissenkrankenhaus. Keiner wußte, was er hatte. Sie holten einen Professor, einen Spezialisten, und der fragte ihn, ob er etwas mit Giftgas zu tun hatte. Da stellte sich heraus, daß die Arbeit, zu der er sich bei den Amerikanern gemeldet hatte, das Entschärfen der deutschen Giftgas-Granaten gewesen war. Aber er wurde wieder gesundgepflegt und heiratete im Dezember 1953 die Tochter seines ehemaligen Bettnachbarn. Die hatte er kennengelernt, als sie ihren Vater im Diakonissenhaus besuchte.
Ich arbeitete zu dieser Zeit in der SED-Kreisleitung als Kassiererin. Zuvor, von November 1950 bis März 1951, hatte ich mich auf der Finanzschule in Brandis bei Leipzig weiterqualifiziert, und man hatte mir die Stelle des Hauptkassierers bei der Kreisleitung angeboten. Das Finanzielle lag mir ja, außerdem standen 100 Mark mehr Gehalt in Aussicht, also sagte ich zu. Bald hatte ich von 13 Kreisen den einzigen, wo die Bilanz jeden Monat stimmte, wo es niemals irgendeinen Fehler gab. Also, ich war stolz auf die Sache. Und ich war auch sehr anerkannt von den höheren Instanzen, weil das Zahlenmaterial eben immer stimmte und man auch bei Revisionen nie etwas zu beanstanden hatte.
Eines Tages aber kam ich früh zur Arbeit, und die Fahnen standen auf halbmast. Ich wunderte mich und fragte unsere Sekretärin: »Warum sind denn die Fahnen auf halbmast?« Da begann die zu heulen. Ich dachte sonstwas und fragte: »Mensch, es ist doch nicht etwa deinem Mann was passiert?« – »Ach«, sagte sie, »der Stalin ist tot.« Da habe ich erleichtert gesagt: »Du lieber Himmel! Der Mann war alt, und jeder muß sterben, wenn er alt ist.« Ich war damals Anfang Dreißig, und da dachte ich, daß es ganz natürlich ist, wenn jemand im hohen Alter stirbt. Aber heulen, so dachte ich, würde ich nur, wenn meine Eltern mal sterben würden. Doch das war zu stark für die SED-Kreisleitung.
Im Mai kam ein Genosse und sagte: »Ilse, du mußt dem Genossen hier die Bücher übergeben.« So hatten sie mich entlassen. Das hat mir sehr weh getan, weil ich immer mit viel Liebe und Akkuratesse als Hauptkassierer arbeitete.
Die Kreisleitung wollte mich dann irgendwo beim Konsum unterbringen, aber da wollte ich nicht hin, weil ich da zuwenig verdient hätte. Ich arbeitete dann erst einmal als Treuhänderin für zwei Kleinbetriebe in Leutzsch, für einen Konfektionär und einen Handschuhfabrikanten,

aber das war mir nichts Richtiges. Dann bewarb ich mich in Eisenhüttenstadt, damals Stalinstadt, und fing im Stahlwerk an. Aller vier Wochen fuhr ich heim zu den Eltern. Dort hätte ich was werden können, aber ich vertrug die Abgase der Hochöfen nicht und mußte wieder aufhören. So fing ich in Leipzig von vorn an. Die 50er Jahre waren für mich voller Neuanfänge. Ich bewarb mich beim Rat des Bezirkes und wurde vom Fleck weg eingestellt. Erst war ich beim Bauamt und dann in der Industrieabteilung.

Frau Gockisch: Als Kind habe ich die Betriebsferienlager sehr genossen, ich war von 1951 bis 1953 dreimal im Ferienlager. Mein Vater arbeitete damals in der VEB Schokopack-Verpackungsmaschinenfabrik in Dresden, einer renommierten Fabrik, die natürlich auch für die Gestaltung der Betriebsferienlager verantwortlich war. Die Schokopack hatte die einstmaligen Mühlen im Polenztal. Da gab es die Scheibenmühle und andere, und dort waren die Betriebsferienlager. Wir mußten zwar mit Pionierkleidung antanzen, mit Pionierhemd und Halstuch, weil jeden Morgen Appell war. Aber es wurden wunderschöne Wanderungen durchgeführt. Wir haben viel Sport gemacht. Und dann gab es auch Gemeinschaften, wo gemalt wurde, und welche, wo man singen konnte. Der Tagesablauf war von früh bis abends durchorganisiert, das war einwandfrei. Und auch die Verpflegung war sehr gut. Und das Allerschönste für uns Kinder war, daß wir dort auch einmal an Süßigkeiten herankamen. Denn zu Hause, wir waren drei Geschwister,

»Als Kind habe ich die Betriebsferienlager sehr genossen«

hatten wir nicht so viel Geld, daß wir von unseren Eltern Schokolade, Bonbons und Kekse bekommen konnten. Aber das bekamen wir im Kinderferienlager. Dort konnten wir in eine Schüssel Bonbons langen, bekamen auch manchmal weiße Kekse, und 1951 oder 1952 bekam ich dort zum ersten Mal eine ganze Tafel Schokolade. Die Betriebsferienlager wurden durch die Betriebe gestützt, die Eltern mußten nur sehr wenig dazuzahlen. Ich habe das in sehr guter Erinnerung. Alles wurde gemeinsam gemacht.

Und 1953 ging es daran, einen Beruf auszuwählen. Wir mußten Karten ausfüllen, auf denen wir unsere Berufswünsche äußern sollten. Meine ältere Schwester war Lehrerin, die hat mir dabei geholfen. Sie sagte: »Also, was machen wir mit dir? Was willst du werden, wozu hast du Lust?« Das Naheliegendste war für mich Kindergärtnerin. Aber auf der Karte mußten zwei Möglichkeiten eingetragen werden. Na gut, dachte ich, dann werde ich vielleicht noch Schneiderin, das war doch auch noch ein Beruf, der gebraucht wurde. Später bekam ich als Antwort zugeschickt, daß ich Kindergärtnerin werden könnte, und das habe ich auch sehr gern gemacht. Von 1953 bis 1957 besuchte ich die Pädagogische Fachschule in Dresden, und von 1957 bis zum 31. Dezember 1997 war ich, abgesehen von den Unterbrechungen bei der Geburt meiner Kinder, Kindergärtnerin.

Kollegin Dietze müßte erschossen werden!

Frau Seidel: Ich habe 1950 bis 1953 Lohnbuchhalterin gelernt. Wir hatten eine sehr gute Ausbildung, wir kamen in sämtliche Abteilungen. Natürlich spielte die gesellschaftliche Arbeit eine große Rolle. Es war klar, daß es eine FDJ-Gruppe gab und daß gesellschaftliche Aufgaben zu erfüllen waren. Daß wir am Wochenende Aufbaustunden leisteten, war selbstverständlich. Ich wurde dann mit 17 Jahren als selbständige Gehaltsbuchhalterin am Leipziger Zentralinstitut für Gießereitechnik eingestellt. Als junger Mensch hatte ich die Verantwortung für die Bezüge von 120 Leuten. Da habe ich mich sehr verantwortungsbewußt gefühlt. Es gab auch keinerlei Schwierigkeiten. Als Mädel war ich der Hahn im Korb.

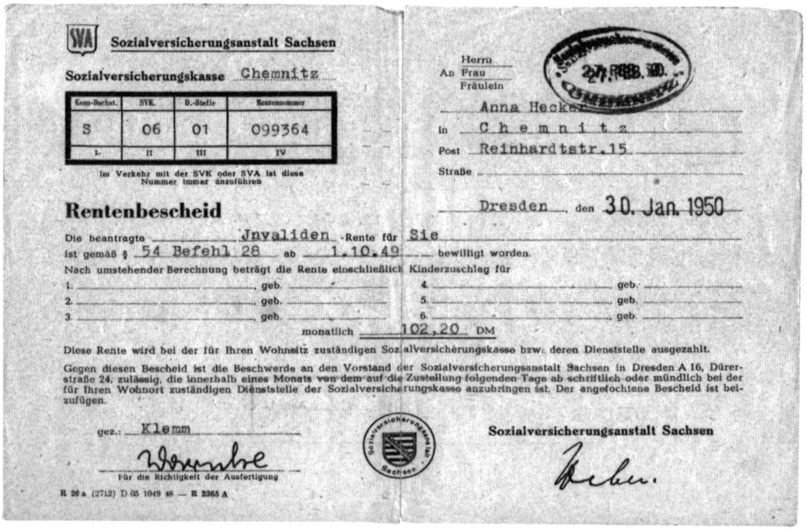
SVA Sozialversicherungsanstalt Sachsen

Sozialversicherungskasse Chemnitz

Kenn-Buchst.	SVK.	D.-Stelle	Rentennummer
S	06	01	099364
I.	II	III	IV

Im Verkehr mit der SVK oder SVA ist diese Nummer immer anzuführen

An Herrn / Frau / Fräulein
Anna Hecker
in Chemnitz
Post Reinhardtstr. 15
Straße

Dresden, den 30. Jan. 1950

Rentenbescheid

Die beantragte Jnvaliden-Rente für Sie
ist gemäß § 54 Befehl 28 ab 1.10.49 bewilligt worden.
Nach umstehender Berechnung beträgt die Rente einschließlich Kinderzuschlag für
1. ______, geb. ______ 4. ______, geb. ______
2. ______, geb. ______ 5. ______, geb. ______
3. ______, geb. ______ 6. ______, geb. ______
monatlich 102,20 DM

Diese Rente wird bei der für Ihren Wohnsitz zuständigen Sozialversicherungskasse bzw. deren Dienststelle ausgezahlt.

Gegen diesen Bescheid ist die Beschwerde an den Vorstand der Sozialversicherungsanstalt Sachsen in Dresden A 16, Dürerstraße 24, zulässig, die innerhalb eines Monats von dem auf die Zustellung folgenden Tage ab schriftlich oder mündlich bei der für Ihren Wohnort zuständigen Dienststelle der Sozialversicherungskasse anzubringen ist. Der angefochtene Bescheid ist beizufügen.

gez.: Klemm

Für die Richtigkeit der Ausfertigung

Sozialversicherungsanstalt Sachsen

R 20 a (2712) D 05 1049 48 — R 2365 A

Rentenbescheid

Das Lohngefüge war sehr abgestuft. Jungingenieure von der Gießerei-Fachschule hatten ein Gehalt von brutto 715 Mark. Das entsprach ungefähr 525 Mark netto. Und die Abteilungsleiter, also die technischen Leiter, bekamen 1200 bis 1400 DM. Es gab auch schon in den 50er Jahren hohe Gehälter. Es gab auch Sonderverträge für die Intelligenz. Die bekamen Treueprämien, nach zwei Jahren fünf Prozent und später acht Prozent zusätzlich zu den Bruttolöhnen.
Prämien gab es damals besonders zum Tag der Aktivisten am 13. Oktober und am 21. Dezember, zu Stalins Geburtstag. Und Weihnachtsgeld gab es ja auch noch. Aber das war begrenzt, abhängig von der Gehaltshöhe. Aber da gab es für Lehrlinge 10 Mark; 25 Mark für Ledige und 35 Mark für Verheiratete.

Frau Stahl: Ich arbeitete damals im Leipziger Werk Galvano-Technik, VEB Galvano-Technik in der Torgauer Straße. Ich war und bin immer eine notorische Sozialistin oder Sozialdemokratin gewesen. Ich habe in den 50er Jahren gegen Kollegen, die unsachlich diskutierten, den Sozialismus verteidigt. Ich habe auch im kleinen Kreis immer meine Meinung gesagt. Aber wenn es eine Gewerkschaftsdiskussion in der Abteilung gab, haben die, die sonst immer kritisierten, also gegen den Sozialismus arbeiteten, nichts gesagt. Jedenfalls mußte ich oft

diskutieren. Jeden dritten Sonnabend war irgendein Aufklärungseinsatz. Wir mußten in die Häuser gehen, da wurden die Bewohner zusammengeholt, und wir mußten sie aufklären. Aller vier Wochen gab es sonnabends nachmittags eine Demonstration. Das war für uns Hausfrauen schwierig, wir arbeiteten ja sonnabends bis Mittag und mußten dann anschließend vom Betrieb aus gleich zur Demonstration. Wir konnten nicht mal einkaufen gehen. Aber ich habe dort in der Gruppe der Arbeiterinnen gesagt: »Früher, unter der roten Fahne, sind wir noch viel mehr marschiert.« Es war klar, daß ich die Zeit vor 1933 gemeint habe. »Aber es bröckelten an jeder Straßenecke immer welche ab, und am Ziel, wo der Demonstrationszug eigentlich aufgelöst werden sollte, kommen nur noch wenige an.« Da habe ich die Worte gebraucht: »Das ist ja keine Demonstration, sondern eine Hammelherde.« Acht Tage später erschien die Betriebszeitung »Der Galvaniker«, und da stand auf der Titelseite in großer roter Blockschrift: »Die Kollegin Dietze und die Hammelherde«. Da war die Sache dermaßen entstellt, daß jeder, der das gelesen hatte, annehmen mußte, daß ich eine Nazistin bin.
Ich bin dann gleich zur Gewerkschaftsleitung gegangen und zur Parteileitung und habe denen gesagt: »Das, was da drin steht, habe ich nicht gesagt. Daß man so was hier so groß veröffentlicht, ohne mich dazu zu fragen, das ist eine ganz große Schweinerei.« Und in den nächsten Nummern hatten die Kollegen Stellung bezogen. In einer der Zuschriften stand: »Die Kollegin Dietze müßte erschossen werden!« Aber da kam Gott sei dank dann die halbe Abteilung zu mir ins Zimmer und hat mir ihre Sympathie erklärt. Da fühlte ich mich wieder sicher.

Das Scheuerlappengeschwader

Herr Gleisberg: Wir haben bis Anfang der 60er Jahre in Köpenick gewohnt. Und viele sagen, ja mein Gott, ihr müßt euch doch zu Tode erschrocken haben, als 1961 die Mauer gebaut wurde. Aber wir haben das teilweise begrüßt. Wir haben ja nicht geglaubt, daß die 100 Jahre steht. Aber wir haben das begrüßt, weil wir uns ausgeplündert fühlten. Die amerikanischen Soldaten und die Westberliner Bevölkerung kamen in den Osten und kauften hier unwahrscheinlich ein. Sie besetzten die Friseursalons, wir kamen in keine Gaststätte hinein. Ich will einmal sagen, aus diesem engen Blick, wenn man mal vom großen politischen Blick absieht, haben wir gesagt, na Gott sei dank, daß damit Schluß ist. Wir wohnten in einer wunderbaren Siedlung zwischen Köpenick und Friedrichshagen, alles Villen und Einfamilienhäuser. Aber wir haben dafür fleißig gearbeitet, meine Frau und ich. Andere aber machten im Prinzip gar nichts und wohnten dennoch so fürstlich. Die fuhren nämlich abends für zwei, drei Stunden nach West-Berlin. Das war das Scheuerlappengeschwader. Sie arbeiteten in West-Berlin als Reinemachefrauen und kamen dann mit der vier- bis fünffachen Wochenentlohnung zurück. Das gab schlechte Stimmung.

Herr Gruner: In Dahlem und anderen Westberliner Villenvororten wohnten die Studenten oft in den Dachkammern. Die Leute in den Villen waren nämlich gebeten worden, an Studenten der in West-Berlin neugegründeten Freien Universität zu vermieten. Und immer vormittags marschierte dort durch diese Villenstraßen das Scheuerlappengeschwader aus Ost-Berlin. Die hatten ihre Besen und Schrubber geschultert und wurden dann von den Studenten hochgewinkt zum Saubermachen. Sie bekamen dafür, daß sie eine Stunde so ein Studentenzimmer saubermachten, eine West-Mark. Und diese West-Mark konnten sie sich dann in der Wechselstube in Ost-Mark umtauschen.

Wir kommen auch einmal dahin, wo der Westen ist. Abhauen oder abwarten?

Herr Linde: In den 50er Jahren sind viele abgehauen. Wenn ein Arbeiter abhaute, dann hat man die Lücke noch ausfüllen können. Wenn aber ein Handwerker abgehauen war, das war schon schlechter. In unserem Viertel war auf einmal der Ofensetzer verschwunden. Ja, wer brachte nun die Öfen für den Winter in Ordnung? Das war schon ein harter Schlag für uns. Das Wort Republik-Flucht gab es eigentlich noch nicht. Und das Abhauen wurde auch nicht so bestraft. Ich kann mich entsinnen, in Rötha hatten wir Verwandte, die wir öfter besuchten. Und die hatten Zutritt zu einem Lager mit Möbeln von denen, die

ausgerissen waren. Von der Klobürste bis zum Kamm wurde dort alles gestapelt, registriert und aufgehoben. Es wurde gesagt, wenn sie wiederkommen, sie können ja wieder anfangen, wir tragen ihnen nichts nach.
Und ich kann mich auch entsinnen, daß von Westdeutschland Leute kamen, die drüben nicht zurechtkamen. Die kriegten hier eine Landwirtschaft, also ein kleines Anwesen, und sollten das bearbeiten. Aber es gab auch welche, die haben nur das Geld genommen, haben eine Weile rumgemuttelt und sind wieder in den Westen gegangen. Und drüben haben sie sich als Flüchtlinge ausgegeben.
Viele meiner Arbeitskollegen sagten damals zu mir: »Mensch, du bist jung. Du hast noch nichts. Keine Familie, nichts, was dich bindet. Hau doch ab! Mach, daß du rüber nach dem Westen kommst. Dort wirst du was!«
Aber ich war davon überzeugt, daß es auch viel Schatten gibt, wo viel Licht ist. Ich habe viele in der DDR gekannt, die gesagt haben: »Dort wird nur der was, der Ellenbogen hat.« Außerdem dachte ich, daß wir irgendwann auch dahin kommen, wo der Westen ist. Wir holen sie zwar nicht ein, aber wir halten mit. Als in Leipzig das Stadion errichtet wurde, da sind viele aus Westdeutschland gekommen und waren begeistert. Als der Trabant gebaut wurde, habe ich gedacht, aha, jetzt kommt das auch hier. Wir kommen auch mal dahin, wo die im Westen sind. Man muß nur warten können.

Frau Rosenholz: Ich arbeitete damals bei der Volksbildung als Kindergärtnerin und mußte beim Rat der Stadt unterschreiben, daß ich das kapitalistische Deutschland nicht betreten werde. Das war für mich natürlich eine Härte. Aber ich schickte immer meinen Mann los nach West-Berlin und habe mich über alles gefreut, was er da mitgebracht hat. Das war 1950.

Frau Ebert: Im Jahr 1951 war ich Lehrerin an der Erich-Mäder-Schule in Eisenach, und mein Mann studierte in Frankfurt am Main Medizin. In diesem Jahr bekam er ganz offiziell von der DDR-Seite – er war ja ein Westbürger – das Angebot, seine Ausbildung in der DDR abzuschließen. Im Westen gab es ja damals eine Ärzte-Schwemme. Ihm wurde also von der DDR angeboten, dort zu arbeiten und jederzeit wieder zurückkehren zu können. Er ging nach Erfurt; Eisenach war ihm zu klein, und fing dort in der Abteilung Innere Medizin an. Dann ging er in die Chirurgie, und als damals die Urologie aus der Chirurgie ausgegliedert wurde, entschloß er sich, Urologe zu werden, weil er die Chance bekam, dort gleich erster Assistenzarzt zu werden.

1952 bezogen wir zusammen in der Erfurter Bonifaciusstraße 52, einem alten Patrizierhaus, eine Fünf-Zimmer-Wohnung, wovon wir allerdings zwei Zimmer an einen Assistenzarzt vermieten mußten. Mein Mann hat sehr viel gearbeitet, im Krankenhaus und mittags noch zwei Stunden in der Poliklinik, er kam auf einen Verdienst von 1800 Mark. Wir sparten damals auf ein Auto. Die ersten Jahre sind wir immer mit dem Fahrrad rumgekutscht, das hatte sich mein Mann schon in Frankfurt gekauft, denn die Straßenbahn war nicht billig, auch in Erfurt nicht. Schon damals mußte man so ein Auto erst einmal bestellen und lange darauf warten. Wir aber hatten es dann doch recht bald bekommen, sicherlich durch die Beziehungen, die man als Arzt in so einer großen Klinik mit dem einen oder anderen Patienten aufbauen konnte. Ich glaube, wir hatten schon im Jahr 1954 das Auto. Es war ein F9, und der kostete damals wohl so um die 12000 Mark. Damit fuhren wir zu meinen Eltern nach Neukirchen.

In der Bonifaciusstraße 52 wohnten wir nur zwei Jahre. Mein Mann hat sich sehr um eine andere Lösung bemüht, denn wir wollten nicht zusammen mit einem Untermieter wohnen. Schließlich bekamen wir in einem größeren Einfamilienhaus in der Gustav-Freytag-Straße eine Drei-Zimmer-Wohnung angeboten, wo wir 1956 einzogen. Das Haus gehörte einem Studienrat. Als wir dort ein Jahr gewohnt und uns gut mit ihm verstanden hatten, fragte er uns, ob wir das Haus kaufen wollten. Das Haus war gut in Schuß, es war Baujahr 1935, und sollte mit den Hypotheken 32000 Mark kosten. Wir hätten das in Raten bei dem Studienrat abzahlen können. Das besprachen wir dann mit unserem Vater in Neukirchen.

Mein Mann meinte: »Ich kaufe das Haus nicht, denn ich bleibe nicht ewig hier. Das entwickelt sich hier nicht so, wie ich mir das gedacht hatte, und in der Klinik werde ich auch immer mehr gedrückt. Dort sagen sie zu mir: ›Sie sind Stationsarzt, nun bekennen Sie sich mal, Sie

»Wir hatten schon 1954 ein Auto.«

gehören noch keiner Partei an.‹ Nix da, das Haus kaufe ich nicht.« Und mein Vater entgegnete: »Menschenskind noch einmal! So ein gutes Angebot! Das ist doch Unsinn, so ein Angebot kriegst du nie wieder!« »Dann nimm du es doch«, hat da mein Mann gesagt, »nimm du es doch auf deinen Namen.« Da sagte mein Vater: »Das mache ich nicht. Ich habe das Gefühl, daß bald alle Handwerker enteignet werden, und dann ist das Haus auch weg. Es wäre viel besser, ihr nehmt das Haus, und wenn ihr wirklich fortgeht, muß man halt sehen, was daraus wird. Dann steht es auf euren Namen, und ihr seid halt im Westen.«

Na, schließlich haben wir das Haus dann doch gekauft. Der Studienrat war's zufrieden, er wollte auch noch ein bißchen was Gutes vom Leben haben. Er hatte keine Kinder und keine Erben. Seine Frau war ihm schon gestorben, und er hatte sich eine Haushälterin genommen. Aber die Pensionen waren ja nicht gerade hoch in der DDR, und so hatte er nun mehr Geld für sein tägliches Leben zur Verfügung. Wir haben die Raten bezahlt und uns dann noch einen Wartburg gekauft, der hat so 15000 Mark gekostet. Mein Mann hat sehr viel gearbeitet. Er mußte viele Dienste im Krankenhaus wie auch in der Poliklinik machen. Summa summarum kam er so auf 2000 bis 2500 Mark im Monat.

Insgesamt schien uns die Kiste in der DDR immer verfahrener, die Hoffnungen von 1953 hatten sich nicht erfüllt. Danach hatten wir gesehen, daß in Berlin S-Bahn-Strecken gebaut wurden, die nur noch im Ost-Sektor fuhren und nicht mehr die Grenze nach West-Berlin überquerten. Da sagte mein Mann: »Ich glaube, unsere Zeit hier läuft ab. Wir kommen hier nicht mehr raus. Wenn wir jemals fort wollen, müssen wir uns das überlegen, bevor in Berlin die S-Bahn gekappt wird. Denn dann ist es zu spät.«

Zu dieser Zeit war schon ein gutes Dutzend Ärzte aus dem Erfurter Klinikum gegangen. Von denen, die noch da waren, fragten sich die meisten: »Bleibst du? – Bleibst du? – Ich bleibe nicht!« Im Jahr 1957 stellte mein Mann schriftlich den Antrag, wieder in seine Heimat umziehen zu dürfen, so wie es wenige Wochen zuvor ein aus Stade stammender Arzt getan hatte. Der hatte noch die offizielle Rückführung bekommen und sagte uns: »Ich habe noch die Genehmigung gekriegt, ihr kriegt sie nicht mehr. Die vom Amt haben schon bei mir gesagt: »Ach du liebes bißchen, Sie sind ja schon der dritte in diesem Jahr! Kommen denn da noch mehr, die wieder zurückgehen wollen?« Mein Mann war dann der fünfte oder sechste, und da sagten sie zu ihm: »Herr Ebert, Sie sind jetzt sieben Jahre in Erfurt gewesen, da muß man doch annehmen, daß es Ihnen gefallen hat, sonst wären Sie doch längst wieder zurückgegangen.« Er aber widersprach, das ging so ein bißchen hin und her, bis mein Mann die schriftliche Zusicherung für freie Rückkehr, mit der einst seine Arbeit in der DDR begonnen hatte, vorlegte. Und da sagten die doch: »Ja, das stimmt schon. Aber was wir 1951 zugesagt haben, ist 1957 nicht mehr aktuell. Nach sieben Jahren ist das verflossen.«

Da kam er ganz bedeppert nach Hause und sage: »Das schaffen wir nicht mehr. Das haut nicht mehr hin.« Ein Patient, ein Polizist, hatte ihm zudem erzählt: »Herr Doktor, Ihre Karteikarte sieht gekennzeichnet aus, Sie werden beobachtet. Merken Sie sich das, machen Sie keine krummen Touren, passen Sie auf, daß keiner merkt, daß Sie abhauen wollen. Sie werden beobachtet.«

Ich kann mich noch erinnern, wie wir in diesem Jahr zur Kirmes bei meinen Eltern in Neukirchen waren. Da flog ein Flugzeug über uns hinweg, es war die Route Berlin-Frankfurt, und mein Mann sagte zu meinem Cousin: »Da sitze ich demnächst sicher drin.« Als wir mit meinen Eltern zusammensaßen und die Lage schilderten, sagte ich: »Na gut, dann gehst du voraus, und ich komme hinterher.« Und der nächste Satz von meinem Vater war: »Das kommt überhaupt nicht in Frage, wenn der Mann fortwill, gehörst du dazu.«

Wir haben dem Kollegen aus Stade, der noch seine Übersiedlung bekommen hat, einen riesigen Überseekoffer mitgegeben, Porzellan war drin, ein paar Teller, ein paar Tassen, Bettwäsche und Handtücher, so daß wir erst einmal das Nötigste im Westen hatten. Mein Bruder hat dann noch kofferweise Klamotten mit der S-Bahn nach West-Berlin geschafft. Im August 1958 haben wir uns dann mit einem Auto nach West-Berlin fahren lassen. Wir fuhren ohne Gepäck, dafür mit drei Lagen Kleidung am Leib. Ich hatte nur eine Handtasche dabei. Und ich hatte einen Wintermantel an. Im August! So sind wir nach West-Berlin.

Mein Mann wollte in kein Aufnahmelager. Dort kam man nur heraus, wenn man eine Stelle nachweisen konnte. »So viel Geld haben wir noch, daß wir uns den Flug nach Frankfurt leisten können«, sagte er. Und so machten wir es. Wir kamen bei seiner alten Wirtin in Frankfurt an, und er sagte: »So, Frau Genter, dieses Mal kommen wir nicht zu Besuch, jetzt bleiben wir für immer im Westen.« Und sie sagte: »Das trifft sich aber gut, ihr Studentenzimmer ist gerade frei.« Im Westen ging es dann sehr schnell, am 28. August sind wir weg, und am 1. September hatte mein Mann seine erste Stelle.

Als sie in Erfurt merkten, daß wir im Westen sind, haben sie gleich unser Haus versiegelt. Mein Mann hat dann ein Schreiben nach Erfurt geschickt, in dem er versicherte, daß alles in der Wohnung seinem Schwiegervater gehöre, und er das alles noch nicht abbezahlt habe, einschließlich des Wartburgs, der in der Garage stand. Daraufhin konnte mein Vater mit dem Möbelwagen vorfahren und das ganze Haus leerräumen. Vieles davon wurde auch gleich in Erfurt an Ort und Stelle verkauft. Den Wartburg hat dann mein Bruder gekriegt.

Dann wurde meinem Vater, falls er den Behörden zusicherte, daß er seinen Schwiegersohn wieder zurück in die DDR holen wolle, noch einmal eine Reise in den Westen angeboten. Da hat mein Vater gesagt: »Ja, das probiere ich.« Und als er wieder zurückkam, sagte er: »Der war

Das Arbeitszimmer

leider nicht zur Rückkehr zu bewegen.« So war der Vater wenigstens mal bei uns im Westen. Meine Mutter war ja dann schon 1961 Rentnerin und konnte uns dann regulär als DDR-Rentnerin besuchen, mein Vater erreichte 1965 das fünfundsechzigste Lebensjahr. Dann kamen sie beide regelmäßig zu Besuch.

Wir aber mußten im Westen wieder bei Null anfangen. Das war nicht einfach, mein Mann war 42 Jahre alt und Facharzt, und alles, was er sich bis dahin geschaffen hatte, war weg, das Haus und das Auto. Ich war 34 Jahre alt, für mich war es sehr schwer, meine Heimat zu verlassen, gerade hatte ich den Garten und die Gehölze an unserem Haus soweit, und da mußten wir weg. Das tat mir sehr leid. Aber mein Mann hat gesagt: »Du mußt mal den Druck erleben, dem wir da jeden Tag ausgesetzt sind. Sogar mein Vorgesetzter drückt mich jetzt schon und sagt, ich müsse nun Farbe bekennen. Und bei der medizinischen Fortbildung im Krankenhaus kamen die SED-Leute und agitierten mich. Das hängt mir zum Halse raus! Im Hitler-Staat habe ich das alles noch hingenommen, da war ich noch jung. Aber jetzt bin ich vierzig Jahre alt, ich habe das so satt, ich kann das nicht mehr hinnehmen. Ich will endlich tun und lassen können, was ich will. Ich will nicht eintreten, wo die meinen, daß ich eintreten soll.«

Herr Weigel: Ich begann 1949 meine Lehre als Drogist, und zwar in der Drogerie Walter Gruner, Kurt-Eisner-Straße/Ecke Brandvorwerkstraße in Leipzig. Wir haben uns sehr um die Kunden bemüht, und mein Chef sagte immer: »Herr Weigel, der Kunde ist König.« Ich war damals 16 Jahre alt. Eines Tages sagte er zu mir: »Sie haben mir erzählt, Sie wollen Urlaub machen oben in Berlin. Da können Sie ja auch nach West-Berlin rüber. Das ist ja nicht weit. Da fahren Sie nach Gesundbrunnen. Dort gibt es Parfümerie- und Seifengroßhandlungen, und Sie bringen für unsere guten Kunden mal so zwölf Stück Toilettenseife von Dralle/Hamburg und 20 Stück Rasierseife mit, daß wir mal auch den guten Kunden was anbieten können.«
Das brachte mich noch auf eine Idee. Für jeden, der in der DDR wohnte, war West-Berlin so ein Magnet. Es gab dort Schokolade, die Tafel für 70 Pfennige. Ich aß gern Schokolade und wollte mir bei der Gelegenheit dort welche kaufen. Nur brauchte ich eben Westgeld, und das hatte ich nicht. Aber damals hieß es, die Westberliner Drogerien nehmen gern Fieberthermometer. Die waren bei uns billig. Ich sagte also zu meinem Chef, wir müssen mal zwölf Fieberthermometer bestellen. Mit denen bin ich dann nach Berlin gefahren. Ich fühlte mich wie so ein Vertreter und sagte: »Ich habe hier ein Dutzend Fieberthermometer. Können Sie die gebrauchen?« Ich hatte einen guten Preis bekommen und schlug mich mit Schokolade voll. Ich besorgte noch die Seife und machte mich auf den Rückweg. Von meinem Onkel hatte ich noch ein Buch geschenkt bekommen: »Buffalo Bill«. Das steckte in meiner Aktentasche. Beim Überschreiten der Sektorengrenze vom Westsektor in den sowjetischen wurden oft westliche Druckschriften verteilt, und auch ich erhielt einen Handzettel und überflog nur dessen Überschrift. Tarantel stand darauf. Das war gegen die DDR gerichtet. Nichtsahnend steckte ich das Blatt in das Buffalo-Bill-Buch, und nun ging's in den Ostsektor. In Berlin-Schönefeld war immer Kontrolle. Die Polizei kam durch und fragte: »Was haben Sie hier in der Aktentasche drin?« Da habe ich gesagt: »Das ist mein persönliches Eigentum.« Ich mußte die Tasche aufmachen, und als erstes griff er sich das Buch, schlug die erste Seite auf, und da war der Zettel drin. Da war ich natürlich erst mal fällig. Er sagte: »Kommen Sie bitte mit! Nehmen Sie Ihr Gepäck mit! Ich wurde in ein Abteil geführt, das war

durch einen Vorhang zugehangen. Da mußte ich nun meine Seife und mein Portemonnaie und alles ausbreiten. Aber es ging nur um dieses Blatt, und zum Glück wurde mir nur dieser Zettel weggenommen, und ich konnte dann wieder gehen.

Herr Kramer: Ende der 50er Jahre bekam ich mein erstes Auto. Einen Drei-Elfer-Wartburg. Die Vorbestellung dauerte damals ungefähr drei Monate, dann bekam man das Auto. Aber es war teuer, es kostete 16 500 Mark. Es gab zur damaligen Zeit mit kurzen Wartezeiten eigentlich ein Auto, aber man mußte es bar bezahlen. Auf Kredit war es nicht möglich, sich ein Auto anzuschaffen. Man konnte sich sogar den Wagen in Eisenach abholen und schauen, welche Farbe man haben wollte, welches Modell man haben wollte. Aber 16 500 Mark waren auch ein stolzer Preis – bei den Gehältern, die damals üblich waren. Ich habe mir noch von meinen Eltern Geld geborgt, um das Auto kaufen zu können. Dann bin ich an die Ostsee gefahren. Wenn man in den 50er Jahren an die See gefahren ist, bekam man ohne weiteres ein Zimmer. Kein Hotelzimmer, aber ein Privatzimmer war ohne weiteres drin. Ich nahm auf Usedom ein Zimmer und bin die ganze Zeit durch die Gegend gefahren. Der Liter Benzin kostete damals, glaube ich, 1,25 Mark. Also mit dem Auto konnte man wirklich sehr schöne Touren machen. Es war leer auf den Straßen. Es gab ja nur den BMW, das war größtenteils ein Dienstwagen, den F8 und den F9, aber verhältnismäßig wenige. Der Wartburg war eigentlich ein Auto, das Weststandard hatte.
Einmal bin ich damit auch nach Westdeutschland gefahren. Und zwar hatte ich die Einreise nach Westdeutschland zu einer Tagung gehabt. In Marienborn bin ich über die Grenze gefahren. Im Osten wurde ich überhaupt nicht angehalten: »Gute Fahrt!« und weiter. Kaum war ich drüben, wurde ich von der Polizei gestoppt. Mein Wagen wurde von vorn bis hinten untersucht. Ich wurde gefragt, wo ich denn hinwolle. Ich sagte: »Ich will nach Bad Nauheim zu einer Tagung und außerdem zu meinem Bruder nach Hannover.« Da wurden die Sitze hochgeklappt, der Kofferraum untersucht. Die haben das halbe Auto auseinandergenommen. Ich war sehr verwundert, bis ich den Grund erfuhr: Der Osten schleuste zu dieser Zeit viele Leute zu den Ostermärschen nach Westdeutschland ein. Und die haben natürlich gedacht, ich will auch

zu dem Ostermarsch. Und deswegen wurde ich auseinandergenommen. Sie haben aber nichts gefunden außer ein paar Geschenken, die ich für die Kinder vom Bruder mitgenommen hatte.

Herr Tittel: Ja, die 50er Jahre, das war eine Zeit, die kann man schlecht mit Worten beschreiben. Da hat man sich so richtig ausgetobt. Ich war ein junges Kerlchen und mußte erst mal tanzen lernen. Ich hatte Gott sei Dank eine Freundin, die auf der Strecke bewandert war, und nun hatte ich die Grundlage, um abends springen und hüpfen zu gehen. Es gab damals noch am Leipziger Königsplatz an der Südseite in dem damals total kaputten Haus das »CA-Casino«. Das war wunderschön. Es war eine kleine Tanzdiele, und da spielten drei Mann. Damals war es in Leipzig eine Spitzenkapelle, die immer die neueste Musik spielte. Aber dann und wann kam von der FDJ so eine Gruppe, die kontrollierte, ob sich die Leute anständig verhielten. Im CA-Casino gab es aber eine ganz gewiefte Frau in der Garderobe, die hatte da eine Signalanlage. Wenn die vom FDJ-Streifendienst kamen, dann hat man das im Haus hinten schon vorher gemerkt. Die Kapelle änderte sofort die Musik und machte dann eine ganz zünftige, schöne Musik, die niemandem weh tat, und wir tanzten ganz gesittet. Und sowie die wieder raus waren, ging wieder Holiday los.
Diese Kapelle, die spielte bis halb elf – ich wohnte damals in Leipzig-Connewitz –, und die letzte Straßenbahn fuhr vom Königsplatz fünf Minuten nach zehn. Aber wir sind lieber nach Connewitz gelaufen, um ja nicht eine Minute zu verpassen.

Frau Tränker: Im Sommer 1953 heiratete ich. Mein Mann und ich waren beide Lehrer an der gleichen Schule. Wir beide arbeiteten dort schon seit acht Jahren und wollten nun also heiraten. Und jetzt gab es die berühmten Ferienplätze vom FDGB. Meine Schule bekam für die Sommerferien heiß begehrte Seeplätze in Lubmin. Also das Kollegium war sich einig, diese Ferienplätze müßten der Hans und die Heidi kriegen, weil sie doch nun gerade eben heiraten, und das wäre gewissermaßen ein Geschenk vom Kollegium. Jetzt war das aber ein Vier-Bett-Zimmer! Es war für uns ganz klar, daß wir die zwei Plätze nicht verfallen lassen konnten, und da nahmen wir natürlich zwei Kollegen mit. Nun kamen wir jedenfalls an und sagten zu dem Leiter des FDGB-Heimes: »Wir machen jetzt unsere Hochzeitsreise ins Vier-Bett-Zimmer.« Da hat der gelacht und die Sache doch so gelöst, daß wir ein Zimmer für uns bekamen.

Frau Tillich: In den Jahren 1948/49 spielte im Eislebener Mansfelder Hof regelmäßig die Kapelle Waßmann. Das waren zwölf Mann, die machten gepflegte Musik. Da gab es keinen Rock 'n' Roll. Das Publikum waren meist Ehepaare. Meine Eltern gingen da hin, und ich ging mit meinem Verlobten mit, weil ich von meiner Mutter aus nicht alleine mit ihm ausgehen durfte. Er hatte sich dann dazu aufgeschwungen, tanzen zu lernen, Tango konnte er später übrigens sehr gut. Schon zu dieser Zeit mußte man ordentlich angezogen sein, Jackett und Hose konnten verschieden sein, aber Schlips mußte sein. Und die Mädchen mußten anständig angezogen sein. Kurze Röcke waren nicht der Modetrend, aber es gab vereinzelt Mädchen mit kurzen Röcken. Das waren die sogenannten »leichten Mädchen« – solche kamen gar nicht rein. Man konnte sich auch nicht betrinken. Die Kellner haben einfach nichts mehr gebracht, wenn sie gemerkt haben, daß ein Gast tüchtig angetrunken war. Wir haben das auch einmal am Nachbartisch erlebt, die Betrunkenen bekamen den Mantel an den Tisch gebracht, und dann haben sie zwei Herren rausgeführt. Das waren solche Atzen, die standen immer im Eingang.
Im Jahr 1949 gingen wir zum Silvesterball. Dazu hatte mir meine Schneiderin mein Konfirmationskleid umgearbeitet. Das war chic! Damit habe ich viel Aufsehen erregt! Es war ein schwarzes Samtkleid. So etwas war zu dieser Zeit selten. Die Ärmel sind weit aufgeschlitzt gewesen, und die Schneiderin hatte mir rote Fallschirmseide hineingenäht. Und um das Kleid länger zu machen, sind, auch aus roter Fallschirmseide, Plisseefalten gelegt und angesetzt worden. Doch mein Verlobter wollte nicht mit mir tanzen. Die Jungs würden sich immer nach mir umdrehen. »Nein, nein«, sagte er, »das ist mir zu auffällig«.

Frau Glasow: Wir haben zur Messe immer vermietet. Wenn Messe war, dann hatten die Leipziger vor allen Dingen das Interesse, sich einen Messeonkel zu kaschen. Denn das war ja ein guter Zuverdienst.

Leipziger Messe, 1950

Am begehrtesten waren natürlich die aus dem Westen oder dem westlichen Ausland, denn die konnten wenigstens mal einen ordentlichen Kaffee mitbringen. Bei uns im Haus gab es so ein paar findige Hausfrauen, die dann auch die Messeleute organisierten. Wir hatten mehrere Jahre einige Männer, vier oder fünf, aus dem Rheinland. Die waren alle im Haus bei den Familien untergekommen. Wir aber hatten im Haus das einzige Telefon, und da spielte sich dann abends, nachdem die Messehäuser geschlossen waren, bei uns einiges ab. Die Frauen

wurden zu Hause angerufen: Die Messeonkel erzählten ihnen, daß sie fix und alle seien, was heute wieder los gewesen sei und daß sie gleich ins Bett gehen würden. Dabei waren sie alle schon gut angezogen in Schlips und Kragen und stürzten sich ins Nachtleben. Einmal hatte ich auch das Glück, da sagte der eine: »Ich habe noch eine Karte, Mädel, willst du mit?« – Ach du liebe Zeit. Ich wollte natürlich mit, aber ich hatte nichts anzuziehen. Aber meine Mutter hatte ein gutes dunkelrotes Seidenkleid. Da wurde ein weißer Kragen draufgemacht, und ich ging mit ins »Haus Leipzig«. Dort war der große Messeball. Ich bekam einen riesigen Eisbecher mit so einem Papierschirmchen drauf, und ich habe sehr viel getanzt. Ich war damals sicher auch die Jüngste im Saal. Die Kapelle durfte alles spielen, was auf den Notenblättern war, und in vorgerückter Stunde wurden unsere Rheinländer so mobil, daß sie ohne Schuhe, nur in Strümpfen, durch den Saal marschierten, und die Kapelle spielte »Wir wollen unseren alten Kaiser Wilhelm wiederhaben«. Da war ich aber ganz schön erschrocken, daß so etwas möglich war.
Dann kamen an unseren Tisch noch andere Männer aus anderen Ländern, Norweger und Belgier, die gut deutsch sprachen. Sie wollten wissen, wie es uns in der DDR geht. Aber ich konnte nur Privates erzählen. Ich habe mich, ehrlich gesagt, damals gar nicht politisch interessiert.

Da war ich ganz tapfer und meldete mich

Biographische Erzählung von Frau Bürger: Ich ging von 1948 bis 1952 auf die Tor-Schule in Halle, wo ich 1952 mein Abitur machte. Bis auf drei Mädchen waren nur Jungen in der Klasse, und wir waren eigentlich alle ein bißchen renitent. Diese neumodischen Dinge, die mit der Schulreform eingeführt wurden, wollten wir nicht akzeptieren. Wir hatten einen Chemielehrer, Rektor Dr. Conradt, der ist abgelöst worden, wahrscheinlich, weil er in der NSDAP gewesen war, und statt dessen bekamen wir Neulehrer. Die waren nur so auf die Schnelle ausgebildet, konnten nicht richtig unterrichten, und außerdem wollten wir sie nicht. Auf diese Weise bekamen wir ständig neue Lehrer. Schließlich sind wir zu unserem alten Rektor in die Wohnung und baten ihn, wieder an die Schule zu kommen. Und er sagte: »Ja Kinder, was soll denn das? Ich kann nicht wiederkommen. Damit müßt ihr jetzt alleine fertigwerden.« Das hat uns geärgert. Am häufigsten wechselten bei uns die Russischlehrer. Immer wenn ein Neuer uns fragte, wie weit wir gerade sind, sagten wir: »Beim Steinitz, Lektion 6.« Da fing der Lehrer noch mal mit der Lektion 6 an, kam aber nicht weit, weil er bald wieder ging. Und mit dem nächsten Russischlehrer fingen wir wieder bei Lektion 6 an. Auch in den anderen Fächern bekamen wir immer nur so »jungsches Volk«. Unsere Schulleiterin, Frau Trier, war Volkskammer-Abgeordnete, sie war ständig unterwegs, um an anderen Schulen diesen modernen Trend durchzudrücken, sie saß in Berlin, und an unserer Schule war derweil das Chaos. Wir waren in dieser Zeit prinzipiell dagegen! Die Tor-Schule wurde dann in Adolf-Reichwein-Schule umbenannt, abgekürzt wurde das mit »ARSch«, das heißt, wir waren die »Arsch-Schule«. Das war uns peinlich. Die Friedrich-Engels-Schule, das war die FES, da gingen die Vornehmen hin, die Schule wurde auch von einem anderen Wohngebiet bestückt. Zu unserem Einzugsgebiet gehörte auch Glaucha – und das war ja nun das Pantoffel-Viertel von Halle, wie man damals sagte. Das waren sehr ärmliche Wohnungsverhältnisse, da wohnten Leute, die sich keine andere Wohnung leisten konnten, und nach dem Krieg auch Ausgebombte und Zugewiesene. In Halle-Süd, oberhalb des Rannischen Platzes, wo wir wohnten, gings ja ein bißchen besser zu, aber unterhalb war es eben schlimm.

Nach meinem Abitur habe ich mich gleich auf meine Ausbildung geworfen, denn bei uns zu Hause ging es nach dem Krieg sehr schmal zu – und das ist noch geprahlt! Meine Eltern hatten einmal bessere Zeiten gesehen. Mein Vater war vor dem Krieg Handelsvertreter für Zigarren. Er hatte sein Geld zu Hause am Schreibtisch verdient. Die Zigarrenläden riefen bei ihm an und bestellten die Ware, und er gab die Order dann täglich um zehn Uhr durch zur Firma Kessing & Thiele in Westfalen. Für die damaligen Verhältnisse hatten meine Eltern einen guten Lebensstandard, vor allem meine Mutter zelebrierte gerne das gutbürgerliche Leben mit versilberten Serviettenringen und Messerbänkchen und einem Glas Wein zum Abend. Nun, 1948, mußte sie mit ihrer offenen Tbc täglich in dem winzigen Garten im Hof liegen

und hatte die Lebensmittelkarte Stufe 6. Das war die unterste Stufe für die »nichtarbeitende Bevölkerung«, von der man wohl meinte, daß sie auch verhungern konnte. Ich als Jugendliche hatte die Stufe 3, und mein Vater bekam auch nur die Stufe 3. Mein Vater hat nach dem Krieg schlimm gerudert, damit wir nicht untergehen. Die Handelsbeziehungen zum Westen waren abgebrochen, und es gab auch sonst nichts zu handeln. Aber auch seine Abnehmer, die ehemaligen Zigarrenläden, brauchten ja Ware, um sie ihren Kunden wiederum anbieten zu können. Da hat er ihnen solche viereckigen Zigarrenschachteln verkauft oder viereckige Einkaufskörbe aus Kunststoff. Die Körbe konnte man ineinanderschachteln, und mit diesen Riesenpakten kam er dann immer vom Bahnhof angebuckelt, manchmal holte ich ihn mit einem kleinen Wagen oder einem Schlitten ab. Im Winter mußte er ganz früh aufstehen, ist in der Kälte zum Bahnhof gefahren, saß den ganzen Tag in den kalten Zügen, kam schließlich im Finstern fix und fertig wieder zu Hause an und hatte den ganzen Tag lang nichts Richtiges gegessen. Das war mir ein trauriges Dasein, wir hatten wenig zu essen, und mein Vater konnte mir kein Geld geben. Und er tat mir auch leid. Es war ja unverdient, was ihm widerfuhr, er hat geackert und gearbeitet, war am Ende seiner Kräfte – und übrig blieb so gut wie nichts. Es war einfach deprimierend, da zuzuschauen, da wollte ich raus. Ich sagte mir, du mußt so schnell wie möglich Geld verdienen, damit die zwei dich endlich los sind.
1950 genas meine Mutter von ihrer Tbc und es wurde Silberhochzeit gefeiert. Etwa zehn Personen aus der Verwandtschaft waren eingeladen. Meine Mutter hatte schön gekocht, wahrscheinlich steuerten die Verwandten auch Lebensmittelkarten bei. Meine Mutter legte wie gesagt großen Wert auf Etikette, und zu solch einer Feier gehörte auch Musik. Musik gehörte ja auch zu meiner Kindererziehung. Beinahe hätte ich Klavier gelernt, aber als es dann soweit war, 1940, hatten wir nicht mehr das Geld, da lernte ich Blockflöte spielen. Nun, zur Silberhochzeit meiner Eltern, war ich gerade 17 und trug also einige Stücke auf der Blockflöte vor. Ich hatte eine schöne Bluse an, sie hatte einen Ausschnitt und weiße Rüschchen, dazu einen schwarzen Rock, ich habe mir gut gefallen zu dieser Zeit. Danach mußte ich ein Lied singen: »Tief wie die Nacht und still wie das Meer soll unsere Liebe sein«.

Das war schaurig! Das war aber die Ausnahme, der Alltag war wenig glanzvoll, da konnte meine Mutter noch so sehr tun als ob. Ich hatte immer Hunger, und wir hatten wenig zu essen. Butter gab es bei uns nur so viel, daß die Löcher in der Brotscheibe gerade bedeckt, aber nicht ausgefüllt waren. Mein Vater sagte immer zu meiner Mutter: »Du kannst ja die Butter aufs Brot schießen.« Suppen gab es viele, immer Suppen! Im großen Windeltopf wurde Erbsensuppe gekocht. Mein Vater und ich waren die Esser zu Hause, meine kleine Mutter hat nicht so viel gegessen, oder sie wollte nicht, damit wir mehr essen können, mit unseren »langen Rippen«, wie sie sagte. Sechs bis sieben Teller Erbsensuppe aß da jeder von uns beiden. Das war ja nur Wasser, ein paar Erbsen, Kartoffeln und Salz. Auch Schlappesuppe habe ich gerne gegessen, da wird rohe Kartoffelmasse ins kochende Wasser geworfen, dazu ein bißchen Selleriekraut und Salz. Ich habe eigentlich alles gegessen, es sei denn, meine Mutter kam wieder mit Kuhbusen angewackelt, da habe ich mich geekelt. Schon die Vorstellung, was das war! Das Euter wurde in Scheiben geschnitten und gebraten, aber es änderte dadurch nicht seine Konsistenz. Das blieb einfach nur so ein Wabbelkram. Mein Vater hat es auch nicht gegessen – im Unterschied zu Pferdefleisch, das aßen wir beide. Beim Schlachthof gab es Freibankfleisch, also Fleisch, das eigentlich für den Verzehr nicht geeignet ist. Wenn man es aber kochte, war es noch bedingt zu verwerten – und vor allem: Freibankfleisch gab es ohne Marken. Und da bin ich immer mal auf den Schlachthof und kam mit einem Paket Freibankfleisch wieder.

Wir haben auch viel gesammelt in der Zeit. Wir sind von Halle-Süd bis nach Trotha gelaufen, vier Stunden durch die ganze Stadt mit einem kleinen Wagen, um auf die Felder zu kommen, wo man Kartoffeln stoppeln kann. Dann gab es auch solche Erbsenfelder, ich weiß nicht mehr genau, warum und von wem die angelegt worden waren, jedenfalls sind die Leute in die Erbsenfelder eingefallen und haben sie leergepflückt. Wir haben das dann eingekocht. Wir haben auch viel Obst an den Straßenrändern aufgesammelt und eingekocht. Meine Mutter tat dann die Kerne der Pflaumen in einen Kopfkissenbezug. Die fünf Pfund Pflaumenkerne wurden tagsüber in den Spalt zwischen Kachelofen und Wand gelegt, und abends im Bett konnte ich dann meine

Füße hineinstecken, denn die Kerne hatten die ganze Wärme gespeichert. Das war wunderbar. Wir hatten Kohlenmangel, das Schlafzimmer war nicht geheizt und die Bettwäsche ständig klamm. Auch in der übrigen Wohnung war es sehr kalt. Noch im Winter 1954/55 schlugen wir ja mit Decken einen Teil des Wohnzimmers ab. Das Zimmer war recht groß, die Kohlen waren sehr schlecht und knapp. Sie wurden abgezählt, vier Briketts gab es und dann war Schluß. Wir bildeten also mit großen Decken einen kleinen Raum auch um den Kachelofen, wir hatten einen kleinen Tisch darin und jeder einen Stuhl. In diesem Kabäuschen saßen wir dann, und das übrige Zimmer war kalt.

Noch als ich Oberschülerin war, schlief ich im Schlafzimmerchen meiner Eltern. Sie mußten ihre Ehebetten auseinandernehmen und hintereinanderstellen, und an der anderen Wand stand mein Bett. Man konnte kaum treten. Wir hatten die ganze Wohnung voller Untermieter, zwei Zimmer mußten wir untervermieten. Ein Untermieter brachte uns die Wanzen ins Haus. Als wir das Ungeziefer entdeckt hatten, war mein Vater ganz außer sich. Er hat eine Stecknadel genommen, die Wanzen aufgespießt, jemanden vom Amt geholt und gesagt: »Das kommt hier nicht in Frage, ich lasse mir nicht die Wohnung verwanzen!« Man hat den Untermieter dann herausgesetzt und noch einen Kammerjäger geschickt, der die Wohnung entwanzt hat. Dann bekamen wir einen anderen Mann rein. In dem einen Zimmer hatten wir ständig wechselnde Mieter, und in dem anderen wohnten Ricky Beudel und Eva.

Ricky Beudel bildete sich ein, er sei ein schöner Mann und alle Frauen müßte sich sehr für ihn interessieren. Jeden Abend spielte er Trompete in diesen Bums-Cafés. Die Cafés waren knackvoll, die Leute hatten halt Nachholbedarf, außerdem war es in den Cafés warm, was sollte man da zu Hause in der Kälte sitzen. Manchmal spielte er auch bei uns in der Wohnung Trompete. Seine Freundin Eva hatte ein Kind, aber das lebte bei ihren Eltern. Das Kind nannte seine Mutter »Eva« und zur Oma sagte es »Mutter«. Das war alles etwas seltsam. Eva war ja ein armes Würstchen, da hatte sie nun so jung dieses Kind bekommen und war eigentlich immer nur alleine. Ricky Beudel flanierte abends und nachts mit seiner Trompete in der Gegend herum, und die Kleine saß zu Hause, wir haben mit ihr nächtelang Karten gespielt. Eva war eigentlich immer bei uns.

Wenn Ricky Beudel dann in der Nacht nach Hause kam, gab es für gewöhnlich eine Szene. Wir lagen ja dann schon zu dritt in unserem Schlafzimmer und horchten, was es dieses Mal wohl wieder sein würde. Der Gipfelpunkt einer solchen Szene war, daß mit lautem Krach die Tür von Ricky Beudels Zimmer aufflog, er über den Flur in die Küche rannte, die Schublade aufriß und dann brüllte: »Ich schneide jetzt den Teppich kaputt!« Da sprang mein Vater aus dem Bett, stellt sich in den Flur und rief: »Hier wird kein Teppich kaputtgeschnitten!« Ich konnte sehen, wie Eva völlig nackt durch die Wohnung rannte und Ricky, ebenfalls nackt, mit dem Messer hinter ihr her, bis sich mein Vater da vor ihm aufbaute und sagte: »Jetzt ist aber Schluß!« Da stand er nun, der Ricky Beudel, der meinte, daß alle Frauen auf ihn fliegen, und war nur so ein Hänfling, so ein kleines Handkörbchen. Mein Gott, war das ein häßlicher Vogel! »Das kommt hier nicht in Frage, ich schmeiß euch raus, wenn das so weitergeht«, sagte mein Vater. Er sprach ein Machtwort, und das haben sie auch gehört. Seitdem gab es nicht mehr so ein Theater.

Als es 1952 ans Abitur ging, sagte ich zu meinen Eltern: »Mein einziger Wunsch zum Abitur ist es, einmal hintereinander weg zehn Würstchen zu essen.« Die Marken haben sie auch tatsächlich gesammelt, und das wurde mein Abiturgeschenk. Ich habe es in zwei Raten gegessen.

Eigentlich wollten meine Eltern ja, daß aus ihrer Tochter eine Apothekerin wird. Ich hatte einen Schulfreund, der war zwei Jahre älter und studierte Pharmazie. Mit dem habe ich für solche Blüten-Herbarien gesammelt. Da sind wir über die Saale-Inseln gekrochen, sammelten Brennesseln und solchen Kram, und ich dachte bei mir: So einen Schnulli machst du nicht! Sie haben mich dann zum Glück auch nicht zum Pharmaziestudium angenommen, weil ich ja auch zu »Sonstige« gehörte. »Sonstige« waren der letzte Schwanz, die wurden nicht gefördert. »Sie können Lehrer werden«, sagte man zu mir.

Ich fand das nicht schlecht, zumal man Sportlehrer werden konnte. Ich war schon zu meiner Kinderzeit immer so ein bißchen der Straßenchef, wenn es ums Spielen ging. Wenn die Kinder aus den Häusern kamen, sagte ich, heute machen wir dieses oder jenes, heute spielen wir Völkerball oder holen die Puppen raus. Ich hatte ständig Kinder um mich, mit denen ich was gemacht habe. Manchmal wurde mir ein Mädchen aus unserem Haus zur Aufsicht gegeben. Mit der bin ich dann nach Dieskau gefahren, dort gab es ein großes Schwimmbad. Da bin ich über eine Stunde mit dem Rad in Richtung Leipzig gefahren, die Kleine saß vorn mit einem Kissen auf der Stange und war also den ganzen Tag in meiner Obhut. Lehrer zu sein lag mir nicht fern, ich habe so etwas gerne gemacht. Im Unterschied zum Sammeln von Blüten für die Herbarien der künftigen Pharmazeuten. Das hat mich genervt, das war für mich tot, ich wollte mit Menschen umgehen.

Ich habe also 1952 den Sporttest gemacht und bestanden, und als ich erfuhr, daß ich dann schon in drei Jahren finanziell selbständig bin und nicht mehr meinen Eltern zur Last falle, habe ich mich entschlossen, Sportlehrerin zu werden. Ich entschied mich für den Schwerpunkt Leichtathletik, da hatte ich im Test die besten Ergebnisse gebracht. Nebenbei belegte ich noch Geschichte, denn ich dachte mir damals schon, daß für die Zukunft nur ein einziges Unterrichtsfach wahrscheinlich ein bißchen wenig sein wird. Viel kam beim Geschichtsstudium aber nicht heraus, das war zeitlich kaum zu packen. Schließlich habe ich neben dem Studium noch Leistungssport gemacht. An der Uni Halle gab es einen Sportclub, den SC Wissenschaft. Es hieß dort, wer besonders gute Leistungen bringt, wird besonders gefördert. Die besondere Förderung bestand darin, daß man in der Mensa der Wirtschaftswissenschaftlichen Fakultät essen durfte. Denn die WiWi-Fak war privilegiert, dort gab es besseres Essen als in der allgemeinen Mensa. Daß ich mir mein Essen aus eigener Kraft sichern konnte, hatte für mich eine große Bedeutung. Zwar hatte ich großen Spaß an der Leichtathletik, aber ich hatte auch immer im Hinterkopf, daß ich mein Essen nicht verlieren darf. Später konnte man dann den »Meister des Sports« anstreben, da hätte ich dann 5 000 Mark bekommen. Leider schaffte ich es nicht, bei 5,22 Meter gab es im Weitsprung den »Meister des Sports«, und ich sprang nur 5,20 Meter weit. Das waren so die Motivationen, weswegen ich mich sehr gequält habe.

Wir sind viel zu Wettkämpfen gefahren, unter anderem auch zu Deutschen Meisterschaften und DDR-Meisterschaften. Einmal haben sie mich sogar zum Turnen abgeworben, da bin ich 23. bei der DDR-

Meisterschaft geworden. Aber mein Schwerpunkt war die Leichtathletik, da habe ich bei den DDR-Meisterschaften in der Vier-mal-Einhundertmeter-Staffel eine Bronzemedaille gewonnen. Bei diesen DDR-Meisterschaften sind wir mit profilierten Leuten zusammengewesen, zum Beispiel mit Prof. Steinbach, der nachher in den Westen gegangen und dort groß rausgekommen ist, oder mit Walter Meier, das war damals ein ganz bekannter Mann. Persönlich kenne ich auch Christa Stubnik, die schnellste Läuferin dieser Zeit, oder Karin Balzer, die Hürdenläuferin, deren Sohn ja heute auch Hürdenläufer ist. Sportler sind mir sehr angenehme Leute, es war schön, mit ihnen unterwegs zu sein, sie sind fair, unverklemmt, anständig und spaßig. Unsere Männer waren immer ganz lieb mit uns und besorgt. Ich habe mich da sehr wohl gefühlt. Das war eine sehr schöne Zeit.

Meine Eltern überlegten ständig, ob sie nicht in den Westen gehen sollten, vielleicht zu Kessing & Thiele, nach Westfalen. Ich habe gesagt, daß sie das machen könnten, aber ich würde auf keinen Fall mitkommen. Ich wollte erst einmal meine Ausbildung machen und einen Beruf haben und Geld verdienen. Mein Vater korrespondierte ja mit Kessing & Thiele und die sagten ihm aber, daß er auf keinen Fall die Stellung räumen solle. Er solle das gut aufgebaute Handelsnetz unbedingt erhalten und mit den Geschäftsleuten im Kontakt bleiben. Wenn es im Osten wieder anders würde, und das könne ja nicht mehr lange dauern, seien sie gleich wieder gut am Markt. Das war auch noch ein Grund, warum meine Eltern nicht in den Westen gegangen sind.

Als ich 1955 mein Studium beendet hatte, stellte sich die große Frage, wo wir eingesetzt würden. Am besten wurden dabei die Absolventen behandelt, die verheiratet waren und ein Kind hatten. Dann kamen die an die Reihe, die geheiratet hatten und deren Ehepartner in unserer Gegend bereits eine Stelle hatten. Und das übrige Fußvolk, Studenten also, die ledig waren, keine Kinder und keine Beziehungen hatten, Leute wie ich, die wurden dann einfach in die Gegend geschossen. Ich wollte aber in Halle bleiben, weil ich unbedingt weiter Leistungssport treiben wollte. Doch ich sollte nach Rittersgrün ins Erzgebirge. Da hätte ich dann Ski laufen müssen, das habe ich schon beim Studium gehaßt. Ich bin gar nicht erst hingefahren nach Rittersgrün, ich habe denen gesagt: »Dahin gehe ich nicht. Absolut nicht!« Das war ganz schön frech für so eine Göre wie mich. Unterdessen hörte ich aber, daß eine von unseren verheirateten jungen Müttern eine Stelle in Roßleben, immerhin noch im Bezirk Halle, ausgeschlagen hatte. »Auf so eine blöde Schule gehe ich nicht«, sagte sie, als sie zurückkam. Da habe ich mich gleich auf die Strümpfe gemacht und gefragt, ob ich die Stelle bekommen kann. Später erfuhr ich, wie es gelaufen ist. Unsere junge Mutter hatte sich bei dem damaligen Direktor, Alfred Neiße, vorgestellt. Der ging mit seinem Sportlehrer aus dem Zimmer und sagte zu ihm: »Die kann ich nicht leiden, die finde ich doof.« Und da hat ihr dann Wolfgang Zinnberger, mein späterer Kollege, erzählt, was es in Roßleben doch für furchtbare Bedingungen gäbe und ob sie sich das denn nicht noch einmal überlegen wolle. Als ich mich dann vorstellte, ging Direktor Neiße wieder mit Zinnberger ins Nebenzimmer und sagte: »Die nehmen wir, die ist in Ordnung.« Da hatte ich die Stelle. Das war ein Glück! Ich wäre nicht nach Rittersgrün gegangen, nicht für tausend Taler!

Ich fing 1955 in Roßleben als Lehrerin an. Roßleben war eine ehemalige Klosterschule, nun Erweiterte Oberschule mit großem Internat. Ich unterrichtete dort von der neunten bis zur zwölften Klasse in Sport. In den Fächern Geschichte und Staatsbürgerkunde, damals hieß es Gesellschaftskunde, übernahm ich einige neunte Klassen, die ich dann in den nächsten Jahren begleitete. Meinen Sportunterricht beherrschte ich aus dem Effeff, didaktisch und methodisch, das ging wunderbar, aber in Geschichte und Staatsbürgerkunde mußte ich mir alles erarbeiten und aufschreiben, morgens früh um vier stand ich auf und lernte das auswendig, was ich dann wenige Stunden danach den Schülern beizubringen hatte, und hoffte dabei immer nur, daß mich keiner der Schüler etwas fragt, wovon ich keine Ahnung hatte. So habe ich mich durchgeschlagen. Das war eine sehr harte Zeit. Und da habe ich mir noch eingebildet, bei den Deutschen Meisterschaften im Oktober in Jena eine gute Leistung bringen zu können. Wir hatten einen Kollegen, einen verrückten Kerl, der hatte so ein schweres Motorrad und der sagte: »Mädchen! Deutsche Meisterschaften! Jena! – Ich fahre dich hin.« Heimwärts bin ich mit dem Zug gefahren, da ging es mir nicht gut. Ich hatte einen schlechten Tag gehabt, ich konnte ja auch nicht richtig trainieren, und ich merkte, daß das alles nicht mehr so hinhaut. Da habe ich im Zug ratzbatz beschlossen: Schluß! Das mit dem Leistungssport ist vorbei. Du mußt dich jetzt konzentrieren, daß du hier über die Runden kommst, mit Geschichte und Staatsbürgerkunde und all diesem Schnulli.

Ich habe wenig verdient, 352 Mark war mein Einstiegsgehalt. Am Anfang bekamen wir gar kein Geld. Wir wurden am 1. August eingestellt, eine ganze Gruppe junger Lehrer, und glaubten nun, daß wir in der Vorbereitungswoche unser Geld bekämen. Und ich hatte schon wieder Hunger, ich kaufte mir im Dorf immer so ein Pfund eingelegte Gurken und aß die auf, denn die kosteten nur Pfennige. Und wir drei neuen Lehrer fragten uns, wie wir nun an unser Geld kommen. Einmal nach der Konferenz meldete sich Johannes Bürger, einer der neuen Lehrer, schilderte unsere Situation, fragte nach dem Gehalt und sagte: »Also wir befinden uns in einer äußerst prekären Situation.« – Oh, habe ich da gedacht, das ist aber ein kluger Mann. Was für ein schönes Wort, das hättest du aber nicht rausbekommen. Einmal lud uns Johannes Bürger zu sich ins Dorf auf sein Zimmer ein und sagte: »Jetzt wollen wir mal was essen.« Er hatte eine Kommode darin stehen, da zog er die große Lade auf, und da war alles voll von Wurst, Butter und Brot. Da habe ich das getan, was ich mir die ganzen Jahre in Halle immer gewünscht hatte: Ich schmierte mir auf das Brot so viel Butter, daß man nach dem Hineinbeißen die Spuren der Zähne sehen konnte. Johannes zog dann bald ins Internat, und wir drei saßen jeden Abend unten in der Schule. Neben dem Lehrerzimmer war so eine Bibliothek, so eine Art Aufenthaltsraum, darin standen schöne alte Möbel, Sessel und eine Lampe, und dort verbrachten wir unsere Abende und bereiteten unsere Stunden vor. Die beiden Männer haben gesagt, wir essen sowieso immer zusammen Abendbrot, wir geben dir unsere Lebensmittelkarte, und du kaufst ein. Im Radio hörten wir immer »Ganz Paris träumt von der Liebe« von Caterina Valente. Das war unser Traumlied. Das war alles sehr schön, aber schließlich sagte ich zu Johannes: »Wir machen unseren Kram für uns, du hast eine Kochplatte auf deinem Zimmer, ich kaufe ein paar Eier und mache uns Bratkartoffeln. Aber hier zu dritt in der Bibliothek wird das nichts.« In dieser Zeit hatten wir schöne Abende, es wurde Oktober und November, ich habe Kerzen angezündet, und es hat sich etwas entwickelt zwischen uns.

Allerdings erzählte Johannes Bürger mir, daß er eine Freundin in Berlin habe, daß die im November auf sein Dorf zur Kirmes kommt und seine Eltern nun denken, die ist es jetzt. Das war gar nicht gut für mich. Als er aber von der Kirmes wiederkam, sprachen wir nicht weiter darüber. Wir verstanden uns weiterhin so wunderbar, und es entwickelte sich weiter. Dann waren die Weihnachtsferien heran, und wir mußten uns trennen. Es war für uns beide ein schwerer Abschied. Johannes sagte, daß zu Silvester ja nun die Erika wiederkomme und daß er nun sicherlich diese Beziehung würde festigen müssen. Da haben wir geweint. Das war damals eben so, wenn ein Mädchen zur Kirmes da war, die Eltern das Mädchen kannten, das konnte man nicht wieder ändern, das konnte man in so einem Dorf den Eltern nicht antun. So sind wir beide nach Hause gefahren. Es waren schlimme Weihnachten für mich. Silvester habe ich in der 9. Sinfonie gesessen und immer nur geheult, ich habe von der Musik kaum was mitbekommen. Am 2. Januar bekam ich von Johannes eine Postkarte, worauf stand: »Ich freue mich schon wieder auf Roßleben.« – Oh, dachte ich, das ist aber hübsch. Da bin ich gleich losgeschossen, habe eine Schreibtischlampe gekauft und einen Duden und bin nach Roßleben gefahren. Die Lampe stellte ich ihm auf den Schreibtisch, legte den Duden hin, richtete das Zimmer schön her – und dann saß ich in meinem Zimmer und harrte der Dinge, die da kämen. Ich wußte ja gar nicht, an welchem Tag er kam. Einmal trat ich aus meinem Zimmer, da kam er mir auf dem langen Flur entgegen und wollte zu mir. Da sind wir uns entgegengerannt, wir haben uns gedrückt, und wir waren so glücklich. Da wußten wir, daß alles gelaufen, alles erledigt, alles wunderbar war! Johannes hatte während der Weihnachtsferien mit seiner Freundin Schluß gemacht. Seit diesem Tag schlief ich bei ihm im Zimmer.

Das war alles nicht so selbstverständlich zu dieser Zeit, wir waren ja auch noch sehr jung im Verhältnis zu den Schülern. Unsere neunten Klassen wollten unbedingt herauskriegen, das erzählten sie uns später einmal, wer nun die schicke Sportlehrerin kriegt. Die aus der Neunten klebten mir auch heimlich ein Haar an meine Zimmertür, um festzustellen, ob ich dort noch schlief. Im Verhältnis zu den Zwölfern war ich ja noch sehr jung, sie waren 18 Jahre und ich 22, denen gegenüber war ich ein junges Ding und oft richtig hilflos. Ging ich an den

Zwölfern vorbei, machten sie Bemerkungen und frotzelten herum. Wenn ich an ihrem Klassenzimmer vorbeikam, bildeten die Jungs ein Spalier, und ich mußte durch. Das war mir sehr unangenehm. Wenn ich wußte, daß in irgendeinem Raum Zwölfer waren, umging ich diesen Flur, ich ging auf einer anderen Etage oder in einer anderen Richtung meinen Weg durchs Schulhaus, das ja ein Karree bildete. Damals bin ich durch die halbe Schule gerannt, nur um nicht bei den Zwölfern vorbeigehen zu müssen. Auch das ganze Klima an der Schule war noch sehr spießig. In meinem ersten Jahr gab es einen Skandal um ein Pärchen in der 12. Klasse. Die junge Frau bekam ein Kind. Das fand man nun besonders furchtbar, und es wurde in einer Konferenz im Lehrerzimmer darüber beraten, ob die junge Frau oder beide relegiert werden sollten. Da war ich ganz tapfer und habe mich gemeldet. Mit dieser Diskussion seien wir doch ein bißchen hinterm Mond, habe ich gesagt, es sei für mich nicht einsehbar, daß jemand nur deswegen von der Schule gehen sollte. Die beiden konnten dann auch bleiben. Das war 1956.

In diesem Jahr sagte der neue Direktor Igel zu Johannes und mir: »Ihr müßt jetzt heiraten.« Der Grund war, daß in den Osterferien eine Lehrerfamilie in den Westen abgehauen war und nun deren Wohnung leerstand. Diese Wohnung war in einem Haus innerhalb des Klostergeländes, und es war ein Bestreben der Schulleitung, daß auf diesem Gelände nur Lehrer wohnten und niemand aus dem Dorf. Zudem war die Wohnung keine abgeschlossene, sondern nur eine sogenannte Teilhauptmiete. Also mußte die Wohnung schnell, bevor es das Dorf tat, wieder an Lehrer aus der Schule vermietet werden. Wir verlobten uns also, und mit der Verlobung konnten wir dort einziehen – allerdings mußten wir in getrennte Zimmer. Johannes mußte in das Zimmer unterm Dach ziehen, und ich wohnte zur Untermiete im Parterre bei Cremers. Johannes hat wirklich bis zu unserer Hochzeit da oben gewohnt, denn die Cremer hätte es nicht durchgehen lassen, wenn er jeden Morgen quietschvergnügt aus meinem Zimmer gekommen wäre. Möbel besaßen wir keine, wir hatten ja im Internat möbliert gewohnt. Ich hatte einen kleinen Schreibtisch, ein Regal und ein Bett, ansonsten behalfen wir uns mit Kisten. Ich hatte durch das Zimmer eine Leine gespannt, da hingen provisorisch meine Sachen drauf, und auf dem Fußboden lag ein Häufchen Wäsche, Geld für Gardinen hatten wir nicht, das sah alles recht verloren aus in einem Zimmer von 60 Quadratmetern.

Aber seit der Verlobung baute mein künftiger Schwiegervater, er war Möbeltischler, an unseren Möbeln. Wir heirateten im September. Mit seiner Wahl fand mein Mann in seinem Dorf nicht so viel Beifall, ich war eben eine Ausgebombte und keine gute Partie. »Er hätte ja auch eine mit Auto heiraten können«, hieß es.

Nachdem wir, nun als Ehepaar, wieder in Roßleben ankamen, erhielten wir die Nachricht von der Reichsbahn, daß der Waggon mit unseren Möbeln eingetroffen sei. Ich war so glücklich, denn ich wartete sehnsüchtig darauf. Wir machten auf dem Bahnhof den Waggon auf – und alles war kaputt. Die hatten irrtümlich diesen Waggon den Rangierhang herunterfahren lassen, und darin lag nun alles kreuz und quer und mit Kalistaub überzogen. Da habe ich vor dem Waggon gesessen und geheult, ich hatte es so satt mit diesen Kisten und dem Kram, ich hatte mich so auf meine Möbel gefreut, und nun war alles kaputt.

Die Versicherung zahlte den Schaden, mein Schwiegervater reiste an und reparierte die beschädigten Möbel, polierte alles wieder auf, und dann hatten wir endlich Möbel. Aber es war trotzdem nicht alles eitel Sonnenschein in dieser Wohnung. Frau Cremer stolzierte durch unser Zimmer und inspizierte unseren Bücherschrank. »Was?« sagte sie pikiert, »Sie lesen Heinrich Mann? ... Und hier müssen Sie mal saubermachen.« Das hat mir doch sehr gestunken, was diese Frau sich anmaßte, die hatte ihr Leben lang nie gearbeitet und spielte sich hier so auf und behandelte mich immer sehr geringschätzig.

Einmal hatte sie Johannes und mich eingeladen, die Honoratioren von Roßleben waren zugegen, auch die wichtige Frau Rat. Wieder hieß es: »Gnädige Frau« oder »Meine Empfehlung an die Frau Gemahlin«, es wurde sehr großer Wert auf Etikette und Höflichkeit gelegt. Als wir herüberkamen, schenkte mir Frau Cremer ein Büchschen Tee – während ich als Gast ihr nichts schenkte, auf die Idee wäre ich gar nicht gekommen. Da wurde mir mal wieder klargemacht, daß ich einen Fehler begangen habe. Andererseits sah ich, wie sich Frau Rat mit jedem Bissen ihr Chemisett bekleckerte. Da dachte ich mir: Das ist

Sportprüfung an der Goethe-Schule Roßleben

aber nun auch nicht gerade die feine Art. Frau Rat schlief dann auch noch ein Stündchen an der Tafel. Es war eine Abendeinladung. Kurz vor zwölf ergriff ich auch einmal das Wort und sagte, daß ich jetzt gerne meinen Tee in die Küche bringen wolle, damit ich das nicht vergesse. Wie ich bei Cremers aus dem Wohnzimmer komme, sehe ich da Wasser unter meiner Küchentür hervorlaufen, und wie ich die Tür öffne, kommt ein ganzer Schwall heraus, denn in der Küche stand das Wasser knöchelhoch. Am Abend war nämlich das Wasser abgestellt worden, und ich hatte den Hahn nicht zugedreht. Und während ich dem Geflöte der feinen Damen beiwohnen durfte, wurde die Wasserabsperrung wieder aufgehoben und meine Küche überschwemmt. Ich schippte mit der Kehrschaufel das Wasser weg, und Johannes stand im Flur und rollte die Augen. Das war ein Aufruhr, da ist sogar Frau Rat wieder aufgewacht.

Anläßlich des lieben Osterfestes haute wieder einer ab. Lojewski hieß er, stammte aus den Ostgebieten, hatte dort ein bißchen Russisch als zweite Sprache gehabt und sollte in Roßleben nun Russischunterricht geben. Er besaß keine pädagogische Ausbildung und hat übrigens dann im Westen etwas ganz anderes gemacht. Für uns aber war wichtig, daß wieder eine Wohnung frei wurde.

Die Wohnung sah schlimm aus, fürs erste war es ein Schock, aber es war eine eigene Wohnung, wir entschlossen uns, sie zu nehmen und auf Vordermann zu bringen. In den Frühjahrsferien sind wir mit

einem Handwagen und dem Tafelwagen vom Hausmeister umgezogen. Den Tafelwagen, auf dem unsere Möbel standen, zogen unsere Schüler. Für die war es ein Gaudi, mit dem Bücherschrank vom Deutschlehrer vom einen Ende des Parks zum anderen Ende zu fahren. Unsere neue Wohnung hatte zweieinhalb Zimmer, Küche und Bad. Bei der Bad-Nutzung sollten wir uns mit einem anderen Ehepaar auf unserer Etage einigen. Einmal in der Woche war Badetag, da heizten wir den Ofen an, und das Ehepaar kam dann auch herüber zum Baden.
In diesen Jahren, sowohl als wir noch bei Cremers wohnten, wie auch dann in unserer eigenen Wohnung, waren wir sehr viel außer Haus. Wir hatten fast jeden Nachmittag noch Arbeitsgemeinschaften, es gab Leistungszirkel und im Sport viele Trainingsgruppen. Mit dem Sportlehrer Zinnberger war ich befreundet, wir waren immer zusammen in der Turnhalle und auf dem Sportplatz, und wie mit Zinnbergers waren Johannes und ich auch mit Liebermanns, er war inzwischen Direktor geworden, befreundet. Das war doch schon eine andere Art von Lehrern als die Generation von Dr. Cremer. Am Wochenende fuhren wir oft mit den Motorrädern durch die Gegend und auch mit den Schülern waren wir viel unterwegs, beispielsweise mit dem Chor, zu Turnfesten, Handballturnieren und zum Laienspiel. Die Laienspielgruppe leitete mein Mann. Wir sind dann mit dem Motorrad nach Leipzig und holten aus dem Theaterfundus die Kostüme für unsere Stücke. Wir spielten »Wallensteins Lager«, als Kulisse diente die Balustrade an der Kapelle im Innenhof der Schule, dort konnte man auf verschiedenen Ebenen inszenieren, oder »Mutter Courage«, das spielten wir im Park unter dem Löwendenkmal. Mit »Der zerbrochene Krug« traten wir in den Dörfern der Umgebung auf. Die LPG, der wir jährlich beim Kartoffeln-Nachlesen halfen, stellte uns einen Fahrer und einen LKW mit so einem Aufbau zur Personenbeförderung zur Verfügung, damit fuhren wir über die Dörfer oder zu den Dorffesten. Der Bürgermeister läutete dann mit einer Kuhglocke und rief: »Die Klosterschule kommt und spielt Theater«, und dann kamen die Leute, ach, es war wunderbar. Auch zu unseren Sportwettkämpfen fuhr uns die LPG. Zum Winzerfest und zum Bergmannstag gingen wir ins Dorf, aber auch sonst gingen die jungen Lehrer hin und wieder zusammen ins Dorf in die Gaststätten. Man kannte uns, und wir kannten einige Leute aus dem Dorf. Zum

Beispiel Polentz, den technischen Direktor vom Kalischacht. Ich erinnere mich noch an ein Fest, der Saal war ausgelassen, es gab gerade eine Polonaise. Jochen Polentz war auf den Kachelofen geklettert und nahm und mit militärischem Gruß die Parade ab. Allmählich stiegen Staubwolken über dem Ofen auf, Polentz wurde immer kleiner, bis er schließlich bis zu den Knien im Ofen stand. Wir waren ausgelassen wie Kinder, es wurde nicht derartig gesoffen, wie in späteren Jahrzehnten. Neben dem Winzerfest und dem Bergmannstag im Dorf gab es dann noch das Sommerfest, das war eher auf Kultur ausgerichtet, da führten wir auch unsere Theaterstücke auf.

Im Sommer 1958 gingen Zinnbergers, unsere engsten Freunde, in den Westen. Wir wußten, als sie abfuhren, daß sie aus den Ferien nicht wiederkommen würden, sonst wußte es niemand, auch die Omi nicht, die bei ihren Kindern in der Roßlebener Wohnung wohnte. Es durfte kein Aufsehen gemacht und kein Verdacht erweckt werden. Ich erinnere mich noch, wir standen an der Haltestelle, hatten ihre Omi am Arm und verabschiedeten Zinnbergers am Bus nach Naumburg in ihre »Ferienreise«.

Ende 1958 bekam ich mein erstes Kind, sechs Wochen vor und nach der Geburt hatte ich Schwangerschaftsurlaub. Mitte Februar ging es also wieder los, da wurden die Stundenpläne von der Schulleitung so gestaltet, daß von uns beiden immer einer zu Hause bei dem Kind war. Das Kind war ein Grund, warum ich nicht in den Westen wollte, aber es gab noch viele andere. Wir wollten beide nicht unsere Eltern im Stich lassen, denn eine Rückkehr hätte es ja nicht gegeben. Und anders als zum Beispiel bei Ärzten, die von einer Klinik im Osten nahtlos in eine Klinik in den Westen gehen konnten, hätten wir noch etliche Lehrerprüfungen machen müssen, bevor wir wieder arbeiten konnten. Nebenher hätten wir noch die Kinderkrippe bezahlen müssen, zudem war das Kind sehr kränklich – also das schied für mich völlig aus.

Anfang der 60er Jahre brach dann auch eine Zeit für uns an, die richtig gut war. Wir hatten mehr Geld, und man konnte alles kaufen – Haushaltsgeräte, Porzellan, Gläser und all die kleinen Dinge. Es gab Südfrüchte und billige Dorschleber und Kaviar aus der Sowjetunion, und das auf dem Dorf, das war überhaupt kein Vergleich zu der Rennerei, die man dann in den 80er Jahren hatte.

Junges Lehrerehepaar – Schichtwechsel bei der Kinderbetreuung

Streben und Streiten

Erinnerungen und Geschichten
von Angehörigen der Intelligenz

Wir kapitulieren nicht

Herr Baumann: Ich habe 1950 in Eisenach am Luther-Gymnasium Abitur gemacht und ging, weil ich noch eine Tbc auskurieren mußte, erst im Jahr 1951 nach Berlin zum Studium. Studieren wollte ich unbedingt. Meine Mutter war Bäuerin, mein Vater selbständiger Tischlermeister. Aber ich habe von meinem Vater nie gehört: »Du mußt Tischler werden.« Das wundert mich heute noch. Ich hatte das auch nicht vor. Ich wollte lieber studieren, aber nicht zu Hause mit den Kühen herumarbeiten, jeden Tag aufs Feld gehen, und dann, wenn ich mit dem Mist unterwegs bin, meine feinen Freunde treffen, die gerade spazierengehen. »Inspektor« – das war für mich als Schüler ein Wort, das Klang hatte, Verwalter von einem landwirtschaftlichen Betrieb, »Inspektor«, das galt etwas bei meinem Vater. Er hat es gern gesehen, daß ich auf die Oberschule ging. Das war auch für sein Image gut.
Nach dem Krieg wollte ich Apotheker werden. Das war auch so die Vorstellung meines Vaters. Die Straßenfront unseres Hauses sollte als Apotheke ausgebaut werden. In Niederfurt gab es keine Apotheke. Unter westlichen Verhältnissen hätten wir das auch umgesetzt, und ich wäre Apotheker geworden. Als sich sozialistische Verhältnisse abzeichneten, wurde das unmöglich. Die Studienplätze für Pharmazie waren in der Zeit, als ich mit dem Studium beginnen wollte, sehr knapp. Was ich mir auch noch gut vorstellen konnte, war eine Arbeit in einem chemischen Labor. Aber in Chemie hatte ich keinen Studienplatz bekommen.

Das war damals ein Numerus clausus-Fach, wahrscheinlich war Chemie ein Modestudium, und es wurden von 200 Bewerbern nur 20 genommen. Ich war nicht darunter, was völlig logisch war, denn so gut war meine naturwissenschaftliche Ausbildung in der Schule nicht gewesen. Aber ich nahm das überhaupt nicht schwer. Meine Vorstellung war, erst einmal zu studieren, ein schönes Studentenleben zu haben und in Berlin, in der Großstadt, zu sein. Berlin war schon immer mein Wunsch. Über das Berufsbild hatte ich noch gar keine Vorstellung, aber es hieß ja, daß sich so etwas erst mit dem Studium entwickelt.
Angefangen habe ich mit Psychologie, dafür hatte ich einen Studienplatz bekommen. Aber mit der Psychologie konnte ich überhaupt nichts anfangen. Ich habe dagesessen und immer nur Bahnhof verstanden. Und dann machten die solche seltsamen Experimente, das fand ich alles sehr blöde. Ich konnte das alles theoretisch nicht einordnen und mit alledem überhaupt nichts anfangen. Da hab ich mir gesagt: Psychologie kannst du nicht machen. Da wirst du ja verrückt! Also ging ich zu den Tierärzten, denn meine Kumpels aus Niederfurt und deren Kumpels, die ich von unseren Feiern kannte, studierten alle Veterinärmedizin. Was war ich da bei den Tierärzten auf dem Sezierboden! Aber einen Studienplatz bei den Tierärzten zu bekommen war überhaupt nicht möglich. Tierarzt zu werden war damals sehr beliebt. Und da mußte ich mich also nach einigen Monaten entscheiden und ging dann aufs Sekretariat und sagte, ich wolle einen Fakultätswechsel machen, ich wolle Lehrer werden.
In Deutsch war ein Platz frei. Damals wurde man als Lehrer noch in nur einem Fach ausgebildet, man wollte Spezialisten, ich studierte also Germanistik. Das Studium war anspruchsvoll. Zudem war ich ziemlich langsam beim Lesen. Das fiel allerdings nicht so auf, weil bei diesem Studium auch noch andere waren, die sich nicht ein Leben lang für Bücher interessiert hatten, sondern einfach die Chance ergriffen hatten, ein Studium aufzunehmen. Auf dem Gebiet der Literatur waren das alles keine Koryphäen. Die gab es mehr unter den ABF-Studenten, einige davon sind große Leute geworden, deren Bücher ich dann später las. Dieter Schlenstedt, er war einer von ihnen und wirklich ein intelligenter Kerl. Die Leute von der ABF waren begabt, und sie waren ein bißchen besessen. Sie hatten ja auch den Parteiauftrag, zu

Das Friedensradio

den führenden Leuten in diesem Land zu werden. Und sie waren politisch engagiert. Ich ja nicht. Ich war politisch ein Mitläufer, tat mich nicht hervor, hatte auch nichts mit der Partei im Sinn. Die ABF-Leute führten in den Seminargruppen-Versammlungen das Wort, sie hatten ja auch die Aufgabe, die Politik an uns heranzubringen, uns zu überzeugen, daß das alles richtig war. Wir wurden angehalten, eine Zeitung zu lesen und darüber zu diskutieren. Mich ging Politik zwar nichts an, aber ich hatte menschlich ein gutes Verhältnis zu den ABF-Leuten. Wir verstanden uns gut, und die mochten mich auch, aber zur Partei haben die mich nicht geworben. Da wußten sie wahrscheinlich genau, daß ich da nicht mitmache.

Die »Harmonie« in Weißensee war unser Studentenlokal, und da gingen wir oft hin. Mein Cousin Fritz, mit dem ich zusammenwohnte, studierte Tiermedizin und mußte beispielsweise die Veterinärgesetze lernen. Als er keine Lust mehr hatte, nahm er sein Buch und sagte: »Komm, wir gehen in die ›Harmonie‹, und du fragst mich immer ein bißchen ab.« Wir setzten uns also hin, tranken ein Glas Wein, und ich fragte ihn ab. Und nach einer Weile wurde mit den anderen eben weitergefeiert. Für Fritz mußte ich außerdem alle Berichte schreiben, weil seine Schrift unleserlich war. Ich schrieb für ihn alles Mögliche, was ein Veterinärstudent so abzugeben hat. Ewig wird mir im Gedächtnis bleiben, wie er einmal ein Gutachten über einen »deckunlustigen Eber« anfertigen mußte. Sein abschließendes Urteil war, daß der »deckunlustige Eber« für die Zucht nicht geeignet sei. So lief das damals, wenn einer keine Lust mehr hatte, ging er in die »Harmonie«, und der andere kam gleich mit. So hat einer den anderen von der Arbeit abgehalten. Bei den ABF-Studenten, die ich kannte, war das nicht so. Die waren viel engagierter.

Am 17. Juni 1953 haben wir draußen in Berlin-Weißensee gewohnt. Daß sich ein Krawall am Alexanderplatz entwickelt, hörten wir über den RIAS, und da keine Straßenbahn fuhr, sind wir von Weißensee bis zum Alexanderplatz gelaufen. Ich wollte mir das einfach ansehen, das war ganz unpolitisch gemeint. Wohin das alles führen sollte, darum machte ich mir keinen Kopf. Wir liefen eineinhalb Stunden und gingen dann so eine Stunde auf dem Alexanderplatz hin und her. Die KVP hatte bestimmte Straßen abgesperrt, und die Leute diskutierten an den Sperren mit den Soldaten und den Polizisten. Die ließen sich aber nicht provozieren. Plötzlich fing eine Schießerei an. Alle Leute rannten fort, stellten sich in die Hauseingänge. Ich habe nicht gesehen, wer geschossen hatte oder woher die Schüsse kamen, und rannte mit. Das wurde mir dann doch zuviel, und dann sind wir wieder gegangen.

Die Forderungen und Parolen kannte ich alle schon aus dem Radio. Es ging um freie Wahlen, freie Meinungsäußerung und die Entlassung der politischen Gefangenen. Dafür waren wir auch. Und ich war ganz eindeutig ein Ulbricht-Gegner. Ulbricht mochte ich nicht. Ulbricht war für mich kein standesgemäßer, kein akzeptabler Politiker. Sein Sächsisch stieß mich ab, das war ja verheerend! Und dann seine Persönlichkeit – das war eben ein Radikaler, und so einer lag mir nicht. Und die Art und Weise des diktatorischen Umgehens in der Partei, da hatte man ja nun schon viel gehört, das war nicht mein Fall. Ich war kein Ulbricht-Anhänger, auch später nicht, als ich schon einen Bezug zum Sozialismus hatte. Ulbricht sollte weg! Das war meine Hoffnung, das war unsere Hoffnung. Daß aber am 17. Juni vom RIAS aufgeputschte Provokateure aus dem Westen zu Gange waren, daß das also nicht nur die Arbeiter von der Stalin-Allee waren, die da den Radau gemacht haben, sondern eine Masse von eingeschleusten Elementen, das war auch uns Unpolitischen klar. Die Unzufriedenheit wurde ausgenutzt und angestachelt, und dann kamen die Randalierer, die Fahnen anzündeten, das Kaufhaus ansteckten und so weiter, wer machte denn das? Das waren doch nicht die Arbeiter.

Nach dem 17. Juni, als sich die Machtverhältnisse wieder stabilisiert hatten, wurde in allen Seminargruppen darüber diskutiert, was jetzt neu werden sollte. Es sollte mehr Freiheit geben und so weiter. Das haben wir uns angehört und haben gedacht: Naja, das ist ja ganz schön. Mir wäre es sehr recht gewesen, wenn der 17. Juni demokratische bürgerliche Verhältnisse gebracht hätte, mit freien Wahlen und einem Mehrparteiensystem. Mein Vater aber hatte dazu eine klare Meinung. Der wollte die Einheit Deutschlands und auf keinen Fall das Gesellschaftssystem der DDR. Der kam jeden Tag aus der Werkstatt rüber, setzte sich in die Küche und hörte die Nachrichten. Er wollte hören, daß der Franz Josef Strauß nun endlich die Einheit bringt. Alle in Niederfurt haben auf die Einheit gewartet. Es gab ja damals so ein Gerücht, daß die Amerikaner nur deshalb West-Berlin gekriegt hatten, weil sie Thüringen den Russen gegeben haben. Und nun hofften die Leute immer, daß Thüringen wieder an den Westen gegeben wird. Es gab Leute, die erzählten, daß sie das schon auf den Atlanten eingezeichnet gesehen hätten. In dieser Generation gab es ein ewiges Hoffen auf die Einheit und die Einführung westdeutscher Verhältnisse.

Mit dem Essen bin ich beim Studium in Berlin gut hingekommen. Ich hatte meine Lebensmittelkarten, davon habe ich in der Friedrichstraße immer Bockwurst gekauft, die habe ich gern gegessen. Fleischmarken für 100 Gramm mußte man für eine Bockwurst abgeben. Ansonsten brachte ich mir Butter, Speck, Eier, Wurst immer von zu Hause mit. Aller vier bis sechs Wochen fuhr ich nach Hause, da wurde gewaschen und Proviant gefaßt. Einmal habe ich auch in der Vorweihnachtszeit mit Hilfe eines Eisenbahners aus Niederfurt eine Gans nach West-Berlin geschmuggelt und dann in Gesundbrunnen verkauft. Für das Geld kaufte ich mir in West-Berlin Schuhe und anderes. Einmal hatte ich mir auch einen flaschengrünen Samtpullover gekauft, der hat mir sehr gefallen. Aber ein Modefan war ich nicht. Ein modisches Symbol waren ja die Ringelsöckchen. Die Hosen waren in diesem Fall

etwas kürzer, man sah die Ringelsöckchen, und dazu trug man Wildlederschuhe mit Specksohlen. Also, so wollte ich nicht herumlaufen. Gegen so etwas hatte ich eine Abneigung.
Mit den Veterinären ging ich oft ins Kino. Auch in West-Berlin konnte man für Ostgeld in die Kinos. Geldsorgen hatte ich nicht. Ich brauchte eigentlich nur für die Miete zu zahlen, für das Essen, fürs Ausgehen und für Bücher. Ich glaube, ich erhielt 200 Mark Stipendium. Da ich »Sonstiger« war, bekam ich etwas weniger als ein »Arbeiter- und Bauernkind«, dazu gab es noch Leistungsstipendium, wenn man gute Noten erreichte. Das war's, ansonsten mußte ich von zu Hause ausgehalten werden.
Das Studium habe ich 1955 beendet. Und dann kam die Zeit, in der man sich fragte, wo sie einen wohl einsetzen werden. Die meisten sollten nach Mecklenburg, aber keiner wollte dahin, und alle hatten große Angst davor, es doch zu müssen. Da mußte ich nun vor der Einsatzkommission nachweisen, daß ich eine Freundin hatte und zu ihr nach Thüringen wollte, ja mußte. Denn die Freundin hatte eine kranke Mutter, und da mußte ich als Hausmann einziehen, um die kranke Mutter mit zu pflegen – was wir alles für einen Schnee erzählt haben! Na, die werden sich ihren Teil gedacht haben in der Einsatzkommission. Bei mir haben sie dann einen Kompromiß gemacht. In Thüringen sei kein Platz frei, sagten sie, also können sie mich nicht da einsetzen. Aber in den Bezirk Halle, in einen Ort in der Nähe Thüringens, so daß ich dann immer zu meiner Freundin und ihrer kranken Mutter hinfahren könne, das wäre möglich. Und so bin ich dann also nach Schulpforte gekommen.

Frau Leisnig: Als ich noch Schülerin war, hatte ich das Pech oder das Glück, noch so einen Altlehrer aus der Nazizeit zu erleben. Er hat mit dem Stock geprügelt. Ich weiß es noch ganz genau, er ging mit dem Stock durch die Reihen, und wenn jemand ein bißchen abgelenkt war oder geschwatzt hatte, dann schlug er damit auf die Hände. Das habe ich als Kind erlebt, aber nur ein paar Monate, dann wurde dieser Lehrer auch entfernt, und wir bekamen eine Neulehrerin – die war ganz lieb. Das war 1945, als ich in die Schule gekommen war. Als ich dann selbst als Neulehrerin auf einem Dorf bei Plauen anfing, hatte ich einen Mentor, das war wieder so ein alter, versteinerter, hartherziger Lehrer. O Gott, wenn ich daran denke! Der Mensch hieß auch so: Hartmann. Er hatte so eine Hakennase, war ein bißchen ausgemergelt, also schon sehr straff. Und er hat uns beide – ich bin mit noch einer Kollegin hingekommen – auch ganz straff rangenommen. Wir haben uns nicht getraut, ihm irgend etwas zu entgegnen. Wir waren ja für die Unterstufe ausgebildet, aber er sagte: »Sie machen Mathematik, Physik und Chemie bis hoch zur achten Klasse.« Ich hatte außerdem noch Musik und Sport von der fünften bis zur achten Klasse. Wir mußten spuren, wir durften keine Meinung äußern oder irgendeine Kritik, um Gottes willen! Aber wenn wir alles gut und schön machten, belohnte er uns auch, lud uns ein und feierte mit uns Feste. Das war die angenehme Seite dieser Strenge und Härte.

Die Schüler waren übrigens noch an Schläge und diese Strenge gewöhnt. Wir haben uns immer darüber gewundert, daß wir die Disziplin nicht richtig hinbekamen. Die Schüler haben natürlich mitgekriegt, daß wir da anders waren. Da haben wir uns besprochen und haben es ebenso gemacht: Wir haben die Schüler gezwickt und geknufft. Als Frau schlägt man nicht zu, vor allem die Kleinen nicht. Bei den großen Jungs im Sport, wenn die absichtlich nicht so rannten, wie ich wollte, da konnte ich mir manchmal wirklich nicht helfen und habe denen dann natürlich auch mal einen Tritt von hinten gegeben, das gebe ich ehrlich zu. Und wenn einer gar nicht parierte, da haben wir gesagt: »In der Pause kommst du ins Lehrerzimmer.« Wenn der dann drin war, hat es eine gesetzt, ohne daß es jemand gesehen hatte – das durfte ja nicht rauskommen. Wir haben dann immer gefragt: »Weißt du warum?« – »Ja.« – »Dann zieh ab!«

Wie es der alte Hartmann getan hatte, so machten wir es auch. Es ging nicht anders. Und dann merkten wir, daß die Eltern dort auf dem Dorfe sagten: »Immer zu! Von uns bekommen die daheim auch Prügel.« Das ging so lange, bis es dann doch einmal schiefging. Ein Lehrer hatte einem Kleinen eine Ohrfeige gegeben und dafür ein Disziplinarverfahren vom Schulrat bekommen. Es war ein Neulehrer, dem haben sie das nicht mehr nachgesehen. Da haben wir uns gedacht: Jetzt hören wir damit auf. Wir haben uns aber dann auch aus dem Dorf versetzen lassen, denn wir wollten dort sowieso nur zwei Jahre bleiben.

Die Neulehrerin

Frau Linke: Ich erinnere mich noch an den Aufbau der ersten Schulhorte in unserem Landkreis. Das fand ich sehr gut, wir hatten die Möglichkeit, den Kindern, denen das Lernen schwerfiel, im Hort Unterstützung zu leisten. In den 50er Jahren gab es ja viele Kinder, die noch in der Landwirtschaft mitarbeiten mußten, die Eltern hatten da kein Interesse, den Kindern bei den Schularbeiten zu helfen. Es mußten auch Elternlehrgänge eingeführt werden, damit die Eltern von der Prügelstrafe abkamen. Die Eltern mußten noch einmal lernen, nämlich eine andere Art von Erziehung als die, die sie selbst als Kinder erlebt hatten. Damit wurde auch die Erziehung für die Lehrer, die ja nun in der Schule nicht mehr mit dieser harten Disziplin arbeiten konnten, leichter.

Frau Grunert: Es gab Altlehrer, die sich dem Fortschritt gegenüber sehr aufgeschlossen zeigten, aber es gab auch viele, die anders waren. Ich habe von1950 bis 1952 die Dresdner Kreuzschule besucht. Das war eine Oberschule, und wir hatten dort auch noch alte Professoren. Ich stammte aus Arbeiterverhältnissen und war ein »fortschrittliches Kind«. Aber es gab auch Töchter von ehemaligen Professoren auf der Kreuzschule. Uns hat man dort das Leben sehr, sehr schwergemacht. In der Grundschule war ich in Mathe immer sehr gut. In dieser Kreuzschule hatten wir Mathematik bei Prof. Dr. Ullmann, und von ihm bekam ich generell eine Vier auf dem Zeugnis. Das betraf auch andere Schüler, so daß dann meine Schulfreundinnen Renate K. und Bärbel M. und ich im Jahre 1952 keine Lust mehr hatten, dort weiter die Schule zu besuchen. Meine Mutter sagte zu mir: »Gisela, du kapitulierst nicht, bitte tu mir das nicht an, wir kapitulieren nicht!« Ich habe mich dann trotzdem heimlich bei der Pädagogischen Schule am Pohlandplatz beworben, um Kindergärtnerin zu werden. Ich habe dort auch eine Aufnahmeprüfung absolviert, heimlich, weil ich meiner Mutter auch gar nicht sagen wollte, daß ich unbedingt von dieser Oberschule wegwollte. Es war unheimlich schwer, dort zu bestehen. Meine Mutter war in der Kreuzschule im Elternaktiv oder Elternbeirat. Sie hat das nicht hingenommen, daß ich so ungerecht behandelt wurde. Sie hat in der Schule nachgefragt, was das denn solle, das ganze Jahr waren die Mathematik-Noten in Ordnung, und am Ende bekam ich eine Vier.

Das sollte nun ein unparteiisches Gremium prüfen. Wir bekamen dort Recht, und schließlich wurde die Mathematik-Note gemildert. Als mir meine Mutter das erzählte, sagte sie zum Ende: »Na siehst du, da bin ich aber froh, daß du das eingesehen und nicht kapituliert hast.« Und ich sagte: »Mutti, denkst du vielleicht, mich bringen noch zehn Pferde zur Kreuzschule? Ich fange am Pohlandplatz an. Ich werde Kindergärtnerin.« Und das habe ich dann auch gemacht. Von 1952 bis 1954 besuchte ich diese Pädagogische Schule, und dort waren alle Probleme vom Tisch. Da habe ich dann meine Erfüllung gefunden – aber an diese Oberschulzeit an der Kreuzschule denke ich sehr, sehr ungern zurück.

Frau Kirst: Ende der 50er Jahre ging ich in die Erweiterte Oberschule. Ich war in einer c-Klasse, die stellte den altsprachlichen Zweig dar. Es war ein ganz bestimmtes Klima in dieser Klasse, hier dominierten Theologenkinder und Kinder von Ärzten, sie waren mir also sozial, was die materiellen Möglichkeit betraf, weit voraus. Ich kam aus einer Familiensituation, wo ich mir alles selbst erarbeiten mußte oder wo der Staat uns unterstützte. Ich hätte niemals auf die Musikschule gehen und auch nicht acht Jahre Geige spielen und im Chor singen können, wenn dieser Staat mich nicht so gefördert hätte.
In den Zusammenkünften der FDJ-Gruppe dieser Klasse gab es viele Auseinandersetzungen. Alles war eigentlich sehr oft zugespitzt. Um es auf den Punkt zu bringen: Wir waren für die Mauer. Wir waren Befürworter dieses Staates, und wer in der Klasse gegen die Mauer war, der war also für die BRD. Im nachhinein erscheint das vielleicht als eine sehr einseitige Bewertung der Dinge. Das war das Problem damals. Man konnte aber aus dieser Situation auch nicht herausspringen, das war ganz schwierig. Es war eine sehr polarisierte Denkweise und Sprache. Die Junge Gemeinde wurde als Klassenfeind bezeichnet. Wir durften kein Westfernsehen einstellen und mußten dafür auch unterschreiben – das sind Dinge, die heute auf mich recht lächerlich wirken. Aber es war damals die Atmosphäre so: entweder dafür oder dagegen!

Man hatte halt Nachteile, wenn man seinem Glauben frönen wollte

Frau Leisnig: Ich bin im Vogtland zur Schule gegangen, von 1945 bis 1953. Ich war Arbeiterkind, und wir wurden als junge Mädchen sehr gefördert. Meine Mutter hatte es sehr schwer, wir waren fünf Geschwister, mein Vater ist zeitig gestorben. Das war alles nicht leicht für sie, und ich war die Älteste. Im Jahr 1953, als ich in die achte Klasse ging, gab es eine Elternversammlung, wo darüber informiert wurde, daß nun erstmals an den Lehrer-Instituten junge Lehrer ausgebildet wurden. Ich entschied mich dann, Lehrerin zu werden, obwohl ich eigentlich immer Abitur machen und Biologie studieren wollte. Aber weil man schon mit 14 Jahren an das Lehrer-Institut gehen und schon nach vier Jahren Unterstufenlehrerin sein konnte, machte ich das. Denn für meine Mutter war es wirtschaftlich ganz gut, wenn sie eines von ihren Kindern so gut untergebracht wußte. Auch ich dachte, daß das die beste Möglichkeit sei, aus der Misere, die zu Hause herrschte, herauszukommen. Ich war froh, daß ich wegkam, denn ich war dort sehr eingespannt gewesen, und so bin ich also zum Studium gegangen.

Wir waren die ersten, die dort einrückten, um Lehrerinnen zu werden. Wir waren alles Mädchen und kamen aus verschiedensten Bezirken der DDR. Es war eine sehr schwierige Zeit, und wir wurden sehr straff gehalten. Unser Direktor, so ein tausendprozentiger SED-Genosse, sagte: »Wir bilden nur sozialistische Lehrer aus.« Ich war damals aber noch in der Kirche, ich bin methodistisch erzogen worden und hatte meine Bibel im Internat immer unter dem Kopfkissen. Wenn der Internatsleiter Kontrollen machte, hat er mich verwarnt, so etwas sei hier nicht gestattet, sagte er, und daß ich die Bibel entfernen solle. Aber ich war trotzig und tat nun gerade nicht, was von mir verlangt wurde. Ich hatte die Bibel weiterhin unterm Kopfkissen. Aber in der Schule, in Marxismus und in Geschichte war ich ehrgeizig, weil ich meiner Mutter eine Freude bereiten wollte. In diesen Fächern hatte ich Einsen, und keiner hat gemerkt, daß ich an Gott glaubte. Das merkten sie erst, als ich 18 geworden war und mich mein Geschichts- und Klassenlehrer fragte, ob ich denn nicht in die Partei eintreten wolle. Ich sagte: »Nein, das kann ich nicht. Ich habe einen Glauben, der ist idealistisch, ich bin nicht für die marxistische Weltanschauung.« Da sind die aus allen Wolken gefallen. Wir hatten dann auch unsere Abschlußarbeit zu schreiben. Ich hatte mir das Thema gewählt, das mich schwer beschäftigte: Materialismus und Idealismus. In der Arbeit plädierte ich natürlich für den Idealismus und bekam eine Fünf. Dann gab es heftige Aussprachen mit dem Parteisekretär, mit dem Direktor, mit dem Geschichtslehrer, ich sollte entweder meine Anschauung ändern – oder sie könnten mich nicht auf die Menschheit loslassen. Außerdem müßte ich in diesem Falle das Jahr noch einmal wiederholen, um dann endlich auf einer wissenschaftlichen Grundlage Kinder erziehen zu können. Aber ich wollte das nicht einsehen, ich habe laufend mit ihnen diskutiert, sechs Wochen lang. In den großen Pausen mußte ich zur Direktion, und da wurde ich immer bearbeitet. Ich sagte, daß ich mit meiner Einstellung den Kindern genausogut Lesen und Schreiben beibringen kann – und den Rest, den werde ich in der Unterstufe gar nicht brauchen. Aber damit war man gar nicht einverstanden. Man beantragte beim Bezirksschulrat, mich noch ein Jahr länger dort zu behalten, um mich so richtig für den Beruf als sozialistischer Lehrer fit zu machen. Aber mit diesem Antrag sind sie nicht durchgekommen. Nach vier Studienjahren mußten sie mich also herauslassen, aber ich kam nicht dorthin, wo ich hinwollte. Ich wollte an meine Heimatschule, dort hatte ich schon meine Klasse, und dort gab es auch sehr viele Lehrer, die christlich waren. Ich aber mußte auf so ein Dorf bei Kamenz, wo es noch Mehrstufenunterricht gab. Das war 1957, da gab es kein Pardon. Ich habe dann schließlich eingewilligt, ich war mit den Nerven ziemlich am Ende.

Ich bin dann also auf ein ganz einsames Dorf gekommen. Dort saßen das zweite und vierte Schuljahr in einem Raum, also Mehrstufenunterricht, das war der Anfang meiner beruflichen Laufbahn. Aber wir Frauen sind ja kämpferisch gewesen, ich muß sagen, es war eine tolle Aufbruchstimmung! Das, was man mir angetan hatte, habe ich zwar nicht vergessen, aber ich habe es ihnen verziehen. Ich war damals eben auch sehr eigensinnig. Und man muß sagen: Die Frauen, die wirklich etwas erreichen wollten, die haben das damals erreicht, mit viel Beihilfen auf allen Seiten. Die Gesellschaft war so, daß sie jede Frau in ihren Berufswünschen gefördert hat. Als ich dann 1959 mein

23

Mittelschule Falkenhain
Kreis Wurzen

Falkenhain, den 18.6.1959

Beurteilung der Kollegin Lieselotte K ö h l e r

Die Kollegin L. Köhler begann ihren Dienst an der Mittelschule Falkenhain im September 1958.
Sie unterrichtet seit dieser Zeit eine 2. Klasse in Deutsch, Rechnen, Werken, Singen und Zeichnen, die 3. Klasse in Werken und Zeichnen, die 4. Klasse in Turnen und Zeichnen und die 5. Klasse in Zeichnen.

Pädagogische und erzieherische Arbeit:
Um die Arbeit der Kollegin einschätzen zu können, ist es wichtig, einiges über ihre Klasse zu sagen:
Während diese Klasse im ersten Schuljahr als diszipliniert bezeichnet werden konnte, änderte sich dieses Bild ab September 1958 schlagartig. Einige Sitzenbleiber und vor allen Dingen zwei neu eingewiesene Heimkinder übten einen sehr negativen Einfluß auf die Klasse aus. Aufgrund ihrer Unerfahrenheit bekam die Kollegin die Klasse nicht in die Hand und konnte erst nach längerer tatkräftiger Unterstützung seitens des Kollegiums, besonders der Schulleitung eine einigermassen tragbare Disziplin erreichen. Bevor es jedoch so weit war, mußte ein Schüler, der sich trotz aller Maßnahmen nicht fügen wollte, in ein Spezialheim eingewiesen werden. Für einen weiteren wurde die Einweisung in ein Heim beantragt.
Das alles war natürlich für diese junge Kollegin kein allzu ermutigender Start. Sie arbeitete jedoch eisern an sich und versuchte im Laufe des Schuljahres mit Erfolg immer mehr Schüler zur besseren Disziplin zu bewegen. Das erreichte sie durch die verschiedensten Arten von Lob und Tadel. Alle ihr erteilten Ratschläge befolgte sie gewissenhaft, sie nahm auch dann stets Lehre an, wenn sie etwas falsch gemacht hatte.

So wie das Verhältnis zur Klasse war selbstverständlich auch anfangs das Verhältnis zu den Eltern. Diese waren schon deshalb skeptisch, weil die Kollegin so jung ist. Gleichzeitig befürchteten sie, daß ihre Kinder infolge der Disziplinlosigkeiten nichts lernen. Erst nachdem sie die Bemühungen der Kollegin erkannten und der Elternbeirat sowie das Elternaktiv sich tatkräftig einschalteten, wurde das besser und jetzt sind kaum noch Klagen zu hören.

In methodischer Hinsicht hatte die Kollegin die üblichen Anfängerschwächen. Besonders die interessante Gestaltung des erläuternden Lesens fiel ihr schwer. Ähnlich verhielt es sich mit den Rechtschreibeübungsstunden. Durch Hospitation von vielen Seiten konnte ihr jedoch bald

\- 2 -

Hospitationsprotokoll

erstes Kind bekam, war das alles wunderbar. Ich kann mich nicht beklagen über die Maßnahmen der damaligen Regierung. Auch wenn es damals solche Auswüchse gegeben hat, wie ich beschrieb – aber das war die stalinistische Zeit. Ich erinnere mich noch, wie wir beispielsweise im Institut des öfteren gezwungen wurden, mit FDJ-Kleidung in die Schule zu gehen – und wehe, es hatte ein Mädchen schwarz, weiß, rot an, die wurde nach Hause geschickt, mußte sich umziehen. Solche Auswüchse gab es eben auch. Das gibt es immer. Ich muß trotzdem sagen, daß ich das alles dank der Unterstützung, die man in der damaligen Gesellschaft von allen Seiten bekam, gut gemeistert habe. Natürlich gibt es immer Schwierigkeiten, aber auch, wenn einmal etwas nicht so in Ordnung war, hat es mir auf dem Weg, den ich gehen wollte, weitergeholfen.

Frau Tollma: Ich bin 1953 aus der Schule gekommen. In diesem Jahr hatte ich auch die Konfirmation erhalten und begann dann am Lehrer-Institut. So etwa 1955 verlangte man dort von mir, ich solle die Jugendweihe nachholen. Das habe ich strikt abgelehnt, aber man konnte mich deswegen nicht mehr exen, weil ich ja schon eine Weile da war. Bei meiner Schwester, sie ist vier Jahre jünger als ich, war es anders. Sie wollte auch Lehrerin werden, und sie hat sich für diesen Beruf sehr gut geeignet, besser als ich. Und sie war noch gläubiger als ich, noch strenger christlich erzogen und hatte ihre Überzeugung stärker ausgeprägt als ich. Als sie im Jahr 1957 an das Institut wollte, hat man ihr direkt gesagt, daß sie nur angenommen wird, wenn sie die Jugendweihe nachholt. Sie hat das abgelehnt. Dann ist sie Krankenschwester geworden. Das sind keine Einzelfälle gewesen. Man hatte immer Nachteile in dieser stalinistischen Zeit, wenn man seinem Glauben frönen wollte.

Frau Tänzer: Im Januar 1951 wurde mein erstes Kind geboren. Eigentlich wollte ich im Dezember 1950 gar nicht in den Schwangerschaftsurlaub gehen, sondern gleich kündigen. Ich war damals bei der FDGB-Kreisleitung als Instrukteur beschäftigt. Aber meine Mutter sagte mir, daß ich nicht kündigen müsse, sie würde das Kind nehmen. Das ging eine Weile gut, ich blieb nach meinem Entbindungsurlaub noch zwei Monate beim FDGB und fing dann bei der FDJ-Kreisleitung an. Etwas später, drei oder vier Monate nach der Geburt meiner Tochter, verlangte meine Mutter, daß wir das Kind taufen ließen. Mein Mann und ich wollten aber überhaupt nichts mit der Kirche zu tun haben, doch meine Mutter bestand darauf. Sie sagte: »Ein Heiden-Kind nehm ich nicht!« Da mußten wir uns fügen. Das bedeutete aber auch, daß wir

vor der Kindstaufe auch noch kirchlich heiraten mußten. Ich ging also zum Pfarrer, der mich konfirmiert hatte, und es wurde das Aufgebot bestellt. Alles sollte an einem Tag geschehen, um zehn Uhr die Trauung, danach das Mittagessen und dann die Kindstaufe. Der Vikar, der uns traute, hielt eine regelrechte Strafpredigt, der war gar nicht freundlich. Zum Schluß sollten wir uns noch hinknien, und das in einer evangelischen Kirche. Mein Mann tat es erst, als der Vikar ihm mit der Hand auf der Schulter nach unten drückte. Danach sagte mein Mann zu mir: »Mich siehste hier nicht noch mal, ich laß mich doch nicht so anpflaumen.« Bei der Taufe hat dann mein Schwager das Baby über den Taufstein gehalten, und ihm wurde auch als Vater gratuliert.
Auch ein Jahr später setzte meine Mutter ihren Kopf durch. 1952 hieß es, daß man nicht gleichzeitig in der SED und in der Kirche sein dürfe. Das betraf meine Mutter und auch meinen Vater, der damals bei der SED-Kreisleitung arbeitete. Er meldete sich also bei der Kirche ab und meine Mutter, ohne sie vorher zu fragen, gleich mit. Als sie das merkte, machte sie einen Skandal. Sie ging zur SED-Kreisleitung und beschwerte sich, daß ihr Mitarbeiter über ihren Kopf hinweg entschieden hatte, und knallte ihr Parteibuch auf den Tisch. Mein Vater bekam daraufhin eine Rüge wegen parteischädigenden Verhaltens.

Frau Brüschke: Zum Himmelfahrtstag im Jahr 1952 hat die Leipziger Junge Gemeinde ihren Jugendtag in Sehlis ausgerichtet. Auch die FDJ hatte an diesem Tag eine Veranstaltung, sie machte nämlich einen Sternmarsch, nicht irgendwohin, sondern ausgerechnet nach Sehlis, zu unserem Gelände. Das war eine ehemalige Lehmgrube. Wir waren unten in dieser Grube, und oben auf dem Rand marschierte die FDJ mit Trommeln, Pauken und Trompeten und versuchte, so viel Lärm zu machen, daß man bei uns kein Wort mehr verstehen sollte. So habe ich also die FDJ erlebt. Im September 1952 begann ich an der Universität Leipzig Theologie zu studieren. Noch im August 1952 war geplant, die Theologischen Fakultäten in der DDR aufzulösen. Als meine Bewerbung noch lief, wußte ich also gar nicht, ob ich mein Studium in Leipzig würde aufnehmen können, ob die Fakultäten überhaupt bestehen blieben. In der Fakultät lebten wir dann aber recht behütet, wir waren ja alle noch in der Jungen Gemeinde und in der Studentengemeinde engagiert, und dort erfuhren wir, wie vor allem die Oberschüler, die in der Jungen Gemeinde waren, unter Druck gesetzt wurden. Sie sollten sich schriftlich von der Jungen Gemeinde distanzieren, da dies eine Organisation amerikanischer Agenten sei. So sollte ihnen das moralische Rückgrat gebrochen werden. Die Oberschüler, die festblieben, wurden in diesen schlimmen Schulversammlungen reihenweise aus der Schule rausgeschmissen, noch zwischen dem bereits abgelegten schriftlichen Abitur und den bevorstehenden mündlichen Abi-Prüfungen.

Ich erinnere mich noch an eine Studentenbibelstunde der Studentengemeinde, die Ende April 1953 an einem Donnerstagabend im Gemeinschaftshaus stattfand. Gegen Ende der Veranstaltung, so etwa gegen 22.00 Uhr, besetzte auf einmal eine riesige FDJ-Masse – es waren viel mehr als wir – das gesamte Treppenhaus. Sie hinderten uns daran, das Gebäude zu verlassen, und schleuderten uns auch wieder diese altbekannten Vorwürfe entgegen. Es gab ja damals sogar eine Sonderausgabe der »Jungen Welt« über die Junge Gemeinde und ihre »Agenten-Tätigkeit«. Die Vertrauensstudenten, die Leute des Vertrauenskreises – das ist in der Studentengemeinde das, was in einer Kirchgemeinde der Vorstand ist – redeten natürlich am meisten mit bei dieser Diskussion

Stalinverehrung in Leipzig

mit den FDJlern. Einer davon, ein Balte, dessen Eltern nach der Einverleibung der baltischen Staaten durch die Sowjetunion verhaftet worden waren und spurlos verschwunden blieben und der nach Deutschland gekommen war, hat tapfer diskutiert. Als die FDJ nach Mitternacht endlich abgezogen war, bekam er einen Nervenzusammenbruch.

Es gab auch Verhaftungen, einer der Inhaftierten war Herbert Dost, der Leiter des Gemeindedienstes. Wir Theologen hatten unsere Räumlichkeiten im ehemaligen Amtsgericht am Peterssteinweg, einem Gebäude, das also aus dem bestehenden Karree der Justizgebäude ausgegliedert war. Ringsherum schlossen sich noch das Polizeipräsidium, die Untersuchungshaftanstalt und das Bezirksgericht an. Und wir wußten, daß Herbert Dost direkt an der anderen Hofseite einsitzt, wir konnten die Rückfront des Untersuchungsgefängnisses von uns aus sehen. Wir hatten natürlich etliche Leute, die Posaune spielen konnten, und so wurde also Posaune gespielt, damit er das in seiner Zelle hören konnte. Er hat es auch gehört. Im Sommer 1953 ist er entlassen worden.

Dann kam der 10. Juni 1953 – also schon vor dem 17. Juni –, und da wurde der Kampf gegen die Kirche, die Junge Gemeinde und auch gegen die Einrichtungen der Diakonie wieder abgeblasen. Es kam die allgemeine Liberalisierung, die auch für uns in der Kirche spürbar war. Im Jahr 1954 erlebten wir in Leipzig den großen Kirchentag – das war herrlich. 100 000 Menschen trafen sich auf der Rosentalwiese. Wir haben dabei natürlich mit Begeisterung ehrenamtlichen Dienst gemacht, wir waren ja jung und waren bis in die Nacht hinein tätig. Es war wunderschön. Sogar der sowjetische Pavillon auf dem Messegelände stand uns zur Verfügung. Das war die Liberalisierung. Zum Kirchentag 1956 in Frankfurt gab es aus der DDR Sonderzüge, das war ganz selbstverständlich.

Mit der Niederschlagung des Ungarnaufstandes erfolgte eine erneute Verschärfung, man muß sich nur an die Verhaftung von Harich und Janka in Berlin und von Loest in Leipzig erinnern. Das war im Jahre 1957, ich machte gerade mein Examen. Da saß unser Studentenpfarrer in dem Untersuchungsgefängnis, und es wurde wieder Posaune gespielt, diesmal für den verhafteten Studentenpfarrer.

Frau Rentsch: Ich kann mich erinnern, wie wir als FDJler mit den Leuten von der Jungen Gemeinde diskutierten. Man fühlte sich diskriminiert und hatte ein Gefühl der Ohnmacht. Das waren oft auch sehr intelligente Leute dort. Die konnten uns schon Paroli bieten, und wir hatten es auch schwer, mit ihnen in der Diskussion zu kämpfen.

Frau Brüschke: Nun ja, die FDJler, die da kamen, die taten uns eigentlich leid. Also intellektuell waren wir ihnen in den Situationen, wie ich sie erlebt habe, überlegen. Wir waren auch menschlich überlegen.

Frau Lehmann: Als ich 1950 zum Studium nach Leipzig kam, sah man überall noch Ruinen. Die Straßen waren zwar begehbar, doch an den Rändern türmten sich die Trümmerberge, so, als sei der Krieg erst vor einem halben Jahr zu Ende gegangen. Wir enttrümmerten, putzten Steine und leisteten auch Aufbaueinsätze, das gehörte zum Studentenalltag – ebenso wie der beständige Hunger. Zusammen mit meinem Freund hungerte ich mich zwei Jahre lang mit nur einem Stipendium durch.
Für mich gehören die 50er Jahre noch zur Nachkriegszeit. Aber ich setzte große Hoffnungen auf die DDR und das, was in ihr aufgebaut werden sollte. Wir wollten eine Gesellschaft, die nie wieder einen Krieg entfesselt, die Gerechtigkeit schafft, die internationale Solidarität übt, gegen Rassenhaß eintritt, eine Gesellschaft, wo die Menschen in ihrem Leben einen Sinn finden. Das alles habe ich sehr ernst genommen, und das ist für mich heute noch wichtig.
Ich bin ja an die Universität Leipzig gekommen, weil ich Philosophie studieren wollte. Vorerst landete ich aber erst einmal an der neugegründeten »Gewifa«. Meine Vorstellungen vom Studienbetrieb waren damals die eines Schulmädchens. Ich dachte mir, der Professor ist alt und weise, und ihm zu Füßen sitzen seine Schüler und saugen dessen Worte von seinen Lippen auf. Unsere Professoren am Franz-Mehring-Institut waren jedoch nicht so. Wir lernten viel von ihnen, doch sie ähnelten mehr den Lehrern an der Schule. Und: Sie waren sehr jung. Es ging allerdings die Kunde, daß es einen Professor gäbe, der anders sei als die anderen. Die ihn gehört hatten, konnten zwar nicht genau erklären, worüber er sprach, doch sie berichteten, er sei »ganz toll«.

Er las im Hörsaal 40. Studenten aus allen Fakultäten strömten zu ihm. Ich strömte mit. Der Hörsaal war überfüllt, viele saßen auf den Treppenstufen oder im Gang. Auf dem Podium stand eine einprägsame Gestalt, die ich nie vergessen werde: Ein Mann, nicht sehr groß, aber von kräftiger Gestalt, ein Charakterkopf mit dichtem, grauem Haarschopf. Mit weit ausholenden Gesten und beredter Mimik stieß er einzelne Wortgebilde hervor. Die gesamte Szenerie, der Professor, die von seinem Vortrag hingerissenen Studenten, die gespannte Aufmerksamkeit, all das zog mich in Bann. Ich war in eine Vorlesung zur Geschichte der Philosophie bei Ernst Bloch geraten. Ein Jahr später studierte ich am Institut für Philosophie und hatte nun regulären Unterricht bei Ernst Bloch.

Bloch lehrte uns, Selbstverständlichkeiten zu hinterfragen. So waren wir gegenüber dem Dogmatismus, der sich in den folgenden Jahrzehnten in den Gesellschaftswissenschaften der DDR ausbreitete, nicht so anfällig. Ernst Bloch hat uns geholfen, ein eigenständiges Denken zu bewahren und immer wieder unbequeme Fragen zu stellen.

Insgesamt herrschte unter den Studenten meiner Umgebung in den 50er Jahren eine große Aufbruchstimmung. Wir hatten tolle Ideen und eine außerordentliche Energie, um etwas Neues auf die Beine zu stellen – und zugleich wurden wir immer wieder erschreckt und zurückgeschlagen durch die extremen Auswirkungen des kalten Krieges und des Stalinismus, der ja bis 1953 sehr ausgeprägt war. Enthusiasmus und Erschrecken lagen dich nebeneinander.

Die III. Weltfestspiele der Jugend und Studenten 1951 in Berlin waren für uns ein ganz großes Erlebnis. Wir waren Mitglieder des »Stationären Chors des DDR-Nationalprogramms«. In einem zweimonatigen Internatslehrgang haben wir uns darauf vorbereitet, das war wirklich eine außerordentlich intensive künstlerische Arbeit, ich war sehr begeistert.

Auch das grundsätzliche Anliegen der Weltfestspiele, also für die internationale Solidarität der Jugend, gegen den Krieg, war auch unseres. So verstanden wir die Begeisterung, die überall auf den Straßen Ost-Berlins herrschte. Aber uns störte, daß wir Chormitglieder auf den Straßen Berlins nicht singen durften. Wir sollten unsere Stimmen schonen und deswegen nicht im Freien, sondern nur in geschlossenen

Räumen singen. Wir waren furchtbar frustriert, weil wir eben nicht mit allen singen und unsere Begeisterung loslassen konnten.
Bei den III. Weltfestspielen kam es auch zu einem schlimmen Zwischenfall. West-Berlin hatte ja die FDJ eingeladen. Die FDJ kam mit einem Teil ihrer politischen Delegation nach West-Berlin und demonstrierte dort. Man hat ihnen Apfelsinen vor die Füße geworfen, aber sie haben sich nicht gebückt. Dann kam die Stumm-Polizei und schlug sie alle zusammen, auch die Mädchen. Viele lagen danach lange im Krankenhaus. In der Zeitung waren Fotos zu sehen, wie Erich Honecker die verletzten Jugendlichen im Krankenhaus besuchte und jedem die Artur-Becker-Medaille überreichte. Daß die Stumm-Polizei geschlagen hat, war eindeutig sichtbar und eine schlimme Sache – aber wir diskutierten danach auch darüber, ob es überhaupt richtig war, die politische Delegation der FDJ nach West-Berlin gehen zu lassen. Schließlich konnte man absehen, daß man sie zusammenschlagen würde. Wir fragten uns auch, ob sie nicht deswegen nach West-Berlin geschickt worden waren, um also auf diese Weise nachzuweisen, wie schlimm die Stumm-Polizei ist. Das war eine ganz schlimme Kiste! Anläßlich solcher Ereignisse fragten wir uns, ob die Methoden, mit denen wir arbeiten, die richtigen sind. Wir begannen schon früh zu zweifeln, aber immer wieder haben wir uns sozusagen am großen Ziel wieder aufgerichtet.
Das war auch am 17. Juni 1953 so. Wir waren gar nicht in Leipzig, sondern bei einem Landeinsatz auf irgendeiner MTS. Wir haben von der Vorgeschichte wenig mitgekriegt, aber wir waren natürlich dagegen, daß den Arbeitern sinnlos die Normen erhöht werden. Und dann wurden die Marmeladenpreise erhöht! Marmelade war eines der wenigen Dinge, die es ohne Marken gab, und ich hatte immer Hunger. Am 17. Juni früh las ich in der Zeitung, daß die Marmeladenpreise weiter erhöht werden. Da habe ich die Zeitung auf den Tisch geknallt und gebrüllt: »Jetzt reicht's!« Wenn in diesem Moment irgend jemand aus dem Dorf zu einer Demonstration aufgerufen hätte, wäre ich vielleicht mitgegangen, bloß wegen der Marmelade.
Nach dem 17. Juni – vor allem aber nach dem Tod Stalins – gab es ja eine gewisse Liberalisierung, das war auch bei meinem Philosophiestudium deutlich zu spüren. Im Jahr 1956, dem Jahr des XX. Parteitages der

KPdSU, auf dem Chruschtschow Stalin entlarvte, setzte sich die Liberalisierung fort, da arbeitete ich schon an der Uni in Jena. Wir begannen damals Vorschläge auszuarbeiten, wie man den Marxismus entdogmatisieren kann. Wir haben sehr stark unter der dogmatischen Art und Weise, in der der Marxismus gelehrt wurde, gelitten. Im Sommer 1956 kam jedoch der Aufstand in Ungarn. Ungarn war weit weg – doch wir zitterten mit. Wir waren dafür, weil wir meinten, daß sich das nicht gegen den Sozialismus richtete, sondern der Sozialismus reformiert und verbessert werden sollte. Mit der Niederschlagung des Aufstandes begann eine restriktive Politik, die sich gerade auch auf meine Arbeit sehr stark auswirkte. Das führte dazu, daß ich nach einigen Jahren dann mit »Trick 17« aus meinem Beruf als Lehrerin für Marxismus-Leninismus ausschied, diesen Dogmatismus konnte ich nicht mehr mitmachen.

Frau Busch: Mein Vater stammt aus Arbeiterverhältnissen und ist über die ABF zum Studium gekommen, aber meine Mutter stammt aus gutbürgerlichen Kreisen. Da gab's dann schon die ersten Widersprüche und auch Probleme mit den Schwiegereltern. Auf der einen Seite gab es für mich eben die parteigetreue Erziehung durch meinen Vater, der sich meine Mutter anschloß, und auf der anderen Seite dann die bürgerlich-humanistische Erziehung durch meine Großeltern, bei denen ich immer war, denn Kindereinrichtungen gab es noch nicht in ausreichendem Maße. Meine Eltern studierten, und ich war bis zum dritten Lebensjahr hauptsächlich bei meinen Großeltern und lernte dort ihre Welt kennen. Die ganzen politischen Auseinandersetzungen der frühen 50er spiegelten sich bei uns im kleinen Familienkreis wider. Meine Eltern und Großeltern konnten sich politisch überhaupt nicht vertragen, was sie von dem familiären Leben nicht trennten. Das ging dann so weit, daß keiner mehr seinen Fuß auf das Grundstück des anderen setzte. Und ich wurde abends dann immer, wenn mich meine Eltern holten, über den Zaun hinweggereicht.

Wir wohnten damals in Kleinmachnow, das grenzte ja nun an West-Berlin. Meine Eltern haben in West-Berlin nie eingekauft. Sie sind jeden Tag durch West-Berlin durchgefahren. Mein Vater war Parteisekretär

Kampf den Provokateuren, Leipzig, Juni 1953

an der Humboldt-Universität, und es ging für ihn nicht anders, er mußte durch West-Berlin fahren, eine Umfahrung war nicht möglich. Aber meine Eltern sind wirklich immer nur durchgefahren, sie haben dort nichts angeguckt und nicht eingekauft, sie haben uns Kindern keine Apfelsinen, Bananen oder Süßigkeiten mitgebracht. Nicht etwa, weil sie uns das nicht gegönnt hätten, sondern aus strikt politischen Prinzipien.

Die musikalischen Trends kamen aus dem Westen

Herr Thomas: Mir wurde 1954 mit dreiundzwanzigeinhalb Jahren die große Aufgabe zuteil, das erste Bezirksklubhaus der Freien Deutschen Jugend in Leipzig zu leiten. Solche Aufgaben wurden auch deswegen solchen doch sehr jungen Menschen, wie ich es war, übertragen, weil von den etwas älteren sehr viele im Krieg geblieben sind. Im April 1954 wurde das Klubhaus mit einer Feierstunde eröffnet, und der Oberbürgermeister der Stadt Leipzig überreichte mir den Schlüssel. Nun kam es darauf an, das Haus in der Goethestraße zu einem Treffpunkt der Leipziger Jugend zu machen und die von uns erarbeitete Konzeption umzusetzen.

Wir haben natürlich als erstes gedacht, daß man die großen patriotischen Themen als Vorträge anbieten müsse. Wir als FDJ-Mitglieder und junge Genossen meinten, die Jugend interessiere sich für alle aktuellen politischen Fragen und käme mit Freuden zu uns, wenn es im Klubhaus einen Vortrag zum Thema gibt: »Warum wird der Sozialismus siegen?« oder: »Warum müssen wir die Arbeitsproduktivität steigern?«

Aber dazu ist kaum jemand gekommen. Dann haben wir uns gesagt, daß wir viele Tanzabende veranstalten und Interessengemeinschaften bilden müßten, das haben wir auch getan. Und wir haben eine Bücherei eingerichtet – es war also allerhand los in diesem Haus. Richtig voll war das Haus vor allem, wenn wir Jugendtanz veranstalteten. Die Konzeption, die wir dazu hatten, ging voll auf. Denn wir sind davon ausgegangen, daß die Tanzveranstaltungen im Klubhaus nicht einfach nur Schwof sein dürfen. Jede Veranstaltung sollte darum einen Rahmen, sozusagen ein Motto haben. Das reichte vom Seemannsball über den Bösen-Buben-Ball bis hin zum Bürokratenball. Zur musikalischen Gestaltung der Tanzabende standen uns zeitweilig drei Jugendtanzkapellen zur Verfügung, von denen die Rock 'n' Rollies wohl die beste waren. Die Rock 'n' Rollies, eine echte Amateurband, waren in der Lage, das Neueste, was sie im Rundfunk, vom RIAS gehört hatten, aufzugreifen und nachzuspielen. Unter der Jugend war die Truppe sehr beliebt!

Doch die Freunde vom Sekretariat der FDJ-Bezirksleitung, die uns ansonsten wenig richtungsweisende Vorschläge zu den Tanzabenden geben konnten, fanden jedoch auch hier wieder ein Haar in der Suppe, und zwar die englischen Texte. Die waren bei den Funktionären absolut verpönt. Sie stießen sich auch an dem Namen Rock 'n' Rollies. Durch die Bezirksleitung der FDJ wurde festgelegt, daß der Name zu verändern sei oder die Kapelle aus dem Klubhaus zu verschwinden habe. Wir haben mit den Mitgliedern der Kapelle überlegt und einigten uns dann auf den Namen Roger Quintett. Unter diesem Namen sind sie dann später zu den Weltfestspielen der Jugend nach Warschau gefahren.

Ähnlichen Erfolg hatten wir mit Vorträgen über Charlie Chaplin. In der DDR liefen damals noch keine Filme dieses großen Mimen, aber der Filmvorführer des Klubhauses hatte einige Kurzfilme in Privatbesitz und bot uns an, diese zu zeigen. Wir verbanden die Filmvorführung mit einem Vortrag, den ein Dozent der Leipziger Kunsthochschule hielt.

Im Jahr 1954 tauchte ein Mann auf, der mir etwas Besonderes für das Klubhaus offerieren wollte. Es war Reginald Rudorff, und er bot uns seine Vorträge zum Thema »Jazz« an. Reginald Rudorff stammte aus einer Leipziger Ingenieursfamilie. Sein Vater hatte vor dem Krieg eine leitende Position bei Siemens. 1954 war Reginald 25 Jahre alt. Er hatte das Thomas-Gymnasium besucht, wurde nach dem Krieg Marxist, Mitglied der SED und studierte am Franz-Mehring-Institut Gesellschaftswissenschaften. Er machte sich auch seine eigenen Gedanken zu dem, was gelehrt wurde, und kam zu der Überzeugung, daß es doch erhebliche Widersprüche zwischen der Theorie des Marxismus

und der Praxis seiner Umsetzung gab. Später ist nach meinem Dafürhalten aus diesem kritischen Marxisten – wie er sich damals nannte – ein Konservativer geworden. Er ging dann in den Westen und wurde Redakteur bei der Bildzeitung.
Im Jahre 1954 verstand sich Reginald Rudorff jedoch noch als Marxist, und uns sagte er, daß er sich besonders intensiv mit der Entwicklung des Jazz beschäftige. Besonders die gesellschaftlichen Hintergründe, die zur Entstehung und zur Entwicklung des Jazz in den USA führten, hätten ihn dazu bewegt, tiefer in die Materie einzudringen. Zu diesen Zusammenhängen legte er uns folgende Theorie vor: In New Orleans im Süden der USA, der Geburtsstätte des Jazz, lebten die Farbigen unter diskriminierenden Umständen. Die Mehrheit von ihnen gehörte zum Negerproletariat. Die Farbigen waren die Träger des Jazz. Ihre Lieder sprachen von ihren Nöten. Ihre Musik war somit eine Musik eines großstädtischen Negerproletariats ...
Das kann man heute noch nachlesen in einer Arbeit von Reginald Rudorff. Uns gefiel diese Konzeption gut. Wir wußten, daß das Interesse der Jugend an Jazz und überhaupt an jeder Art von Tanzmusik, die aus dem Westen kam, sehr groß war. Wir kamen also überein, daß Rudorff zu diesen Themen im Klubhaus Vorträge halten sollte. Bevor es damit losgehen konnte, mußten wir uns natürlich mit dem Sekretariat der FDJ-Bezirksleitung konsultieren. Nach kurzem Hin und Her waren die Verantwortlichen damit einverstanden. Auf dem nächsten Programm des Klubhauses konnte man nun lesen, daß Reginald Rudorff zum Thema »Jazz in Chicago und Dixieland in New Orleans« sprechen wird. Der Reigen wurde am 16. Juni 1954 mit einem Diskussionsabend über die Entwicklung der modernen Tanzmusik eröffnet. Die Diskussionspartner für die Jugend waren der damalige Leiter des Rundfunktanzorchesters Leipzig, Kurt Henkels, und eben Reginald Rudorff. Wir hatten sofort ein volles Haus. Unter den Besuchern befand sich auch eine Reihe prominenter Künstler wie zum Beispiel der bekannte Schlagersänger Fred Frohberg. Schnell sprach sich in Leipzig herum, daß es im Jugendklubhaus in der Goethestraße interessante Vorträge zum Thema »Jazz« gab. Schon bald kamen mehr Besucher, als der größte Raum des Hauses fassen konnte. Oft standen noch über hundert Jugendliche auf der Straße und begehrten Einlaß. Wir

gründeten dann auch eine Interessengemeinschaft Jazz, und da der Saal immer zu voll war, überlegten wir, wie wir das Problem mit dem Raum lösen könnten. Zusammen mit Reginald Rudorff kamen wir auf den Gedanken, an den Zentralrat der FDJ, an Erich Honecker zu schreiben. In unserem Brief sprachen wir natürlich über das gesamte Spektrum unserer Aktivitäten in der Interessengemeinschaft, auch darüber, daß wir schon bis nach London und New York Verbindungen aufgenommen hatten. Das alles hat Erich Honecker offensichtlich überhaupt nicht gepaßt, und die Interessengemeinschaft wurde verboten. Ich war deswegen selbst noch in Berlin, aber bis zum Zimmer von Erich Honecker bin ich nicht vorgestoßen. 1955 wurde ich dann als Klubhausleiter abgelöst.

Herr Fips Fleischer: Nach dem Krieg arbeitete ich beim Amerikaner. Ich spielte in Clubs im bairischen Raum – war Zivilangestellter – und hatte mich beurlauben lassen, weil ich meine Familie besuchen wollte. Rolf Kühn – ein ausgezeichneter Musiker, der mir bis dahin nur vom Namen bekannt gewesen war – erzählte mir, daß Kurt Henkels, ein gebürtiger Solinger, den die Liebe in Leipzig festgehalten hatte, ein Tanzorchester aufbauen sollte. Der Sender Leipzig hatte ihn damit beauftragt. Ich hatte eigentlich keine Ambitionen, in Leipzig zu bleiben, wollte nur mal so zu Besuch kommen. Rolf agitierte mich aber: »Das macht doch Spaß: Rundfunktanzorchester und Big Band.« Und Spaß hat mir's schon gemacht – ich überlegte eine Weile, und dann bin ich endgültig nach Leipzig gekommen. Am 1. September 1947 haben wir angefangen. Henkels hat uns glücklicherweise sehr große Freiheit gelassen bei der Zusammenstellung des Orchesters. Er wies nicht an, sondern fragte: »Kennt ihr noch gute Leute, die zusammenpassen, die gut spielen können?« Ich war in der glücklichen Lage, daß ich viele Musiker kannte, die ich ihm dann vorgeschlagen habe und die nach einem Vorspiel engagiert wurden. Es waren alles begabte, gut ausgebildete Musiker, vom Krieg übriggebliebene, lebensfrohe Männer wie Walter Eichenberg, Werner Baumgart und andere.

Ich war bis 1957 als Schlagzeuger und als Solovibraphonist beim Sender Leipzig angestellt. Vibraphon habe ich hin und wieder auch beim Rundfunksinfonieorchester gespielt. Im Orchester bildeten sich

mit der Zeit Freundschaften; wir waren eine Band mit Spaß und viel Humor, was zum guten Musizieren unbedingt dazugehört. Wir haben uns gegenseitig geschätzt und geachtet.
Ich habe dann Ende der 40er Jahre geheiratet, hatte bald zwei Töchter; die kleine Familie zu ernähren war manchmal sehr schwierig. Zwar bekamen wir beim Sender die »Schwerarbeiterkarte« – knapp war's trotzdem. Hamstern fahren ging für uns Musiker schlecht, ein bißchen geschoben haben wir natürlich. Bei Veranstaltungen und Bällen bestellten wir zusätzliche Karten, die wir dann auf dem Schwarzmarkt eingetauscht haben gegen Damenstrümpfe oder andere Dinge. Aber ohne zu murren, was wohl jetzt undenkbar wäre, sind wir auch für sehr wenig aufgetreten: Einmal fuhren wir nach Delitzsch in die Süßwarenfabrik, die stellten Fondant, also Christbaumkringel her. Wir haben dort auf dem Ball gespielt und dafür Fondant bekommen, ein andermal gab's einen halben Zentner Kartoffeln für jeden.
Jeden Morgen gegen zehn Uhr war Probenbeginn im Rundfunk, Aufnahmen gab's in den ersten Jahren nicht, wir haben dienstags und donnerstags am Nachmittag live gesendet aus einem Raum im Zoologischen Garten. In den ersten Jahren haben wir mit Freude gejazzt, aber als die russische von der deutschen Intendanz abgelöst wurde, war unsere Musik plötzlich die vom Klassenfeind ...
Um auf dessen Kompositionen nicht angewiesen zu sein, wurde Anfang der 50er Jahre beim Sender ein Komponistenkollektiv gebildet. Dem Kollektiv gehörten an: Walter Eichenberg, Günter Oppenheimer, Helmut Henne, Rolf Kuhn, Heinz Oldersdorf, ich und andere. Wir bekamen den Auftrag zu Neukompositionen; von mir existieren über 200 eigene Stücke. Darunter sind welche, auf die ich wirklich stolz bin, die gut sind, aber die kennt kein Mensch. Auf einen Titel bin ich weniger stolz, weil er eher zufällig entstand. Die Schwimmer von Motor Gohlis-Nord sprachen mich auf einer Veranstaltung im Schwimmstadion an und wollten eine eigene Komposition, wie sie es damals von Esther Williams in amerikanischen Filmen gesehen hatten, so eine Art Wasserballett.
Es verging ein Jahr, ich hatte es fast vergessen, und im April darauf wurde ich plötzlich gefragt, ob die Komposition denn fertig sei. Auf die Schnelle hab ich ihnen etwas komponiert, ohne mir besondere

Mühe zu geben: den »Pinguin-Mambo«. Seltsamerweise ist ausgerechnet dieser Titel berühmt geworden.
»In der DDR geht's aufwärts, allen geht es besser, alle kriegen eine Wohnung – die positiven Dinge sollen in den Texten zu finden sein, Herr Fleischer, das wäre doch mal eine Aufgabe für Sie, nicht nur dieses Amizeug!« – so verlangten es unsere Vorgesetzten beim Funk. Alle 14 Tage stellten wir unsere Kompositionen nun im »Kollektiv« zur Diskussion. Ich habe damals für den Sender einen Rheinländer geschrieben, zwar liegt der Rhein auch beim Klassenfeind, aber der Rhein war deutsch, darum akzeptiert. Ich wurde dann gefragt, ob es auch einen Text gebe – aber natürlich. »Und beinhaltet der auch die Merkmale sozialistischen Lebens?« – Ich sagte: »Natürlich.« Ich hatte den folgenden Text geschrieben: »Der Willibald, der Willibald, / der liebt seine Trine / so sehr wie seine Zementmischmaschine. / Wenn der Willibald zu seiner Nachtschicht geht, / steht die Trine in der Ecke mit dem Butterbrotpaket. / Am Belag der Brote merkt man es genau, / die Trine wird bald seine Frau ...« Da gab's ja nun nichts auszusetzen. Der Text muß den Zensoren dann doch peinlich gewesen sein, und so sollte ich einen Titel einspielen, die »Rosalinde«, den sie vorher untersagt hatten, und ich zog den Rheinländer zurück.
Trotz all der Schwierigkeiten, wir haben nicht geschimpft und nicht gemurrt, wir haben es mit Humor hingenommen. Es wurde uns aber bei der Arbeit immer mehr bewußt, daß die Kommunisten nicht die Gebildetsten waren. Wir haben es mit Fassung getragen. Für eine Nacht hab ich mal im Knast gesessen, es muß in Staßfurt gewesen sein, weil ich mit Günter Oppenheimer einen Boogie im Hotel gespielt hatte. Natürlich kam mir in solchen Situationen der Gedanke, wieder in die BRD zu gehen, aber aus mehreren Gründen habe ich das verworfen. Meine Familie lebte hier, ich hänge an Leipzig und an Sachsen überhaupt – ich bin hier aufgewachsen. Und die Atmosphäre in Leipzig war eine ganz besondere. Es ging uns ja auch nicht schlecht, gut, wir haben ein bißchen gehungert.
Zehn Jahre habe ich unter Kurt Henkels gespielt. Dann fiel er in Ungnade, angeblich sei er ein Feind des Sozialismus. Es gab ein großes Palaver mit dem Orchester, dem Vorstand und den Funktionären. Nach langem Hin und Her – Henkel war nicht dabei – schlug mich die

Band einstimmig als seinen Nachfolger vor. Auch hinter den Kulissen war offenbar darüber geredet worden, denn der Intendant Kirschneck bestellte mich tags darauf in sein Büro: »Lieber Kollege Fleischer, nach Lage der Dinge möchte ich Ihnen ein Angebot machen, das Sie wohl nicht ablehnen können. Wir meinen, daß Sie ein ausgezeichneter Leiter des Rundfunk-Tanzorchesters des Staatlichen Rundfunk-Komitees des Senders Leipzig wären.« Ich war gerade 33 Jahre alt und fühlte mich natürlich geschmeichelt, vor allem weil das Orchester einstimmig für mich votiert hatte. Mir schwirrten tausend Gedanken durch den Kopf, und ein paar davon machten mir auch ein bißchen Angst. »Wie Sie wissen, lieber Herr Kirschneck, habe ich das Orchester mitgegründet, und viele Musiker sind meine Freunde, ich habe über neun Jahre getrommelt, gelacht und geweint und bin für viele Gags und Showeinlagen gut gewesen. Und nun soll ich der Chef werden? Ich glaube, das geht nicht gut. Fachlich traue ich mir die Chose durchaus zu, in den letzten Jahren habe ich schließlich viele Proben geleitet. Aber nach Henkels, dieser Respektsperson, kriege ich sicherlich sehr lange keinen Fuß auf die Erde.« Kirschneck verlegte sich aufs Argumentieren, dann aufs gute Zureden, um schließlich wieder von vorne zu beginnen. Ich blieb hart, bedankte mich artig, begründete noch einmal meine Ablehnung. Und dann kündigte ich. Kirschneck war perplex. »Mann, wollen Sie Ihren Sondervertrag mit unserem Haus so mir nichts, dir nichts aufgeben?« Das ganze Hin und Her machte mir deutlich, daß mich der Intendant wie auch das Orchester für alt und erfahren genug hielten, diesen Job zu meistern. Ich aber fragte mich, ob ich nicht ähnlich wie Kurt Henkels an den inkompetenten SED-Schranzen mit ihrem kruden Musikgeschmack verzweifeln und letztlich scheitern mußte. Da war mir klar, daß ich in eigener Regie, mit eigenen Leuten und außerhalb des Senders und dieser ganzen Mischpoke arbeiten mußte. Wir einigten uns. Unter der Voraussetzung, daß ich keinen einzigen Musiker mit in meine Band nehme, konnte ich, falls ich mit meinem neuen Unternehmen auf die Nase fallen würde, wieder zum Sender zurückkehren.

Meiner Frau war das alles nicht so klar, schließlich hatten wir mittlerweile zwei Töchter, und sie fragte sich, wovon nun der Lebensunterhalt für uns vier bestritten werden sollte. »Hanns, weißt du, was du tust?« –

Fips Fleischer und seine Musiker

»Uschi, ich kann es mit diesen Polithanseln nicht! Die halten ja beinahe jeden Six-eight für entartete Kunst und lieben geistlose und schwülstige Texte! Ich will eine Band, die anders ist, die Swing, Drive und Feeling hat, ich will Spaß dabei haben, Gags bringen, die Leute fröhlich und niveauvoll unterhalten, so etwa eine Mischung aus Henkels und meiner Armyband von 1945 bei den Amerikanern in Bayern.« Meine Töchter schauten mich mit großen Augen an: »Ist Papi jetzt nicht mehr Musiker beim Radio? Ziehen wir jetzt weg?« – »Der Papi spielt noch Schlagzeug, aber nicht beim Radio, sondern er macht seine eigene Band auf. Und wir ziehen auch nicht weg.« Das letzte hat sie am meisten beruhigt. Meine Frau brachte die ganze Diskussion schließlich auf den Punkt: »Wann fängst du an, deine Band zusammenzustellen?« Das war typisch für sie. Sie kannte die verfahrene Situation, in der die Musiker steckten, und sie wußte auch, daß es nun für mich keinen anderen Ausweg gab, es sei denn, wir würden unser Rückgrat gleich bei der Parteileitung abgeben. Auch später war sie als Chefin unserer »kleinen Fleischerei« da, für ein Leben neben der Band, für ihre Kinder, Freunde, Eltern und so weiter. Dieses Leben, das meine und das gemeinsame, das mußte organisiert und auf die Reihe gebracht werden. Also fragte sie: »Wann fängst du an, deine Band zusammenzustellen?« Ich weiß nicht, ob ich den Schritt in die Selbständigkeit ohne sie gewagt hätte.

Als ich also im Dezember 1956 kündigte, schieden Kurt Henkels und ich als Freunde. Er, der gut zehn Jahre Ältere, verstand mich: »Ich habe auch mal klein angefangen, Fips. Wird schon schiefgehen!«

Im Frühjahr 1957 stand meine Band. »Fips macht 'ne Band auf!« – das hatte sich wie ein Lauffeuer herumgesprochen, es ging alles ganz fix. Die Interessenten und potentiellen Bandmitglieder hatten sich in einem Leipziger Gartenlokal getroffen, und dort jazzten wir nach und nach die Spreu vom Weizen. Nach 14 Tagen hatte ich dann meine Jungs aus echtem Schrot und Korn zusammen. Manfred Pieper (Piano), Poldi Lämmel (Baß, später Eberhard »Igel« Leibling), Erich Röner (Drums), Harry Gabriel, Werner Pfüller, Rudi Herold (alle Trompete), Horst Schmidt und Hubert Katzenbeißer (Posaune) sowie die Saxophone Hans Werft, Horst Geipel, Heinz Köhler, Walter Heller, Günter »Teddy« Tröger und ich als Sänger und Vibraphonist. Es fehlte eigentlich nur noch eine adäquate Beschäftigung für uns.

Wo ich mich auch in unserem »Arbeiter-und-Bauern-Staat« umschaute, es sah nicht gut aus. Die Trends wurden im Westen gemacht, und sie prägten auch, was die Menschen in unserem Land gut, schön und erstrebenswert fanden. Ich sagte mir: Wenn der Westen und alles, was von da kommt, als so gut und erstrebenswert gilt, dann liegst du, wenn du auf diesen Zug nicht aufspringst – zumindest trendmäßig –, falsch! Dieser Einsicht konnte ich mich, als Oberhaupt einer Familie und einer Band, nicht verschließen, das wäre einfach verantwortungslos und dumm gewesen. Im Osten gab es ja noch die Henkels-Band, die nach 1959 von Walter Eichenberg geleitet wurde, in Ost-Berlin das Rundfunk-Tanzorchester von Günther Gollasch und schließlich Günther Hörigs »Dresdner Tanzsymphoniker«. Mit diesen Bands teilten wir uns den konzertanten Kuchen in unserem kleinen Lande auf. Daß dieser Trend als »American way of life« letztendlich die ganze Welt erfassen und sich gegen alle anderen Weltanschauungen, Systeme, Mauern, eisernen Vorhänge durchsetzen und alles plattmachen würde, ahnten wir nicht. Tendenzen sind eben doch geistige Windrichtungen, und wer hängt nicht schon mal sein Mäntelchen in den Wind. Nur zum Lüften, versteht sich.

Die lassen wir mal auflaufen

Herr Schulze: Wir haben uns in den 50er Jahren überhaupt nicht um Politik gekümmert. Wir waren ja alle sehr jung und haben ein Studentenleben geführt. Wir kannten alle Studentengaststätten, alle Ballsäle, Kurt Henkels und alle anderen Kapellen, und wir kannten viele Mädchen. Wir haben mit Lebensmittelmarken hantiert. Wir haben versucht, unser niedriges Budget etwas aufzubessern. Wir sind bei sämtlichen konfessionellen Gemeinden gewesen, wo es diese Lebensmittelpakete gab, von den Adventisten bis zu den Mormonen. Wir haben natürlich mitgeschoben, wie es so üblich war. Es gab ja noch diese Kleiderpunkte, und es war sehr unangenehm, wenn der Professor sagte: »Ich will Sie im dunklen Anzug sehen.« Das war eine Situation, die für einen Studenten in der damaligen Zeit echt schwierig war, da mußte man immer aus »Wenig« eben »Viel« machen. Über die sogenannten großen politischen Themen haben wir nicht gesprochen. Wir haben natürlich gewußt, daß die Amerikaner die Atombomben auf Japan geworfen hatten und daß die Sowjetunion nun auch welche besaß, daß es also ein großes Patt gab, und wir fragten uns, was da noch passieren solle, wenn beide dieselbe große Stärke besitzen. Das war bei uns nur ein Randthema. Unsere Themen waren, wie wir am besten über die Runden kommen, was nach dem Studium wird, wo es im Raum Leipzig Arbeitsplätze gibt.

Wir debattierten auch mit unseren Professoren, die waren ja damals noch nicht auf dem Weg zum Sozialismus. Wir diskutierten mit ihnen, warum die Studentenvertretung unbedingt die FDJ sein mußte und nicht unsere gewählten Leute oder warum Menschen in die Wismut geschickt und dort bis zum letzten ausgenutzt wurden. Wir sprachen miteinander über die Sendungen von BBC London, die in der DDR immer so schlechtgemacht wurden, und wir regten uns darüber auf, daß da junge Leute mit Druck zur Kasernierten Volkspolizei geworben wurden. Unsere Themen waren das Leipziger Hochwasser und wie man es ausnutzen kann, um einmal wieder beim Aufbau ein paar Pfennige dazuverdienen zu können.
Es war trotzdem eine Zeit des Aufbruchs. Wir sind mit Begeisterung in die Vorlesungen zu Ernst Bloch oder Hans Mayer gegangen. Der Hörsaal war voll, und die Leute standen. Wir haben aber auch sehr seltsame Sachen erlebt. Einmal wurde unsere gesamte Fakultät zusammengerufen, und wir bekamen alle Eintrittsformulare für die GST. Aber kein Mensch im Hörsaal rührte sich. Da wurde dann gesagt: Wenn sich niemand meldet, nehmen wir an, daß ihr alle einverstanden seid. Ihr seid hiermit in die GST aufgenommen. Das war 1952. Aber es ist keinem etwas passiert, wir sind nicht hingegangen, und das war's. Ich weiß auch noch, wie ich gegen die Einführung des Russischunterrichts protestiert habe, aber als ich das erste Mal in der Sowjetunion war, habe ich mich geärgert, daß ich als Student nicht Russisch gelernt hatte. Als wir damals protestierten, hieß es: Das müßt ihr nur ein Vierteljahr machen, dann schreibt ihr ein paar Sätze. So kam es auch, und ich bekam eine Eins. Bei der Politischen Ökonomie ist es bei uns auch so gelaufen. Der Hörsaal war immer leer. Dann wurden Anwesenheitslisten angefertigt, das half aber auch nichts. Wir sind dann in die Prüfung gegangen und mußten auf zehn vorgedruckte Fragen zur Politischen Ökonomie antworten. Jeder wußte schon vorher, was es für Fragen waren. Das waren damals unsere Staatsexamen-Zwischenprüfungen in Politischer Ökonomie. Für uns war das also eine unpolitische Zeit. Sehr viele rückten nach Westdeutschland ab, und uns hat keiner irgendwelche Steine in den Weg gelegt oder irgendwelche Zwangsmaßnahmen gegen uns angewendet. Wir haben unsere Arbeit gemacht, wir haben versucht, gute Arbeit zu leisten, und das war alles.

Herr Kramer : Ich erinnere mich, wie der Staat damals versuchte, den Marxismus-Leninismus unter die Bevölkerung zu bringen. Es wurden Aufklärungslokale der Nationalen Front eröffnet, und dort gab es harte Diskussionen. Auf dem Leipziger Hauptbahnhof war so ein Aufklärungslokal oder auch in der Karl-Liebknecht-Straße; das Gebäude gibt es ja heute noch, da ist ja nun die naTo drin. Wir als Studenten sind damals dorthin gegangen und sagten uns: »Na die lassen wir mal auflaufen.« Da wurde dann ziemlich hart diskutiert, aber fair. Daß da irgend jemand eingesperrt wurde oder daß die Stasi gekommen ist, das gab es nicht.

Herr Rabe: Ich habe von 1953 bis 1959 in Dresden studiert. Im Frühjahr 1958 hatten wir die letzte Vorlesung, und so ein freudiges Ereignis wurde mit einem kleinen Marsch durch Dresden gefeiert. Die ganze Fakultät Maschinenbau mit über 100 Studenten, zum Teil kostümiert mit Frack und Zylinder, marschierte also von der Hochschule über den Postplatz. Dort gab es damals neben der Annenkirche noch eine Gaststätte namens »Mühle«, in die wir einkehrten, am Nachmittag sind wir in die »Kaskade« gezogen, und am Elbufer haben wir den Tag beendet und den Morgen begrüßt. Wir hatten uns an diesem Tag also von den Professoren verabschiedet und waren vom Alltag etwas abgehoben. Deswegen ist uns auch völlig entgangen, daß gerade an diesem Tag der Staat eine große Aktion durchführte, nämlich die Abschaffung der Lebensmittelmarken. In der Presse wurde bekanntgegeben, was von nun an zum Beispiel ein Stück Butter und die anderen Produkte kosten würden. Vorher konnte man markenfrei ja nur nach HO-Preisen kaufen. Die waren anfangs deutlich höher, wurden dann schrittweise gesenkt – und nun fand man also zwischen dem Preis, den die bis dahin rationierte Ware kostete, und den HO-Preisen so ein Zwischending, das allgemein bezahlbar war. Mit der Abschaffung der Marken erhöhten sich also die Lebensmittelpreise ein bißchen. Wir haben davon überhaupt nichts mitbekommen und sind mit unseren Losungen durch die Stadt gezogen. Da hieß es zum Beispiel: »Wer noch keine Vier gefangen, hat nach keiner Frau Verlangen!« oder »Oft gestolpert, nie gefallen!« oder eben »10 Semester Mensa und trotzdem noch nicht impotent!«, also all solche studentischen Losungen, die sehr

Studentenbude in Dresden

gesellig und noch tragbar waren. Wir hatten auch noch eine andere Losung. Weil nämlich zu dieser Zeit der Preis für das Mensaessen von 50 Pfennig auf 60 Pfennig erhöht wurde, trugen wir die Losung: »Haltet die Preise, keiner soll hungern!« Das war auf die Mensa bezogen, nicht auf die Abschaffung der Lebensmittelkarten. Wir hatten also unseren Spaß, aber am nächsten Tag mußten wir zum Parteisekretariat und zum Dekan der Fakultät. Man wollte wissen, wer diese eine Losung erdacht und geschrieben hatte und wer sie an die Massen bringen wollte. Wir wußten gar nicht, was los ist. Die wollten eine Person ausfindig machen, die gegen die Staatsmaßnahmen vorgehen und uns Studenten dazu benutzen wollte. Das ging noch längere Zeit. Da waren dann besonders die Seminargruppensekretäre, die FDJ-Sekretäre und die Mitglieder der Partei gefordert. Unser Professor, der uns betreute, sagte: »Wie konntet ihr das nur tun! Das hat es noch nie gegeben, daß man die Regierung kritisiert! Hättet ihr doch lieber uns Professoren kritisiert.« Zum Glück löste sich aber dann alles auf. Einer von uns Studenten haute ab nach West-Berlin an die Freie Universität – und da atmeten sie alle auf: Ja, das war der Übeltäter! Und dann waren alle zufrieden.

In den Semesterferien fuhren die Studenten oft nach Mecklenburg in die Ernte. Landeinsätze waren für die Studenten in der Regel ein großer Spaß. In den meisten Fällen waren sie mit einer guten Ernährung verbunden. Ich erinnere mich noch, als ich das erste Mal von der Oberschule aus zur Kartoffelernte auf einem Volksgut war, bekam dort jeder wöchentlich ein ganzes Stück Butter. Da fühlten wir uns wie im siebten Himmel. Zu Hause gab es so etwas nicht. Nun, als wir als Studenten wieder in die Kartoffeln fahren sollten, herrschte gute Stimmung, wir hatten einen Sonderzug, und den hatten wir mit schönen Losungen beschrieben: »Verzichtet auf die Liebe – fahrt in die Rote Rübe!« oder »Jede Rübe ein Schlag ins Gesicht der Klassenfeinde!« oder »Jede Rübe ein Meilenstein auf dem Weg zum Sozialismus!« oder »Vorwärts im Kampf um die verlustlose Rübenbergung!« oder »Hurra, auf in die Rüben!«. Mit diesen Losungen fuhren wir durchs Land und erregten viel Aufsehen. In Berlin fuhr dann unser Zug in einen Güterbahnhof ein, und da kam die Polizei und wusch die Losungen ab.

Roter Stern auf dem Klosterturm

Herr Bürger: Meine erste Stelle als Lehrer bekam ich 1955 in Roßleben. Das war eine alte, große Klosterschule mit Internat und einem weitläufigen Gelände mit Park. Es war eine »Erweiterte Oberschule mit erweitertem Russischunterricht«, und wer dort begann, hatte sich bis dahin als besonders gut und lernwillig gezeigt. Die Schüler kamen aus den Bezirken Halle, Leipzig, Magdeburg und Karl-Marx-Stadt, und es waren wirklich hervorragende Leute.

Erst wohnte ich im Dorf, aber nach ein paar Wochen wurden im Internat zwei Zimmer frei, da zog ich um. Das war eine sehr schöne Wohnung. Sie war mit alten Möbeln, die man im Internat übrig hatte, hergerichtet. Es standen ein altes Sofa darin, ein ovaler Tisch mit einem gedrechselten Mittelfuß, ein Schreibtisch, ein paar altertümliche Stühle, ein Bücherregal und ein Glasschränkchen. Die Möbel erfüllten ihren Zweck, und das reichte, um Ästhetik ging es damals nicht.

Von der Ausbildung war ich Deutschlehrer, aber ich mußte zusätzlich noch Geschichte und Staatsbürgerkunde lehren. In der Schule hatte

ich kaum Geschichtsunterricht gehabt, man wußte nach dem Krieg wahrscheinlich nicht, wie und was man lehren sollte. Kurz vor dem Abi lernte ich den roten Faden der Geschichte der Arbeiterbewegung kennen, und darüber wurden wir auch geprüft. Also von Geschichte hatte ich keine Ahnung. Aber der Lehrplan schrieb vor, daß eine genau definierte Stundenzahl beispielsweise über Karl den Großen gegeben werden mußte. Das war 1955. Zum Glück waren die politischen Rahmenbedingungen nun klar, es gab auch Lehrbücher, insofern war alles in Ordnung. Nur, daß ich eben in meinem Studium nie etwas davon gehört hatte, denn ich hatte ja Germanistik und nicht Geschichte studiert. Also ging ich in die Kloster-Bibliothek, da stand die große Weltgeschichte von Leopold Ranke, und ein dicker Band davon befaßte sich mit Karl dem Großen. Erst einmal habe ich es mit dieser Schwarte probiert. Aber 500 Seiten über Karl den Großen nützten mir nichts, denn ich mußte schon in den nächsten Tagen über Karl den Großen sprechen. Ich brauchte Kurzfassungen. Es blieb nichts anderes übrig, als das Lehrbuch richtig durchzuarbeiten und die Lektionen wie im Lehrbuch zu geben. Als junger Lehrer war ich also den Schülern immer nur einige Stunden voraus. Ich mußte mir ja erst einmal das Wissen aneignen, und das holte ich mir meistens aus dem Lehrbuch der Schüler. Und dann mußte ich mir die Stunde ausarbeiten und einpauken, wie ich das gestalten wollte.
Wir Lehrer haben dann verschiedene Lehrbücher genommen und daraus Geschichte gelernt. Ich habe das Geschichtslehrprogramm von der neunten bis zur zwölften Klasse durchgearbeitet. Als ich einmal durch war, hatte ich wenigstens einen Überblick. Im nächsten Jahr kam dann die Vertiefung. Und so bin ich mehrmals durch die Geschichte gegangen – von der Urgemeinschaft bis zur Gegenwart. Die Lehrbücher waren gut. Im Laufe der Zeit kamen immer mehr Bücher dazu.
Im ersten Jahr haben wir jungen Lehrer gemeinsam die ganzen Nachmittage zusammengesessen und die Stunden ausgearbeitet. Manchmal sind wir früh um vier aufgestanden und haben uns das angeeignet, was wir da vortragen wollten. Es kam ja noch hinzu, daß ich in Deutsch, meinem eigentlichen Fach, auch noch vieles lernen und vieles lesen mußte. Es war eine harte Arbeit. In Deutsch mußte ich jährlich sechs Aufsätze schreiben lassen. Das war eine zeitraubende

Abiturklasse der Goethe-Schule in Roßleben, 1957

Angelegenheit! Ich hatte ja mehrere Klassen. Die Aufsatzthemen orientierten sich am Literaturunterricht, es sollte die Entwicklung von bestimmten Figuren der klassischen Dramen oder die Konfliktdarstellung diskutiert werden, oder es waren freie Aufsätze über Zitate, wie zum Beispiel das von Schiller: »Es kann der Frömmste nicht in Frieden leben, wenn es dem bösen Nachbarn nicht gefällt«. Weihnachtsferien ohne Aufsatzkorrekturen kannte ich überhaupt nicht. Wenn die Weihnachtsferien begannen, legte ich mir immer fest, an welchem Tag ich wieviel Aufsätze schaffen mußte. Auch in den anderen Ferien gab es immer diese Masse an Korrekturen, mit Ausnahme der Sommerferien, da war das Schuljahr vorbei.

Der Staatsbürgerkundeunterricht war eher so eine Art Gegenwartskunde, das Fach hieß damals auch Gesellschaftskunde. Da standen der Staatsaufbau, die Partei und so ein Kram im Mittelpunkt, es mußte über Politik gesprochen werden. Das wurde von allen ein bißchen abgelehnt. Aber es mußte gemacht werden. Sicherlich gab's auch Lehrer, die nun ihren Frust oder ihre Unsicherheit an den Schülern, die obendrein vielleicht auch noch »dumme Fragen« stellten, ausließen. Ich habe mit meinen Schülern in dieser Beziehung ein Arrangement gefunden.

Aber es gab auch andere Seiten. Als Fasching war, feierten wir natürlich zusammen mit den Schülern, und am nächsten Tag dachten wir Lehrer uns, machen wir im Unterricht noch so ein bißchen Faschingsquatsch. Aber der Schulrat wollte uns genau an diesem Tag nach dem Fasching auf die Finger sehen. Wir hatten zusammen mit den Schülern bis nachts um zwei, drei gefeiert – und am Morgen stand plötzlich der Schulrat im Lehrerzimmer und wollte eine Geschichtsstunde bei mir sehen. Da bin ich in die Klasse gerannt und habe gesagt: »Der Schulrat kommt, wir machen die Stunde von gestern noch mal.« Das hat gut geklappt, die Schüler arbeiteten schön mit und meldeten sich. Das war eine lebhafte Stunde, wie er sie sehen wollte. Bei anderen jungen Kollegen lief es nicht so gut. Jahre später sagte der Schulrat zu einem Lehrer, bei dem er damals hospitiert hatte: »Du glaubst doch wohl nicht, daß ich nicht gesehen hätte, wie besoffen du noch warst. Du hast ja nur am Fenster gestanden und nach Luft geschnappt.«

Ich war 24 Jahre alt, als ich dort anfing, meine Schüler waren 14 bis 18 Jahre alt. Man bekam als junger Lehrer also eine neunte Klasse und ging mit denen zusammen vier Jahre bis zum Abitur hoch. Mit vielen Schülerinnen und Schülern haben sich enge Bindungen herausgebildet, mit einigen habe ich heute, nach 45 Jahren, immer noch Kontakt. Unser Anfangsgehalt lag bei 480 Mark, eine Kollegin, die im gleichen Jahr wie ich begann, bekam 450 Mark, das lag vielleicht daran, daß sie nur drei und ich vier Jahre studiert hatte. Das Lehrergehalt war in der Relation gering, ein Arzt verdiente zu dieser Zeit 1000 Mark, ein Offizier 800. Lehrer waren schlecht bezahlt, und ihr Image war daher auch nicht so gut.

Unser Kollegium war recht heterogen. Es gab einen Stamm alter Lehrer, deren Alter so zwischen 50 und 60 Jahren lag, und einen Stamm sehr junger Lehrer, so wie wir. Dazwischen gab es nur wenige, das war die Generation, die im Krieg geblieben oder in den Westen gegangen ist. Manche von den alten Lehrern waren schon in der Nazi-Zeit an der Schule, wie zum Beispiel Dr. Cremer. Er war Lehrer für Latein, Griechisch und Religion, das verkündete seine Gattin immer mit stolzer Brust. Das richtete sich gegen uns junge Lehrer, die wir nur in einem Fach ausgebildet waren. Cremer ist übernommen worden, andere wurden von anderen Schulen nach Roßleben versetzt. Zu uns jungen

Lehrern kamen ständig neue, noch jüngere Lehrer hinzu. Wir waren nun die neue Generation und lebten eigentlich unseren Stil und hatten mit den Alten wenig zu tun. Wir haben uns zwar bemüht, ihnen gegenüber die Höflichkeitsformen zu wahren – »Eine schöne Empfehlung an die gnädige Frau Gemahlin« und ähnliche Floskeln, die dort Usus waren –, aber es gab kaum engere Beziehungen. Diese alten Lehrer waren Fachleute, sehr gute, sie wollten ihre Arbeit machen und ansonsten in Ruhe gelassen werden. Einige der Alten sind in die SED gegangen, andere nicht, und wieder andere, wie Cremer, waren in der LDPD, jeder von den alten Lehrern hat versucht, ein bißchen Engagement zu zeigen, und so sind sie über die Runden gekommen.
Der Direktor, der uns noch eingestellt hatte, wurde bald abgelöst, und für ihn wurde ein neuer eingesetzt. Kesch, so hieß der neue Direktor, war von der Ausbildung her Pionierleiter, also kein pädagogischer Fachmann, sondern ein politischer Leiter. Er sollte die Klosterschule nun im Sinne der Partei führen und neuen Geist in die Schule bringen. Seine pädagogischen Maßnahmen waren jedoch völlig unsinnig, und deswegen gab es von Anfang an Schwierigkeiten zwischen Kesch und der Parteileitung wie auch den Lehrern. Ich habe nur eine Episode in Erinnerung. Kesch wollte auf dem Glockenturm der Klosterschule einen beleuchteten roten Sowjetstern anbringen lassen. Die Schule lag direkt an der Unstrut. Am anderen Ende des Unstruttales, so etwa fünf Kilometer Luftlinie entfernt, war die Finne, ein langgezogener bewaldeter Mittelgebirgsrücken. Die Finne war Sperrgebiet, denn dort waren sowjetische Panzereinheiten stationiert. Und Kesch wollte nun, daß die sowjetischen Klassengenossen jeden Abend den großen, beleuchteten Sowjetstern von der Schule herüberleuchten sehen – eine ziemlich blöde Idee. Der Stern war auch schon gezimmert, er stand im Flur des Rektorats. Den haben wir immer gesehen, und da waren wir uns alle einig, daß wir den nicht auf dem Dach haben wollten. Auch die Parteileitung der Schule wollte das nicht. Nun ging es aber darum, zu argumentieren. Man konnte ja nicht sagen, daß man keinen Sowjetstern auf der Schule haben wollte oder gegen Sowjetsterne sei. Der Parteisekretär Liebermann sagte also: »So ein Stern ist, auch bei den sowjetischen Genossen, eine riesengroße Auszeichnung – aber wir sind noch nicht so weit, daß wir dieser

Der Sowjetstern, der vom Turm leuchten sollte, stand schon im Zimmer des Direktors

Auszeichnung würdig sind.« Sicherlich waren auch ein paar Leute von der SED-Kreisleitung gegen den Stern. Der Stern kam also nicht auf den Turm, und die Parteileitung und der Direktor waren seit dieser Sache schon etwas konträr. Daß Kesch völlig unfähig war, das war allen schon nach einem Vierteljahr klar. Er hatte kein fachliches Wissen und auch sonst nichts drauf, er konnte nicht argumentieren, sondern konnte nur die Floskeln und die Parolen runterbeten. Und dann hatte er noch eine Eigenart an sich, die sehr unangenehm war. Er holte sich einige Schüler ran und horchte sie gegen die Lehrer aus. Er war also ein Spitzeltyp. Natürlich hat sich das bald herumgesprochen. Wir wußten also genau, mit welchen Schülern er sprach und was sie ihm alles ausgeplaudert hatten. Die Parteileitung griff ihn deswegen an und warf ihm vor, daß sein Verhalten nicht parteigemäß und nicht mit der Offenheit in der Partei zu vereinbaren ist. Ich war damals noch nicht in der Partei, ich kenne das nur aus zweiter Hand. Aber es hat uns alle beschäftigt, weil die Schule unter Kesch auch nicht mehr gut lief. Wahrscheinlich konnte Liebermann auch in der SED-Kreisleitung deutlich machen, daß Kesch den Aufgaben in Roßleben nicht gewachsen war, so daß er nach acht Monaten abgelöst und sein Stellvertreter Igel als Direktor eingesetzt wurde. Mit Igel als Direktor und Liebermann als Stellvertreter und Parteisekretär lief der Laden sehr gut. Sie führten die Schule gut durch die unruhigen Zeiten. Liebermann hatte viel Renommee, der war ein ausgezeichneter Lehrer, ein guter Rhetoriker, und er wurde oft auch zu Veranstaltungen in die Kreisstadt geholt.

An der Schule gab es auch einen hauptamtlichen FDJ-Sekretär. Das war ein ehemaliger Schmied namens Georg Quermann. Dieser junge Mann hatte es aufgrund seiner Herkunft auch nicht einfach. In der Mensa, wo Lehrer und Schüler gemeinsam aßen, zeigte sich, daß er es nicht gewohnt war, mit Messer und Gabel zu essen. Die Schüler tuschelten. Ein paar von den Schülerinnen schenkten ihm dann Messer und Gabel, damit er lerne, damit zu essen. Das fanden wir ziemlich anmaßend von diesen Töchtern. Aber Quermann hat sich zu einem ganz starken politischen Leiter entwickelt, er hat die besten Schüler, die nun seine FDJ-Funktionäre waren, auf seine Seite gebracht und mit ihnen politisch gearbeitet. Er wollte ihr politisches Bewußtsein stärken, er wollte sie als politische Schüler- oder Klassenvertreter aufbauen. Die Schüler sollten den Lehrern gegenüber einen Standpunkt vertreten können: »Herr Meier, wie Sie das machen, das gefällt uns nicht. Ihr Unterricht muß interessanter werden.« Und er horchte die Schüler auch über die Lehrer aus. Schüler reden natürlich über ihre

Lehrer und über das, was in den Stunden so los war und was sich im Internat so tat. Auch da hatte er Einfluß. Und über die politischen Standpunkte in den einzelnen Klassen wußte er natürlich über seine FDJ-Sekretäre Bescheid. Zudem war er als FDJ-Sekretär auch Mitglied der Schul-Parteileitung, wo er seine Positionen vertreten konnte. Ich merkte, vor Georg Quermann hatten sie alle ein bißchen Bammel. Der lebte mit den Schülern zusammen, nicht mit den Lehrern. Man mußte also alles in allem Respekt haben vor ihm und der Macht, die er darstellte. Er setzte über diese FDJ-Linie die offizielle Schulpolitik mit durch. Er war nur wenig älter als die Schüler und verkehrte mit ihnen wie mit seinesgleichen, ging mit ihnen in die Kneipe, war immer mit ihnen zusammen. Quermann war ein lustiger Mensch. Er hat viel gelernt an dieser Schule. Er kam unbedarft dorthin und ging nach seiner Zeit als hauptamtlicher FDJ-Sekretär nach Leipzig, studierte und promovierte. Er hat eine ehemalige Schülerin von uns geheiratet, deren Vater ein hoher Funktionär war. Viele der hohen Funktionäre schickten ihre Kinder nach Roßleben, denn die Schule hatte einen Ruf.

In meiner zweiten Klasse, ich übernahm sie 1959, nachdem ich meine erste bis zum Abitur geführt hatte, waren auch Söhne von Funktionären. Einige von ihnen waren ganz schöne Rabauken. Die sind in die Aula eingestiegen, dort stand eine tolle Orgel, und die war Kircheneigentum. Sie nahmen die großen Orgelpfeifen heraus, stellten sich auf den Fluren in die Fenster und tuteten in den Innenhof. Bei diesem Streich wurde an der Orgel großer Schaden angerichtet. Die Jungs wurden natürlich von der Schulleitung bestraft. Einer von ihnen war der Sohn eines stellvertretenden Ministers. Der Vater hat uns vielleicht Dampf gemacht. Ich kleines Würstchen, ich war noch nicht mal in der Partei, wurde nach Halle zu den Eltern zitiert. Die hielten mir vor, daß nicht die Schüler schuld seien, sondern die Lehrer und die Schule, weil sie die Schüler nicht sinnvoll beschäftigen und im Internat keine Möglichkeiten für eine interessante Freizeitbeschäftigung bestünden. Wenn die Schüler Musik machen wollten, dann müßten sie halt Musikinstrumente bekommen und eine Band müßte aufgemacht werden. Das habe ich alles übergebraten bekommen. Also kaufte die Schule Musikinstrumente. Die unterbeschäftigten Schüler wurden in eine

Band gesteckt, weil sie doch so gerne Musik machen wollten. – Und was war? Nichts haben sie zustande gebracht. Sie haben ein bißchen geübt, und dann lagen die Musikinstrumente wieder herum.

Daß ich studierte, verdanke ich einer Tochter aus gutem Hause

Biographische Erzählung von Herrn Irmscher: Im Jahr 1951 beendete ich die achte Klasse in Meerane. Seit diesem Jahr mußten alle Schüler, die am Ende der Achten durchfielen, das Jahr noch einmal wiederholen. Bis dahin wurden sie auch ohne den Achtklassenabschluß aus der Schule geschickt. Ich weiß das noch, weil ich mir auch nicht ganz sicher war, ob ich es schaffen würde. In Deutsch, Literatur und Geschichte war ich ja gut, das hat mich interessiert, aber für Mathe und die Naturwissenschaften traf das nicht zu. Meine Einsen in den guten Fächern haben mich dann rausgerissen, und weil ich in einem Schwerpunktbetrieb in Meerane als Lehrling anfangen konnte, drückten sie in der Schule beide Augen zu und ließen mich nicht durchfallen. An meine Lehrer erinnere ich mich gut. Herr Naumann war ein ehemaliger SA-Führer, aber er hat sich offensichtlich nichts zuschulden kommen lassen und konnte so noch im Schuldienst bleiben. Für meine Begriffe war er ein ausgezeichneter Klassenlehrer. Bei ihm hatte ich Deutsch. Dann hatte ich einen Neulehrer, der hieß Clemens, er gab Geschichte und war ein phantastischer Mensch. Die beiden waren die einzigen, die uns sogenannte »Arme-Leute-Kinder« gegenüber den Fabrikantenkindern in Schutz genommen haben. Die Fabrikantenkinder waren in meiner Klasse in der Überzahl, Meerane war eine typische Textilarbeiterstadt mit vielen Fabriken. Da gab es richtige Textilfabrikanten-Dynastien, und deren Sprößlinge gingen in meine Klasse. Außerdem war in meiner Klasse der sogenannte Mittelstand stark vertreten. Die wollten mit uns überhaupt nichts zu tun haben, die waren schlimmer als die Fabrikantenkinder, die sich ja noch manchmal zu uns herabließen. Diese beiden Lehrer lobten uns »Arme-Leute-Kinder« mehr als die anderen Kinder, sie gingen länger darauf ein, wenn einer von uns eine gute Arbeit geschrieben hatte. Mit

dem Hinweis, daß das vollendeter Stil sei, wurde hin und wieder einer meiner Aufsätze vor der Klasse verlesen. Aber auch die Neulehrer suchten gewissermaßen bei uns »Arme-Leute-Kindern« Schutz, wir hänselten die jedenfalls nicht. Einmal machte der Neulehrer für Geschichte an der Tafel einen Schreibfehler – da haben die Fabrikantenkinder gejohlt. Und nach dem Russischlehrer haben sie mit Schwamm und Kreide geschmissen, da haben wir nicht mitgemacht. Ich war froh, als ich endlich aus dieser Klasse, dieser beständigen Konfrontation zwischen Leuten, die sich gegenseitig nicht ausstehen konnten, raus war. Im letzten Schuljahr hatte ich aus Angst vor dieser Bande dreißig Tage geschwänzt. Der Haß und die Verachtung richteten sich auch gegen mich als Sohn eines Nachtwächters. Mein Vater war halt sein ganzes Leben lang Hilfsarbeiter und zuletzt Nachtwächter gewesen. Dieses Klima hat mich sehr geprägt. Ich sagte mir damals schon: Mit denen hast du nichts zu tun, die haben dich gepiesackt, wo sie nur konnten, das sind deine Gegner. Der einzige Schüler aus diesen sogenannten »besseren Familien«, der sich nicht an diesen Hänseleien beteiligte, war Christoph Nathusius, der Sohn vom Oberpfarrer in Meerane, mit dem hatte ich später ein gutes Verhältnis. Zu dieser Zeit fuhren wir immer zusammen von Meerane aus zum Studium. Er studierte bei den Theologen und ich an der ABF. Heute ist er Pfarrer in Chemnitz.
Ich kann mich noch an die siebte oder achte Klasse erinnern. Viele Väter waren nicht da, entweder in Gefangenschaft oder gefallen. Manchmal wurde ein Schüler aus dem Unterricht gerufen und kam dann mit Tränen der Freude wieder herein: »Mein Vater ist gekommen!« Der kriegte dann frei und durfte nach Hause. Einer unserer Neulehrer kam direkt von der Wehrmacht über Antifa-Schulung zu uns an die Schule. Er gehörte zu der Armee, die den Kessel von Stalingrad aufbrechen sollte, und er sagte: »Unsere Offiziere hatten sowieso alle Scheiße in den Breeches.« Die Breeches waren diese bekannten Stiefelhosen. Da stand einer von den Schülern auf und sagte: »Mein Vater hatte nie Scheiße in den Hosen. Mein Vater war ein tapferer Offizier.« Wahrscheinlich war sein Vater gefallen. Da entspann sich zwischen dem Schüler und dem Lehrer ein Disput, bei dem sich der Schüler so durchsetzte, daß der Lehrer anerkennen mußte, daß nicht alle Offiziere so waren. Aber zum Schluß sagte der Lehrer: »Die Offiziere, die

ich kenne, waren Schweinehunde.« Ich stand immer auf der Seite solcher Leute, wie der Neulehrer einer war. Ich kannte damals auch schon solche unmittelbar nach dem Krieg gedrehten Filme, in denen es um das KZ oder um Stalingrad ging. Auch Hörspiele gab es, die haben mich emotional ergriffen, ich spürte, daß ich mich innerlich entscheiden mußte – und ich habe mich damals entschieden.

Eine Episode werde ich nie vergessen. Manchmal, wenn bestimmte Filme liefen, wurden wir, auch diese Fabrikantenkinder, von den Lehrern zwangsweise ins Kino geschleppt. Da lief der Film »Rat der Götter«. Ich war von dem Film tief beeindruckt. Eines von den »besseren Kindern«, Fritz Conrad, der Sohn des Dachdeckermeisters, sagte nach dem Film, als er auf der Toilette neben mir stand: »Alles Hetze!« Der ist dann in den Westen gegangen und Herrschaftschauffeur geworden. Einmal kam er zu Besuch und war auch noch stolz drauf, daß er seiner Herrschaft in den Hintern kroch.

Ich erinnere mich noch an viele andere Filme, zum Beispiel »Die Mörder sind unter uns«. Jedes Kind wird durch Filme geprägt, ob es will oder nicht. Wir sind natürlich überschwemmt worden von den Revolutionsfilmen der Russen, da sind wir immer reingerannt. Ich weiß noch, daß die Kinos voll waren und wir vor Begeisterung brüllten, wenn die roten Kosaken irgendwelche Weißen in die Flucht schlugen. Da war ich so etwa neun oder zehn, das war so zwischen 1946 und 1948. Ich erinnere mich noch an »Der Mann mit dem Gewehr« oder »Panzerkreuzer Potjomkin« oder »Die Kinder des Kapitäns Grant«, das war auch eine russische Verfilmung. Den »Kapitän« habe ich als Kind siebzehnmal gesehen, ich könnte heute noch das Titellied runterleiern.

Im Unterschied zu anderen meiner Generation haben wir auch Anfang der 50er Jahre nicht gehungert. Mein Vater, der Nachtwächter, hat geklaut wie ein Rabe. Er hat in der Betriebskantine der Spinnerei Öl abgefüllt, Mehl und Zucker. Auch meine Mutter schleppte viel heran. Sie wohnte nicht mehr bei uns, denn meine Eltern hatten sich 1949 scheiden lassen. Wir blieben beim Vater, sie zog nach Zwickau, wo sie in der »Wismut« arbeitete. Da gab es gute Verpflegung, und es war ja auch nur 15 Kilometer entfernt, so daß sie öfter kam. Sie brachte dann Wurst mit oder mal ein Stück Speck oder eine riesige Buttercremetorte.

Die durften wir dann mit dem Eßlöffel essen, weil alles so reichlich vorhanden war. Ansonsten aber haben wir von Lebensmittelkarten gelebt. Natürlich ging mein Vater mit uns Kindern zu allen möglichen Aktionen, wo es was zu holen gab. Bis zum »Gehtnichtmehr« haben wir Kartoffeln gelesen und Ähren gesammelt. Danach gab es diese furchtbare Schrotsuppe, also das ist eine meiner schlimmsten Kindheitserinnerungen. Gut hingegen war die Zudelsuppe. Dazu wurde eine rohe Kartoffel gerieben und im kochenden Wasser aufgekocht. Also mir hat's geschmeckt, ich hab heute noch eine gute Erinnerung daran. Oft brachte mein Vater Rohzucker mit, säckeweise. Den konnten wir auf die Schrotsuppe streuen, oder er ließ ihn in der Pfanne aus und machte daraus glasierten Zucker.
Aber einmal hatten sie meinen Vater erwischt und angezeigt. Zwei Vopos mit Hund holten ihn eines Tages in der Frühe ab und brachten ihn in das Gefängnis der Kreisstadt. Dort ist er in einem Schnellverfahren auf zwei Jahre verknackt worden. Das war im Jahr 1952. Nach acht Monaten ließen sie ihn dann aber wieder laufen – auf Bewährung. Wahrscheinlich haben sie sich gesagt, daß das auch nur ein armes Schwein sei. Aber er hatte Glück, das wußte er bis zu seinem Tod! Denn wenn die Spinnerei ein volkseigener Betrieb gewesen wäre, hätte es zu dieser Zeit kein Pardon gegeben, das wäre ihm schlecht bekommen. Doch es war halt ein französischer Betrieb in treuhänderischer Verwaltung, und so hatte mein Vater nur die Kapitalisten beklaut und sich nicht am Volkseigentum vergriffen. Es gab in den Fünfzigern wirklich viele Ungereimtheiten, darüber kann man heute nur noch lachen.
Nach der achten Klasse gab es zwei Möglichkeiten: entweder man besuchte das Gymnasium und machte Abitur, oder aber man ging in die Lehre. Aus meiner Generation kam keiner von den »Arme-Leute-Kindern« auf die Oberschule, wir sind alle in die Lehre gegangen. Das war eben die Wegscheide. Das ging dann so weit, daß wir uns nicht mehr grüßten, die Oberschüler grüßten keinen Schlosserlehrling und umgekehrt. In Meerane war das jedenfalls so.
Am 1. September 1951 begann ich mit meiner Lehre zum Dampfkessel- und Stahlbauschlosser. Man konnte in Meerane Schlosser in allen Varianten lernen, aber auch Betriebselektriker, Spinner oder Weber

werden. Eigentlich wollte ich ja gar nicht Schlosser werden, sondern Seemann. Ich war damals noch ein romantischer Mensch und wollte zur See. In Saßnitz nahmen sie mich nicht zur Fischereiflotte, weil ich noch keinen Beruf hatte. Da dachte ich mir, wenn schon nicht auf See, so willst du doch wenigstens dort in der Nähe arbeiten, und bewarb mich bei der Warnow-Werft als Betriebsschlosserlehrling. Die freuten sich über meine Bewerbung, boten mir auch einen Internatsplatz an. Aber sie brauchten halt das Einverständnis der Eltern. Das bekam ich nicht. Nach seiner Scheidung und dem Weggang meiner Schwester wollte mich mein Vater nicht auch noch ziehen lassen. »Wenn du Schlosser werden willst, kannst du das auch hier lernen.«
So ging ich nicht ans Meer, sondern blieb in Meerane. Als wir uns in dem Betrieb anmeldeten, lag neben den allgemeinen Papieren, die man so zu unterschreiben hatte, auch der Aufnahmeantrag mit der Sonne. Für mich war es kein Problem, in die FDJ einzutreten, ganz im Gegenteil. Das war damals ein guter Verein, die machten tolle Sachen und Unternehmungen, die uns interessierten. Das, worüber die Jugendlichen heute nur lachen würden, also mit der Klampfe in der Hand gemeinsam zu singen und durch die Landschaft zu laufen, war für mich lange Zeit ein echtes Bedürfnis.

Die FDJ: »Das war damals ein guter Verein ...«

Außerdem trat ich sofort in die GST ein, denn da gab es die Sparte Seesport. Wir durften auf dem großen Stausee rudern. Sie kleideten uns auch ein, ich hatte eine echte blaue Matrosenuniform. Wir kreuzten mit unserem Kutter auf dem Stausee. Ich konnte richtig funken, richtig morsen oder Flaggensignale geben. Unsere Ausbilder sind auf U-Booten oder anderen Kriegsschiffen gefahren. Der GST-Ausbilder war zweiter Offizier auf dem großen Panzerschiff gewesen, der sich gleich zu Kriegsbeginn im Hafen von Buenos Aires selbst versenkte. Mit dem Sozialismus hatte der nichts am Hut, er sprach mit uns nur über die Seefahrt und ihre ganzen Feinheiten. Der U-Bootfahrer war mein Ausbilder im E-Schweißen. Wenn der erzählte, rissen wir alle die Augen weit auf. Natürlich haben die im nachhinein viel verklärt und ihre Ängste verdrängt. Aber sie wußten damals eben auch – im Unterschied zu später –, wie man die jungen Leute begeistern kann. Der RIAS – das war in Meerane der wichtigste Sender und wurde überall gehört – übersetzte GST immer mit »Gesellschaft für Mord mit Technik«. Das haben wir nie akzeptiert, weil wir es anders kannten.
Bei den Leuten, die uns erzogen, gab es schon eine gewisse Schizophrenie. Einmal ist ein Lehrling in den Westen abgehauen. Er ist halt seinen Eltern gefolgt. Ich weiß noch, daß der Ausbilder, der mal U-Bootfahrer war, gesagt hat: »Schade um den, das war ein guter Lehrling«, aber mehr nicht. Und dann hing er eine Stellungnahme an die Wandzeitung, in der es etwa hieß: »Nieder mit dem Verräter«.
Dann hatten wir noch zwei bemerkenswerte Ausbilder. Einer hieß Tannert, erst war er in sowjetischer Kriegsgefangenschaft und dann mußte er irgendwo in Rußland in einem Bergwerk schuften. Der hatte so böse Erfahrungen gemacht, daß man ihn – ohne ihn damit zu beleidigen – als Feind der Sowjetunion einstufen konnte. Nach Abschluß meiner Lehre arbeitete ich in der Schlosserei unseres Hauptbetriebes, wo man den Betriebsfunk hören konnte. Dort liefen immer Nachrichten und Musik. Und da gab es das berühmte Lied – ich mochte es übrigens, weil es so schön kämpferisch gesungen war, heute mag ich es nicht mehr –, in dem es heißt: »Die Partei, die Partei, die hat immer recht«. Einmal kam es wieder, laut und schwungvoll, und da nahm der Tannert einen Hammer, schmiß ihn hoch in den Lautsprecher und brüllte: »Ihr Schweine, haltet die Fresse, ihr Säue!« Da haben sie ihn

verhaftet. Nach 14 Tagen kam er wieder. Er hat nie wieder darüber gesprochen, blieb aber unser Ausbilder. Und dann gab es einen, Peter Gaubisch hieß er, der hatte im KZ gesessen, war gleich nach dem Krieg in die KPD eingetreten und war nun Schlosser und hauptamtlich BGL-Chef in unserem Großbetrieb. Der wurde selbst von Leuten geachtet, die die DDR und die SED haßten wie die Pest. Er war allgemein anerkannt. Auf den Betriebsfesten, zu denen wir als Stifte auch mitgehen durften, gab es immer viel Bier und dann Umarmungen und so, also auch von Leuten, die sich politisch nicht mehr so grün waren.

Ich erinnere mich auch an diesen alten, gestandenen SPD-Mann, der nach der Vereinigung sofort aus der SED ausgetreten war, weil er mit den Kommunisten nichts zu tun haben wollte. Am 17. Juni 1953 sagte der: »Jetzt greife ich zum Gewehr! Gegen die Staatsmacht wird nicht geputscht! Wenn ihr mich gegen die Russen schickt – gut. Aber gegen die Staatsmacht wird nicht geputscht.« Er hat sich auf dem Bürgermeisteramt in Meerane gemeldet, da gab es ein Einsatzbüro für freiwillige Helfer, und wollte abends mit auf Streife ziehen. Sie haben ihn dort natürlich nicht genommen, wegen seiner Sprüche gegen die Russen.

Sonst war ja am 17. Juni 1953 in Meerane oder Glauchau, das sind ja Arbeiterhochburgen, nichts weiter los. Deswegen bin ich auch lange Zeit – das muß ich zu meiner Schande gestehen – der Legende vom »faschistischen Putsch« aufgesessen, eben weil ich unter lauter Arbeitern gelebt habe. Mein Vater, mein Bruder, meine Kollegen – alle, die ich kannte, waren Arbeiter, und die haben sich am 17. Juni eben nicht beteiligt. Nur wir Bengels hatten einen Ausrutscher mit dem Horst-Wessel-Lied. Ich weiß nicht mehr, ob es uns irgendeiner vorgeflüstert hatte, auf jeden Fall sangen wir gemeinsam das Lied, sehr zum Entsetzen unserer Ausbilder! Ich wußte, daß das ein Nazilied ist, aber ich wußte natürlich nicht, was ich heute weiß. Ich kann mich noch an die Angst unserer Ausbilder erinnern, die unbedingt wollten, daß wir aufhörten, das Lied zu grölen. Um 18.00 Uhr gab es eine Ausgangssperre und Ausnahmezustand. Wahrscheinlich hatten die obersten Bosse Angst vor dieser Arbeiterkonzentration. Auf keinen Fall durfte man nach sechs auf die Straße, und da sind wir natürlich erst recht raus. Aber es war nichts los.

Mein Betrieb war, bevor er VEB wurde, eine in ganz Deutschland berühmte Firma: Dampfkesselbau Oschatz in Meerane. Nach meiner zweijährigen Lehre habe ich dort noch ein Jahr gearbeitet. Ich war einer von dreien des ganzen Jahrgangs, das waren 60 bis 70 Mann, die die Abschlußprüfung mit »Gut« bestanden hatten, und wurde nach der Lehre sofort in die Werkstatt übernommen. Das nahm man ziemlich streng. Damals wurde bei der Arbeit wirklich noch Qualität geliefert. Meerane – wie ganz Sachsen eigentlich – war traditionell eine SPD-Hochburg. Manche von den Sozialdemokraten haben die DDR wirklich gehaßt, das war ein Arbeiterstamm, den die DDR – für meine Begriffe – verprellt und verloren hat. Bis um vier Uhr haben die voll gearbeitet, und erst dann räumten sie die Werkbank ab. Die waren ordentlich und pflichtbewußt, die merkten gar nicht, wie sehr sie mit ihrer guten Arbeit die von ihnen so sehr abgelehnte DDR stärkten. Morgens um sieben heulte die Werksirene, da hattest du an der Drehbank zu stehen – und wehe, du warst nicht da! Dann hat dich nicht der Meister angekantet, sondern deine Kumpels. Deine Kollegen fragten dich, wo du jetzt herkommst und wofür du eigentlich dein Geld kriegst. Das war in den 50er Jahren noch so, später ist das den Bach runtergegangen, da wurde geschludert.
Die Schlager unserer Jugend hörten wir beim RIAS und beim Mitteldeutschen Sender Leipzig. Unsere Schlagergrößen waren hier Helga Brauer, Bärbel Wachholz und Fred Frohberg, der mit dem Holzbein. Heinz Quermann machte ja dort die »Schlagerrevue«, und beim RIAS hieß das »Schlager der Woche«, das hörten wir regelmäßig. Wir hatten unsere Hits und trällerten sie, zum Beispiel »Am Strande von Havanna lebt ein Mädchen ...« oder »Jonny war ein Seemann«. Auch die Mode wurde vom RIAS suggeriert. Ich hatte zum Beispiel Kreppsohlen, dazu trug ich bestimmte Hosen, Ringelsocken; ich hatte dickes, volles Haar, mit viel Pomade beschmiert, und so ein Buschhemd. Das mußte man einfach haben, wenn man »in« sein wollte. Und wenn man bei bestimmten Mädchen ankommen wollte, mußte man nicht nur so aussehen, sondern am besten noch ein Motorrad haben. Der große Schwarm meiner Jugendzeit war die AWO-Sport, die konnte sich kaum einer kaufen, aber alle wollten sie haben. Und wer eine AWO hatte, der hatte natürlich nicht so lange balzen müssen wie wir, die wir keine hatten.

Mit der Liebe war unsere Generation wirklich schlecht dran. In der Schule waren wir ja eine reine Jungenklasse, und in der Schlosserei war das nicht anders. So einfach wie heute, wo man sich in der Schule oder auf der Arbeit oder sonstwo kennenlernen konnte, hatten wir es nicht. In Meerane lernte man sich prinzipiell bei »Härtels« kennen, und dann mußte man noch lange balzen. Das Hotel Härtel gehörte einem Unternehmer, der dann enteignet wurde, dann war es das HO-Hotel Härtel. Dort gab es jeden Sonnabend Tanz, und da machte man seine Bekanntschaften.

Ich aber machte meine folgenreichste Mädchenbekanntschaft nicht bei Härtel, sondern im gemischten Chor von Meerane. Da war ich oft, denn ich trällerte das »Köhlerliesl« wirklich gerne. Im Chor, so zwischen all den »Lindenbäumen«, den »Brunnen vor den Toren« und allerlei »Heidenrösleins« verknallte ich mich heftig. Sie war eine Oberschülerin, sehr blond und aus sehr gutem Hause, und sie war schuld daran, daß ich später studierte. Ihr Vater war Rechtsanwalt. Zu dieser Zeit und vor allem in einer Kleinstadt wie Meerane gehörte er damit natürlich zur Crème de la crème. Es war wunderbar mit ihr. Sie ging mit mir tanzen und ins Kino, und ich durfte sie auch bis zur Haustür begleiten. Es hat ziemlich gedauert, bis ich sie mal küssen durfte, so etwas ergab sich damals nicht gleich beim ersten Mal. Einmal, im Kino, sagte sie zu mir: »Wenn aus uns beiden etwas werden soll, mußt du studieren. Mit einem Proleten habe ich nichts am Hut.« – Da hab ich ihr ein paar gescheuert und bin gegangen. Ich habe mich nicht an dem »Proleten« gestoßen, ich wußte wahrscheinlich gar nicht, was das ist. Was mich aber sehr ärgerte, war, daß sie mich für zu dämlich für sie hielt. Und da habe ich mir aus lauter Trotz gesagt: »Der werde ich es zeigen!« Und jetzt kommt die Story meiner Jugend: Ich ging zu meinem FDJ-Leiter und sagte: »Ich möchte zur ABF.«

Der FDJ-Leiter war Lehrling wie ich und entgegnete: »Du doch nicht! Hast du schon vergessen, wie du dich in Berlin benommen hast?« Dann bin ich zu meinem Ausbilder, dem ehemaligen U-Boot-Fahrer und Ausbilder für Elektroschweißen. Der sagte: »Natürlich unterstütze ich das. Ich rede mit dem Kaderleiter.« Und dann kriegte ich die Einladung zum Prüfungsgespräch nach Leipzig an die ABF. Der FDJ-Sekretär meinte die Geschichte mit den III. Weltfestspielen 1951 in Berlin. Damals ist eine Abordnung der FDJ im Blauhemd nach West-Berlin gegangen und dort von der Polizei zusammengeschlagen worden. Ich bin damals nicht mit nach West-Berlin, und als der Vorfall in unserer Gruppe ausgewertete wurde, meinte ich: »Die in West-Berlin haben doch vorher eindeutig gesagt, wenn ihr im Blauhemd kommt, kriegt ihr Dresche. Also war doch diese Prügelei vorauszusehen!« Als die Aussprache zu Ende war, sollten mein Kumpel Wolfgang Quester und ich gleich zur Delegationsleitung kommen. Dort sagte man uns: »Ihr packt euer Gepäck, ihr fahrt nach Hause, ihr seid euch eurer politischen Verantwortung nicht bewußt. Ihr begreift nicht, was hier los ist.« Da habe ich meinen FDJ-Ausweis hingelegt und gesagt: »Hier ist mein Ausweis, ich fahre gerne nach Hause.« – »Naja, stecke deinen Ausweis wieder ein, müssen wir noch mal drüber reden.« – »Also, was ist nun? Bleiben wir hier, oder müssen wir heim?« Ich hatte das Ding immer noch in der Hand. – »Beim nächsten Mal, beim geringsten Vergehen ...« So durften wir bleiben. Aber in Meerane wurde ich gleich am ersten Tag nach unserer Rückkehr aus Berlin zum Kaderleiter bestellt. Im Zimmer saß ein Herr, den ich nicht kannte. Er schloß hinter mir die Tür ab und sagte: »Setz dich.« Ich sagte: »Schließ mal wieder auf.« – »Warum?« – »Wenn wir uns unterhalten wollen, mußt du nicht die Tür zuschließen.« Ich brannte, ich wußte nicht, wer das ist, aber mir war klar, der will dich jetzt auseinandernehmen. Ich sagte: »Jetzt machst du die Tür schön wieder auf, und ich gehe jetzt. Ich habe in Berlin schon einmal erklärt, was los war.« Mit meinem Kumpel Wolfgang haben sie es auch so gemacht. Das war die Geschichte, die dem FDJ-Sekretär immer noch schwer im Magen lag. Aber das hat meine Zulassung zur Aufnahmeprüfung für die ABF nicht verhindert.

Als ich bei der Aufnahmeprüfung in Leipzig den ersten Weißkittel sah, fiel mir meine Schwäche in Mathematik, Physik und Chemie ein, da habe ich schon gezittert. In Mathe kam ich durch, da hatte ich eine Vier, in Deutsch war alles gut, auch der Kurzaufsatz, und dann kam das Aufnahmegespräch. Da merkte ich, es gibt Ärger, das sah ich schon daran, wie die sich anguckten. Sie fragten mich: »Was liest du denn eigentlich so?« Ich erzählte ihnen, was ich gerne las. Hans Dominik nannte ich, das ist ein Autor, der hat nur Zukunftsromane geschrieben, oder Friedrich Gerstäcker, der hat Indianerromane geschrieben und Bücher über die Besiedelung der Vereinigten Staaten. Die beiden galten damals als zwei typische Nazi-Autoren. Dann nannte ich noch Hans Fallada. Da stutzten sie kurz: »Was haben Sie von Hans Fallada gelesen?« Und in meiner Blödheit schoß ich dann wirklich den Vogel ab und sagte: »Der Eiserne Gustav«. Und das hätte ich nun nicht sagen dürfen. Gerade das Buch ist eher eine Hommage an die Nazis ... Ich wurde abgelehnt. Zum Studium kam ich nur deshalb, weil in diesem Jahr das Aufnahmesoll nicht erfüllt worden war und die Nachrückkandidaten noch einmal angeschrieben wurden: »Nach nochmaliger Überprüfung Ihrer Unterlagen teilen wir Ihnen mit, daß Sie am 15. September 1954 Ihr Studium an der ABF Leipzig antreten können.«

Mit diesem Tag begann die Zeit meiner direkten politischen Beeinflussung und meiner bewußten politischen Parteinahme, vorher geschah das ja alles nur indirekt. Das ging schon mit dem Eröffnungsappell los. Da stand ich mit meinem Koffer und einer Tasche auf dem Appellplatz. Die Fahne wurde gehißt, die Nationalhymne gespielt, das empfand ich als sehr feierlich und bewegend. Ich sagte mir: Das ist ein ganz neuer Abschnitt, den du hier vor dir hast.

Auf der ABF wurde mit »Freundschaft« gegrüßt, und man mußte mit »Freundschaft« antworten. Wer seine Hausaufgaben nicht gemacht hatte, mußte vor der Front Stellung nehmen. Die Leute sollten also diszipliniert und in eine ganz bestimmte Richtung erzogen werden. Ich konnte mich mit den Inhalten und Themen gut identifizieren. Andere Studenten aber hatten große Schwierigkeiten mit der inhaltlichen Ausrichtung an der ABF und gingen wieder. Es gab auch viele, die dem Leistungsdruck nicht gewachsen und dann sehr unglücklich waren. Die ließ man auch ziehen, damals konnte man noch gehen, ohne daß einem etwas nachgetragen wurde. Da gab es schon eine ganz schöne Fluktuation.

Es gab an der ABF aber kaum noch Privates. Fast alles wurde öffentlich und im Kollektiv verhandelt, Wichtiges und Unwichtiges. Wir haben das alles sehr ernst genommen, und unser Denken war auch sehr auf Vereindeutigungen ausgerichtet: »Wenn du nicht für uns bist, bist du gegen uns!« Manchmal mußte man sich wegen jedem Furz rechtfertigen oder wurde wegen des geringsten Deliktes zum Gegenstand einer Kollektiv-Aussprache. Was da manchmal für schmutzige Wäsche gewaschen wurde, das war unmöglich! An dieser Atmosphäre sind sicherlich einige kaputtgegangen. Es war eben auch das Klima für Denunzianten, diese Unaufrichtigkeit, die da gedieh, störte mich mehr als die militärische Atmosphäre. Da mußte man sich schon überlegen, wo man welche Witze erzählte. Und dieser Typ, der mich damals schon wegen meines Diskussionsbeitrages im Zeltlager bei den III. Weltfestspielen verpfiffen hatte, hat mich dann an der ABF, wieder wegen einer Diskussion, angeschwärzt. Und dann ist er in den Westen und hat einen auf »Freiheitskämpfer« gemacht.

Als ich Kandidat der SED werden wollte, fragte ich meinen Geschichtslehrer, ob er für mich bürge. Der war auch in der Partei und mein Vorbild. Er machte einen wunderbaren Unterricht. Viele, auch Mädchen, schwärmten von dem Mann. Ja, der hat mir gefallen, ich wollte auch so sein wie er. Und was sagte der, als ich ihn um die Bürgschaft bat? »Du bist noch nicht reif, ich bürge nicht für dich, warten wir damit noch ein halbes Jahr.« Ihm gefiel mein Benehmen nicht, ich hatte keine Manieren, die Hände in den Hosentaschen und die Zigarette im Mundwinkel. Manchmal hatte ich auch andere Probleme. Wenn die Mehrheit der Arbeitsgruppe der Meinung war, daß wir in die Oper gingen, ich aber woanders hingegangen war, mußte ich beim FDJ-Sekretär, beim Parteigruppenleiter und beim Dozenten antanzen. Ich sollte erklären, warum ich mich ausschließe und was ich gegen mein Kollektiv hätte. Das wurde immer politisch gewertet. Derselbe Dozent, der bei mir in solchen Sachen immer Maß nahm, schleppte einmal mich und einige andere – wahrscheinlich zur Erziehung und Horizonterweiterung, das ist die andere Seite dieser Disziplinierung an der ABF – ins Gohliser Schlößchen. Dort war damals ein Restaurant. Wir saßen im Garten und hatten Kerzen auf dem Tisch, und ich trank zum ersten Mal in meinem Leben Wein. Es war eine laue Sommernacht, die Kerzen, der Wein, das Streichquartett spielte Mozarts »Kleine Nachtmusik«. Das hat mich sehr berührt, ich hätte fast geheult.

Bis nach Hause, nach Meerane, waren es nur 60 Kilometer. Für die Heimfahrt brauchte man damals mit Umsteigen zwei Stunden. Aber zu Hause gab es immer viel und gut zu essen, und so fuhr ich also im Schnitt alle vierzehn Tage, von Samstagabend bis Sonntagmittag. Ich hatte als Student immer Hunger. Wenn ich zu Hause ankam, packten

Abitur-Feier an der ABF am 6. Juli 1960

meine Eltern, mein Vater hatte eine neue Frau, den Tisch voller Brote und sahen freudig zu, wie ich das alles wegputzte. Sie gaben mir auch immer riesige Schnittenpakete mit. Von meinen 180 Mark Stipendium konnte ich sogar meine 30 Mark Miete für meine Bude in Stötteritz zahlen. Außerdem rauchte ich damals schon, »Salem«, ein fürchterliches Zeug, da kostete die Zigarette noch acht Pfennig. Das Bier kostete 40 Pfennig. Als Studenten haben wir uns gerne zu bezahlten Arbeitseinsätzen gemeldet. Als bei Borna wegen des neuen Tagebaus die Schnauder verlegt wurde, waren wir den Sommer über dort. In der Woche bekamen wir 120 Mark, das war damals verhältnismäßig viel Geld. Es war aber auch eine Knochenarbeit, wir schoben die Loren, kippten ab und planierten. Abends saßen wir auf den Halden, tranken Bier, sahen zu, wie die Sonne unterging und das Toilettenhäuschen brannte. Das hatten ein paar von uns angezündet, und deswegen kam dann auch der Dorfsheriff mit seinem Hund. Angetütert, wie wir waren, packten wir ihn unter den Armen und hoben ihn hoch. Er rief: »Aber Bürscher, nähm' Se doch Vernunft an!« und wir riefen: »Die Staatsmacht geht vom Volke aus – aber wo geht sie hin?« Passiert ist uns nichts. Dann kriegte ich aber einen richtigen Goldjob. Im Sommer konnte ich immer bei der Ullrich-Brauerei arbeiten, das habe ich dann auch noch nach der ABF als Student gemacht.
Subbotniks gab es natürlich auch. An der Leipziger Schillerstraße, wo heute der Park ist, haben wir noch Trümmer geräumt, da gab es noch

Mitte der 50er Jahre Loren und Gleise. Bei den Subbotniks bekam man ja grundsätzlich nichts für die Arbeit; wenn es im Winter kalt war, wurde, wenn man Glück hatte, mal heißer Tee ausgeschenkt. Das mit den Subbotniks schlief dann in meinem dritten und letzten ABF-Jahr, also 1957, ein. Aber auch Ernteeinsätze waren große Mode. Das ganze Studium wurde so geplant, daß man die Studenten, manchmal über sechs Wochen lang, in den Ernteeinsatz schicken konnte. Beim Ernteeinsatz hatte man allerdings die ganze Zeit freie Verpflegung, das war ein Labsal für unsere ausgehungerten Mägen. Schon früh sind wir mit zwei dicken Wurstbemmen aufs Feld, nachmittags gab es noch einmal Vesper und abends noch ein Abendbrot mit einem richtigen Stück Fleisch – das war toll, als Student konntest du dir keinen Braten leisten. Aber Geld gab es nicht, auch keine Prämien.

1958, da war ich Student, waren die Lebensmittelkarten schon abgeschafft. Da stiegen ja auch die Preise, es wurde bei bestimmten Dingen eine Angleichung zwischen HO und Lebensmittelkartenpreisen vorgenommen. Wir waren damals verdammt jung und aßen furchtbar gern, wir wollten immer essen. Mit meinen 180 Mark Stipendium zuzüglich der 40 Mark Leistungsstipendium mußte ich schon ganz schön rechnen, daß ich über den Monat kam. Es gab allerdings auch so erschwingliche Standardessen; Brötchen, Blutwurst und Tee, diese Grundlebensmittel waren ja billig. Ich kannte einen, der kriegte nur 130 Mark Stipendium. Seine Mutter arbeitete als Annahmefrau in einer Wäscherei, und so galt er nicht als Arbeiterkind, sondern als Angestelltenkind, also »Sonstiger«, das fand ich völlig unsinnig, die mußten ja erst recht rechnen.

Ich bin 1955 Kandidat und 1957, also noch an der ABF, Mitglied der SED geworden. Von 1957 bis 1961 studierte ich in Leipzig Geschichte. Ich war dann auch FDJ-Sekretär, nebenamtlich und für 300 FDJler, und natürlich noch in der GST. Die GST war jetzt eindeutig paramilitärisch. In Meerane war ich noch gerne bei der GST, da konnte ich meinem Hobby, dem Seesport, nachgehen. Aber an der ABF und an der Uni hatte das mit Spaß nichts mehr zu tun. Unser Ausbilder war Unteroffizier. Wo heute die Kleinmesse ist, mußten wir so manchen Sonntagvormittag Marschübungen machen, stundenlang »Links, zwo, drei, vier! Und Schritt aufnehmen! Und rechts schwenkt Marsch!«. Das war ein Käse! Im Jahr 1961 hatten wir einmal einen Gelände- und Gepäckmarsch durchzuführen, und jeder sollte als Gepäck und zur Unterstützung des Bauvorhabens für den Sportplatz an der Wettin-Brücke einen Ziegelstein mittransportieren. Als FDJ-Sekretär war ich auch für die GST verantwortlich. Ich instruierte meine Leute schon vorher, daß wir hundertprozentige Teilnahme anstreben und nur vorherige Entschuldigungen mit triftigen Gründen akzeptieren würden. Und am Sonntagmorgen fehlten von rund dreihundert exakt drei Mann, genau diejenigen, die entschuldigt waren. An der Baustelle Wettin-Brücke nahm Heinz Illmer, der Parteisekretär, die Marschformation ab, zusammen mit dem GST-Boß. Letzterer war Major gewesen und einer der wenigen überlebenden Stalingrad-Kämpfer. Heinrich Hansemann hieß er, war ein bürgerlicher Mann, aber gut, er trat später auch, sehr zum Entsetzen seiner Familie, in die Partei ein. Dann hieß es, wir machen noch einen Abschlußappell und zählen noch einmal durch. Und dann sagte der Parteisekretär zu mir: »Genosse Irmscher, es fehlen drei Steine! Die Aufgabe wurde nicht erfüllt! Das hat Konsequenzen!« – Herrgott, dachte ich, was soll das denn für Konsequenzen haben? Erst einmal gab es keine Konsequenzen, sondern Erbsensuppe mit einer Bockwurst aus der Gulaschkanone. Für uns war die Sache erledigt. Am Montagabend aber, bei mir tagte die FDJ- und nebenan die Parteileitung, kam auf einmal der Verbindungsmann zwischen Partei- und FDJ-Leitung zu uns herüber und sagte: »Genossen, Jugendfreunde, ich habe euch mitzuteilen, daß die Parteileitung soeben beschlossen hat, daß der GST-Marsch wegen mangelnder Teilnahme wiederholt wird.« Da platzte mir der Kragen, und ich sagte: »Das kann doch wohl nicht wahr sein!« Ich hatte dabei aber überhört – sonst, das muß ich ehrlicherweise sagen, hätte ich nichts dagegen gesagt, denn ich hatte ja Disziplin –, daß es sich um einen Beschluß der Parteileitung handelte und nicht nur um eine Mitteilung. Ich sagte weiter: »Mit mir könnt ihr das nicht machen. Die drei, die fehlten, hatten alle plausible Gründe. Der Marsch wird nicht wiederholt!« Da spurtete der Verbindungsmann wieder ab. Noch gar nicht richtig draußen, war er schon wieder drin: »Du sollst mal zur Parteileitung rüberkommen!« Da drinnen schlug mir eine eisige Atmosphäre entgegen. Heinz Illmer, der Parteisekretär, war bleich vor Wut: Einen Beschluß der Partei

anzugreifen! Da erst kriegte ich mit, daß es sich um einen Beschluß handelte. Ich legte zwar noch einmal los und brachte meine Argumente vor, aber Illmer bellte mich an: »Du kannst jetzt gehen, wir reden noch darüber.« Und er brüllte noch hinter mir her: »Das hat seine Konsequenzen!« Am nächsten Montag war eine große Mitgliederversammlung. Im Referat der Parteileitung sagte er: »Genossen, wir haben den Beschluß inzwischen revidiert, er war doch sicher etwas überspitzt. Aber die Haltung, die der Genosse Irmscher als FDJ-Sekretär vor der Parteileitung gezeigt hat, ist scharf zu kritisieren. Hätte der Genosse Irmscher in dieser Stunde Panzer und Handgranaten besessen, er hätte sie gegen seine Parteileitung eingesetzt!« – Später konnte man über so etwas lachen. Damals lachte niemand.
Oft ging es politisch hin und her, rauf und runter, rin in die Kartoffeln und wieder raus. Alles nahmen wir sehr ernst. Und alles machten wir aus voller Kraft.

Nachbetrachtungen

Anpacken, abwarten oder abhauen?

Die 50er Jahre waren das erste Jahrzehnt deutscher Zweistaatlichkeit. Mit der Gründung der beiden deutschen Nachkriegsstaaten wurde deutlich, daß sich die Entwicklung in den folgenden Jahrzehnten auf recht verschiedene, ja gegensätzliche Weise vollziehen würde. In beiden Gesellschaften zog man auf unterschiedliche Weise Konsequenzen aus dem Nationalsozialismus und schlug auch jeweils andere Wege der Modernisierung ein. Während man in der Bundesrepublik versuchte, restaurativ an die bürgerlichen Verhältnisse vor dem Nationalsozialismus anzuknüpfen, plante die DDR eine sozialistische Umwälzung der Gesellschaft.

Bereits vor der DDR-Gründung war in der Sowjetischen Besatzungszone (SBZ) die überkommene gesellschaftliche Struktur stark verändert worden. Die neuen Machthaber sahen im Kapitalismus und in der bürgerlichen Weltanschauung die Grundlagen für Kriege und gesellschaftliche Ungerechtigkeit. Dieser Logik folgten dann die Enteignungen und Verstaatlichungen industrieller und landwirtschaftlicher Betriebe, die viele Menschen aus den besitzenden Schichten zur Flucht oder Abwanderung in den Westen veranlaßten. Neben den wirtschaftlichen wurden auch die kulturellen Quellen, aus denen bürgerliches Leben über Generationen seine Kraft und dominierende gesellschaftliche Bedeutung gezogen hatte, durch die neue Politik im Osten angegriffen. Zum Zeitpunkt ihrer Gründung war die DDR ein Land ohne alteingesessene Eliten. Es gab keinen einzigen Adligen von Rang, keinen Großunternehmer mehr, der einer ganzen Region seinen Stempel hätte aufdrücken können. Im Zuge der Entnazifizierung wurden 72 Prozent der Lehrer und Hochschullehrer aus ihren Positionen entfernt.

Zugleich wurden Menschen aus den Arbeitermilieus neue Bildungschancen eröffnet. Der Anteil von Studierenden aus der Arbeiterschicht lag nach dem Krieg in den Ost- und Westzonen bei fünf Prozent. Während er in der Bundesrepublik der 50er Jahre konstant blieb, stieg er in der DDR auf 50 Prozent. Neben diesen Privilegierungen der unteren Schichten gab es im ersten Jahrzehnt des »Arbeiter- und Bauernstaates« beständige Attacken auf bürgerliche Anschauungen und Lebensweisen wie auch eine allgemeine Politisierung der Öffentlichkeit. Die neue Gesellschaft im Osten sollte ein antibürgerliches, eher proletarisches und gemeinschaftsbezogenes Gepräge habe. Die Lebensverhältnisse, die Normalitätsvorstellungen und die politischen Werte aller Teile der Bevölkerung sollten einander angeglichen werden. So wollten die politischen Eliten in der DDR einer gerechten und harmonischen Gesellschaft näherkommen.

Wie strahlend aber auch die Utopie einer sozialistischen Gesellschaft gezeichnet wurde, auf der Ebene des Alltags war bereits in den 50er Jahren der Vergleich mit der Bundesrepublik allgegenwärtig. Während sich in den Westzonen mit der Währungsreform zumindest die Schaufenster schlagartig gefüllt hatten und die Republik auf das Wirtschaftswunder zusteuerte, stieg im Osten das durchschnittliche materielle Lebensniveau deutlich langsamer. Während die wohlhabenden USA und die wirtschaftlich entwickelteren Westalliierten die Reparationsfragen großzügig regelten und mit dem Marshallplan enorme Mittel in die Bundesrepublik und nach West-Berlin pumpten, war die ausgeblutete Sowjetunion in starkem Maße auf Kriegsentschädigungen aus ihrer Besatzungszone angewiesen. Bis zum Jahr 1953 lag die Pro-Kopf-Belastung bei Reparationen im Osten etwa um das Sechzigfache höher als im Westen. Dieser Nachteil war kaum zu kompensieren. Die Orientierung auf den Ausbau der Schwerindustrie, die Abkopplung der ostdeutschen Wirtschaft vom Weltmarkt, die Defizite der Planwirtschaft und die Abwanderung von über 2 Millionen Menschen in den Westen schwächten die Wirtschaftskraft der DDR zusätzlich. So vertiefte sich das Wohlstandsgefälle zur Bundesrepublik in den 50er Jahren stetig. Jeder Zweite der Abgewanderten war jünger als 25 Jahre. Zudem verlor die DDR in den 50er Jahren etwa ein Drittel ihrer Akademiker an den Westen.

Die Bewertung des Alltags der 50er Jahre in der DDR hing also davon ab, ob man Arbeiter oder Arzt war, ob man einen Laden, eine Werkstatt oder eine Landwirtschaft hatte, ob man sich mit den Verhältnissen arrangierte, sich für oder gegen den Sozialismus engagierte, sich als Christ oder Atheist bekannte, ob man jung, ungebunden, hochqualifiziert war oder eben nicht. Der Erwartungshorizont der einzelnen war sowohl von gesellschaftlichen wie von individuellen Konstellationen geprägt. Der Alltag der 50er Jahre in Ostdeutschland – das zeigen die hier präsentierten Erzählungen und Erinnerungen – fächerte sich in unterschiedliche Erfahrungswelten auf. In diesen Erfahrungswelten wurde die gesellschaftliche Entwicklung mit jeweils unterschiedlichen Wertmaßstäben wahrgenommen und sowohl mit der Vergangenheit als auch mit der Entwicklung im anderen deutschen Staat verglichen.

»Schuften und Genießen« umschreibt stichwortartig die Erinnerungen von Menschen aus den Arbeitermilieus. In diesen Erzählungen werden die enorme Leistung beim Aufbau der mitteldeutschen Industrie deutlich, die Kraftanstrengung und Ausdauer, der Schweiß, die Disziplin, aber auch die »handfeste« Art, sich nach Feierabend den Genüssen des Lebens hinzugeben. Trotz aller Beiläufigkeit und Schlichtheit, die die kurzen, lakonischen, wenig dramatisierten und kaum ausgeschmückten Arbeitergeschichten auszeichnen, wird deutlich, welche Lebensleistung diese Generation von Arbeitern geliefert hat. Was haben sie in den 50er Jahren dafür bekommen? Verglichen mit den Arbeitern in der Bundesrepublik verbesserte sich ihr Wohlstand langsamer. Für die Arbeiter aber fiel der materielle Vergleich mit dem Westen noch am besten aus. Hinzu kam, daß das gesellschaftliche Prestige der Arbeiter, der »führenden Klasse im Arbeiter- und Bauernstaat«, viel höher war als in der Vergangenheit oder als im Westen. Historisch ist das bemerkenswert. Die Geringschätzung der Arbeiter und der unteren Schichten war in der DDR – wie auch immer propagandistisch verbrämt – tatsächlich beendet. Die Arbeiter wurden nicht nur mit ideologischen Formeln abgespeist, sondern systematisch privilegiert. Insofern profitierten sie am deutlichsten von der Heroisierung der Arbeit und des einfachen Volkes – solange sie nicht öffentlich gegen die Politik und die ideologischen Normen der DDR verstießen. Viele Geschichten, vor allem von damals jugendlichen Arbeitern, illustrieren, wie schnell es ging, daß man – mehr oder weniger naiv und unpolitisch – in Konflikt mit den Repräsentanten des Staates geriet, sei es mit dem Meister oder FDJ-Sekretär oder der Stasi und Justiz. Letztendlich waren aber beide Seiten, der Staat und die Arbeiterschaft, voneinander abhängig. In den 50er Jahren entstand so eine Art »Stillhalteabkommen« zwischen der zentralisierten Macht und den Arbeitern: Der Staat bot sichere Arbeitsplätze und besondere Entlohnung in den Schwerpunktbetrieben der mitteldeutschen Kohle- und Chemieindustrie und des Maschinenbaus, und die Arbeiter nahmen dafür die neuen Herrschaftsverhältnisse hin. In diesen neuen Verhältnissen war es den Arbeitern nicht mehr möglich, ihre spezifischen Gruppeninteressen mittels Streiks oder Tarifverhandlungen gegen den Staat durchzusetzen. Die Arbeiter waren der »Diktatur des Proletariats« ausgesetzt, aber auch der Staat war ohne die Arbeit der Arbeiter verloren und konnte im »Arbeiter- und Bauernstaat« nur punktuell gegen die Arbeiter vorgehen. Darüber waren sich beide Seiten im klaren. Der staatsoffiziellen Losung der 50er Jahre »So, wie wir heute arbeiten, werden wir morgen leben!« antworteten die Arbeiter spiegelbildlich mit »So, wie wir heute essen, werden wir morgen arbeiten!«, wie es 1958 auf einem Plakat im Leipziger Kirow-Werk hieß. Um die Arbeiter bei der Stange zu halten, wurden sie auch hofiert. Als am Ende des Jahrzehnts der chronische Arbeitskräftemangel einsetzte, schufen sich viele Großbetriebe ihre eigene Arbeiterklientel. Die Dresdner Maschinenbaufirma »Otto Buchwitz« gestattete ihren Monteuren bereits in den 50er Jahren die Fünf-Tage-Arbeitswoche. Viele Betriebe versuchten, mit kleinen Vergünstigungen gute Facharbeiter zu gewinnen und zu halten. Die Konflikte der Arbeiter mit dem Staat bezogen sich auf die Erfahrungswelt der Arbeiter: Die mangelnden Möglichkeiten des Konsums und die permanenten Nachschub- und Ersatzteilprobleme der sozialistischen Planwirtschaft am Arbeitsplatz. Letztere beeinträchtigten sowohl den Verdienst wie auch den Berufsstolz der Arbeiter. Das schlug sich in dem drastisch formulierten Ausspruch nieder, daß man ständig »aus Scheiße Bonbons machen« müsse. Ideologie und Propaganda spielten im Alltag der Arbeiter – anders als beispielsweise bei der neuen sozialistischen Intelligenz – naturgemäß ein geringe Rolle. Der Staat wollte von seinen

Arbeitern vor allem gute Arbeit – »sozialistische Sprüche« konnten hier bestenfalls als Beiwerk, nicht als Ersatz dienen. Für die Arbeiter – und für ihre Leiter – war nach jeder Schicht überprüfbar, »was ein guter Facharbeiter wert war«, wie es einer der Erzähler formulierte. Mit sozialistischen Bekenntnissen konnten schlechte Kennziffern kaum wettgemacht werden. Das wußten die Arbeiter ebenso wie die Leiter und Funktionäre. Und daraus speisten sich auch die Autonomie und das Selbstbewußtsein der Arbeiter. So hatten gute Facharbeiter nicht nur in den propagandistischen Texten, sondern auch in der Realität Autorität. Dabei hielten die Arbeiter demonstrative Distanz zu »denen da oben«, deren Institutionen, Formen und Formeln. In der DDR waren das die Leiter und Funktionäre, die SED, die Sprache der Planerfüllungskampagnen und »Produktionsaufgebote«. Man verweigerte sich diesen Anforderungen zwar nicht prinzipiell, doch man wußte stets, »wo man hingehört«. Damit hatten auch jene ehemaligen Arbeiter zu kämpfen, die nun als Direktoren oder Funktionäre auf der »anderen Seite« standen. So gehört es zum Arbeiterstolz dieser Generation, auch noch nach vierzig Jahren festzustellen: »Ich habe mir nicht den Arsch im Sessel breitgedrückt.«

Im Rückblick auf die 50er Jahre sind die Erzählungen der Arbeiter am ungebrochensten. Die Arbeiter sind stolz auf ihre Lebensleistung, auf Ergebnisse, an denen »nichts zu deuteln ist«. Beim Verfertigen ihrer Lebenserzählungen oder Erinnerungen können sie sich unbewußt an die gesellschaftliche Groß-Erzählung der DDR und deren Heroisierung der Aufbauleistungen der Arbeiter anlehnen. Die Propaganda in der DDR war voll von Methaphern über die »Helden der Arbeit«, von Beschreibungen, wie der Staat auf den »Schultern der Arbeiter ruht« oder davon, daß die Arbeiter den Reichtum erwirtschaften, der dann gesellschaftlich verteilt wird. Das verschafft ihren Erinnerungen, auch wenn Geschichten voller Konflikte erzählt werden, bis heute einen versöhnlichen Ton.

Dieses Anlehnen an die propagandistischen Groß-Erzählungen war dem Mittelstand der DDR nicht möglich. Für die Selbständigen und die Angestellten brachen in den 50er Jahre schwere Zeiten an. Für sie fiel der Vergleich mit der Bundesrepublik wie auch mit der Vergangenheit besonders schlecht aus. Der sogenannte »alte Mittelstand«, die

Selbständigen, Händler und Gewerbetreibenden, sah sich spätestens seit 1952, als die SED-Führung den »Aufbau der Grundlagen des Sozialismus« ausrief, in einen Verteidigungskampf gedrängt. Aus marxistisch-leninistischer Perspektive war der »Kleinbürger« ein »schwankendes Element«. Die Arbeiter galten als die fortschrittlichste und führende Klasse bei der sozialistischen Revolution – die Selbständigen hingegen als Hindernis. Als sozialer Typus sollten die Selbständigen verschwinden. Sie wurden zum ideologischen Feindbild stilisiert. Die negativen Propaganda-Stereotypen über »Wucherer« oder »Schieber« paßten gut zu den Erfahrungen und Phantasien, die sich bei der Bevölkerung in den Hunger- und Mangeljahren nach dem Kriege verfestigt hatten. Diese öffentliche Stigmatisierung, die systematische Benachteiligung, zum Beispiel bei der Lebensmittelkartenzuteilung, wie auch der Interessengegensatz der Selbstständigen zum Modell des verstaatlichten beziehungsweise vergenossenschaftlichten Wirtschaftens verschlechterten die Situation des alten Mittelstandes und sein Verhältnis zur DDR weiter.
Die sozialistische Utopie einer Gemeinschaft ohne privatwirtschaftliche Sonderinteressen und Konkurrenz schloß an die technizistische Utopie der rationalen Verplanung und Normierung wirtschaftlicher Prozesse bis hin zum privaten Haushalt an. Während man bei Gründung der DDR schon die Hälfte der industriellen Produktion im »volkseigenen Sektor« erzeugte, wurde im Binnenhandel fast der gesamte Umsatz von Privatgeschäften erzielt. Nun sollte der Handel stärker in die Planwirtschaft eingebunden und auch hier der volkseigene Sektor ausgeweitet werden. Und so geschah es auch. Durch beschränkte Mittel- und Warenzuweisung, durch staatlichen Durchgriff auf die Preise, Löhne und Mieten und nicht zuletzt durch die restriktive Steuerpolitik wurde der wirtschaftliche Mittelstand, nicht nur im Handel, arg bedrängt. Bald war es nicht nur für die Beschäftigten, sondern vor allem für die mithelfenden Ehefrauen und Familienangehörigen und die Kleinunternehmer selbst finanziell attraktiver, in den staatlichen oder volkseigenen Sektor zu wechseln. Im Jahr 1950 arbeiteten noch zwanzig Prozent der Erwerbstätigen Ostdeutschlands als Selbständige oder mithelfende Familienangehörige, 1960 waren es nur noch fünf Prozent.

Die übrig blieben, betrieben ihr Geschäft meist nicht mehr mit der Erwartung, das große Geld zu machen. Der Versuch, Traditionen und Identitäten zu bewahren, zeigt sich als ein Motiv zum Weitermachen. Aber auch vom Dienst am Kunden, ja von der Verantwortlichkeit für diesen ist die Rede. In den Erzählungen der Selbständigen zeigen sich ein ausgeprägtes Verantwortungsgefühl und Autorität. Diese Ausstrahlung bewirkte auch schon einmal, daß ein Berliner Ministeriumsmitarbeiter eine Gruppe sächsischer Kohlenhändler, die sich über die schlechte Kohlenqualität beschwerte, mit einer Delegation von Bürgermeistern verwechselte. Selbstbewußtsein zeigt sich auch in der Art, mit der ein Selbständiger – so von Tischler zu Tischler – mit Walter Ulbricht über die Formgebung von modernen Möbeln stritt. Zu Beginn der 50er Jahre war die Existenzweise der Selbständigen in den Vorstellungen der Menschen immer noch attraktiv. Man verband Wohlstand sowie eine gewisse Freiheit und Autonomie damit. Die Plackerei hingegen wurde für gewöhnlich unterschätzt, wie eine junge Frau, die den Gemüseladen der »reichen Tante« übernahm, am eigenen Leib erfuhr. Trotz aller Arbeit war aber für viele Selbständige die Genugtuung, auf eigenen Beinen zu stehen und der eigene Herr zu sein, sehr groß. Die Leistungen des oft selbstausbeuterischen Fleißes, die Weitsicht und das Organisationsgeschick ließen sich in Ansehen und Anerkennung bei den Kunden ummünzen. Aber es gab eben nicht nur Anerkennung dafür. In der öffentlichen Kommunikation der DDR war nicht vom »initiativreichen«, sondern vom »umtriebigen Unternehmer«, nicht vom »geschickten«, sondern vom »gewieften Geschäftsmann« die Rede. Während man im Westen in aufwendigen Werbe-Kampagnen zur sozialen Marktwirtschaft der Bevölkerung ein positives Bild vom »Unternehmer als Motor des Aufschwungs« nahezubringen versuchte, assoziierte man im Osten die Selbständigen viel stärker mit Ausbeutung, privatwirtschaftlichem Egoismus und individueller Aneignung gemeinschaftlicher Güter. Je mehr die Verhältnisse zwischen Ost und West auseinanderstrebten, um so fließender wurden dann auch die Grenzen zwischen wohlverstandenem Handel und Schieberei. So haben auch Selbständige und Nicht-Selbständige ganz andere Erinnerungen und Bewertungen des plötzlichen Bargeld-Umtausches, der eines Sonntags in der DDR »ausgerufen« wurde. Die Maßnahme fand in der

Bevölkerung ihren Beifall, weil sie die Schieber, Spekulanten und Steuerhinterzieher schädigen sollte, traf aber eben auch jene Selbständigen, die nicht unbeträchtliche Reserven an Bargeld zur Warenbeschaffung jenseits des volkseigenen Großhandels gebunkert hatten. Und wieder wurden die Spielräume für unternehmerische Freiheit eingeengt.

So haftet den Geschichten und Erinnerungen, die die Selbständigen erzählen, oft eine gewisse Zwiespältigkeit an. Einerseits dokumentieren sie Selbstbewußtsein, Stolz auf die Lebensleistung und die lokale Anerkennung, die sie sich trotz widriger Umstände erarbeiteten. In den Geschichten thematisieren die Erzähler, wie schwer es war, wie es ihnen vom Staat noch schwerer gemacht wurde, wie sie länger und härter als »irgendein Gehaltsempfänger« arbeiteten, um »den Laden am laufen zu halten«. Zum anderen können die Selbständigen jedoch keine Erfolgsstory erzählen. Man ist zwar »irgendwie über die Runden gekommen«, aber hätte dennoch mehr »gekonnt«, wenn man nur mehr Raum zur Entfaltung bekommen hätte. Die Selbständigen wurden im ersten Jahrzehnt der DDR aus dem wirtschaftlichen und öffentlichen Leben immer mehr verdrängt. Hinzu kam, daß sie in der gesellschaftlichen Groß-Erzählung als ein rückständiges Überbleibsel der »kapitalistischen Vorzeit«, als kleingeistig, egoistisch und wirtschaftlich als ineffizient galten, also als unzeitgemäß beschrieben wurden. Bei den Angestellten war das anders. Sie hatten zumindest die Möglichkeit, sich beim Erzählen ihrer Lebensgeschichten – ähnlich wie die Arbeiter – an die offizielle Erzählung von der Konsolidierung und dem Aufstieg der DDR anzulehnen. Diese Möglichkeit hatten die »Klein-Kapitalisten im Sozialismus« nicht.

Auch die Angestellten gehörten, wenn man ihren Status und ihr Einkommen mit dem in der Vergangenheit oder dem in der Bundesrepublik vergleicht, zu den Verlierern. Die in der DDR durchgesetzte »Einkommensnivellierung nach unten«, die die Arbeiter bevorteilte, traf neben dem »alten Mittelstand« vor allem die Angestellten. Die Abschaffung des deutschen Beamtentums im Osten und die Bildung einer neuen »sozialistischen Dienstklasse« bedeutete in den 50er Jahren eine Zeit harter Disziplinierung. Das Heer der Beschäftigten im öffentlichen Dienst der DDR stand unter dem Zugriff einer zentral gesteuerten Kader-Politik. Auf den Behörden und Ämtern, im Gesundheitswesen und im Handel, in den Verwaltungen in Wirtschaft und Kultur, im Kindergarten und auf der Sparkasse übernahmen sozialistisch geschulte »Kader« die Anleitung und Kontrolle der Arbeit. Bald war für die einfachen Angestellten neben dem Fachwissen auch die »Treue zur Partei der Arbeiterklasse« ein wichtiges Eignungskriterium. Oft trieb der Versuch, die traditionell eher bildungs- und vor allem politikfernen Angestellten für die »marxistisch-leninistische Weltanschauung« zu gewinnen, seltsame Blüten. »Wir wurden gezwungen, politisch zu sein«, bringt eine der Angestellten diese Konstellation auf den Punkt. Andererseits hatten die Angehörigen der Dienstklassen an ihren Arbeitsplätzen große Gestaltungsmacht. Denn für viele Probleme im »bürokratischen Sozialismus« gab es oft gar keine bürokratisch-korrekte Lösung »nach Vorschrift«. Und für die meisten Güter, die Handel oder Behörden zu verteilen hatten, gab es zu viele Interessenten. So mußten halt oft die Angestellten nach eigener Bewertung und Einsicht die Quadratur des Kreises vornehmen und die richtige Entscheidung treffen. Daß ein »Dienst nach Vorschrift« die DDR oft genug lahmgelegt hätte und daß letztendlich die Angestellten die richtigen Kompromisse zwischen allgemeiner gesellschaftlicher Knappheit und besonderer Bedürfnislage des Bürgers zu schließen hatten, widerspiegelt auch eine der Propaganda-Parolen, die sich »gegen herzloses bürokratisches Verhalten« wandte. Die Erzählungen der Angestellten bewegen sich unter anderem auch zwischen diesen beiden Polen. Einerseits waren sie verpflichtet, den ideologischen Kursschwankungen zwischen Dogmatismus und Tauwetter zu folgen, andererseits mußten sie die Kontinuität und Gerechtigkeit der Institutionen und nicht zuletzt ihre persönliche Integrität verteidigen. Einerseits waren sie immer wieder Objekt der Überzeugungs- und Erziehungsdiktatur, andererseits mußten die kleinen Angestellten – und eben nicht ihre Leiter – tagtäglich und ganz konkret für (oder gegen) die betroffenen Bürger weitreichende Entscheidungen treffen. Sowohl »der gelernte DDR-Bürger« als auch der jeweilige Angestellte wußten um diese besondere Beziehung. So wurden die Angestellten in solchen Situationen auch behandelt. Von seiten der Bürger waren sie Objekt von Überzeugungsarbeit, Klagen und Zetern, Bestechungsversuchen, Ermattungsstrategien, Wutausbrüchen oder hysterischen Szenen, aber kaum das Objekt von Geringschätzung. Mit der in sich widersprüchlichen Positionierung als »sozialistische Dienstklasse« im System alltäglicher Entscheidung und mit der Art, mit der die Angestellten diese Aufgabe lösten, prägten sie ganz entscheidend das gesellschaftliche Klima der DDR.

Eine bemerkenswerte Leistung in der DDR ist die Schaffung einer sozialistischen Intelligenz und einer eigenen Bildungselite in historisch kurzer Zeit. Im Zuge der Entnazifizierung hatten fast dreiviertel der Lehrer und Hochschullehrer Ostdeutschlands ihre Position verloren. Zum größten Teil waren die bürgerlichen Eliten schon in der SBZ entmachtet, geflohen oder vertrieben worden. Die Entfernung der nationalsozialistisch kompromittierten Akademiker ging einher mit der antibürgerlichen Revolution im Bildungs-, Wissenschafts- und Kulturbereich. Aus marxistischer Sicht war die Rolle der Geistes-Produzenten und Bildungs-Vermittler einer Gesellschaft kaum zu überschätzen. Aus diesem Grunde wurde auf die Heranbildung einer eigenen »sozialistischen Intelligenz« gesetzt. Vor allem förderte man dabei Jugendliche aus dem Arbeiter- und Kleinbauernmilieu. Bei diesen Kandidaten für die neue Intelligenz glaubte man, nicht nur auf das »richtige Klassenbewußtsein«, sondern auch auf den richtigen »Klasseninstinkt« bauen zu können. Man ging bei der Deckung des Akademiker-Bedarfs also nicht den aus technokratischer Perspektive kürzeren Weg der Förderung einheimischer bildungsnaher Schichten, sondern setzte die Prioritäten entsprechend dem Konzept der »sozialistischen Revolution«. So wurden die 50er Jahre in der DDR das Jahrzehnt eines einmaligen Bildungssogs – aber eben nicht für alle Jugendlichen der DDR gleichermaßen. Wer von seiner »sozialen Herkunft« her halt »nur« Angestellter, Intelligenz oder gar »Sonstiger« war, konnte vom Bildungsaufstieg nicht so profitieren wie Jugendliche, die zur Rubrik Arbeiter oder (Klein)Bauern gehörten. In den Erzählungen der Bildungsaufsteiger wird das Handicap der »falschen« sozialen Herkunft immer wieder erwähnt.

Der massenhafte Aufstieg von Angehörigen der unteren Schichten in die Bildungs- und Führungsschicht ist ein historisch wohl einmaliger Prozeß. Wer damals Arbeiter war, hatte in den 50er Jahren tatsächlich die Chance, Minister zu werden. Mitte der 50er Jahre kam jeder zweite

Studierende aus der Arbeiterschaft. Es war zum Alltag geworden, daß Kinder aus Arbeiterfamilien auf die Erweiterte Oberschule »delegiert« wurden. Zudem wurden mit der DDR-Gründung die »Arbeiter- und Bauern-Fakultäten« gebildet, deren Funktion darin bestand, Jugendliche aus den einfachen Schichten zur Hochschulreife zu führen. Die sich über Generationen als geringgeschätzt gesehen hatten, bekamen nun gewissermaßen die historische Chance, dem bürgerlichen Hochmut Paroli zu bieten. Ein Wissenschaftler erinnert sich, wie seine Jugendfreundin, eine Tochter aus gutem Hause, der Auslöser für seine Bildungsbemühungen war. Sie forderte von ihm nämlich, daß er studieren müsse, mit einem »Proleten« würde sie sich auf Dauer nicht einlassen. Mit dieser Bemerkung endete die Liebesbeziehung und begann die Bildungskarriere des jungen Schlossers. Für viele Absolventen der ABF war das Studium dann auch nicht einfach nur eine Möglichkeit zum sozialen Aufstieg, also nicht nur eine persönliche Chance. Das alles war für sie mit größerer Bedeutung aufgeladen, ihr Studium verstanden sie oft als Bestandteil eines historischen Prozesses – »Studium ist Klassenauftrag und Klassenkampf«. Den ABF-Studenten wird, wie einer der damaligen unpolitischen Studenten erzählt, eine gewisse »Besessenheit«, viel Engagement im Studium und in den politischen Auseinandersetzungen attestiert.

Die Erzählungen und Erinnerungen an das Studium an den Universitäten und Hochschulen in der DDR zeigen, daß die Studierenden wie auch die Hochschullehrer dem allgegenwärtigen politischen Druck recht differenziert gegenüberstanden. Viele wichen den politischen Forderungen einfach aus, ließen sie, gemeinsam mit den Lehrkräften, ins Leere laufen. Einige wenige engagierten sich gegen die sozialistische Umgestaltung, und eine größere Gruppe war von der »Aufbruchstimmung« oder vom sozialistischen Aufbau beseelt. Sie wollten reinen Herzens all die »noch Rückständigen« und »Unaufgeklärten« davon überzeugen, daß der Sozialismus moralisch gut und gerecht, praktikabel und zukunftsfähig ist. Dabei kam es, wie die Erinnerungen in der »Jungen Gemeinde« zeigten, zu harten Konfrontationen. Jugendspezifische Entschlossenheit, die Welt besser zu machen, gerechter, moralischer und schöner als das, was man im Jahrzehnt zuvor erlebt hatte, der daraus resultierende Hang zum Prinzipiellen und zur

Radikalität gingen mit der sozialistischen Ideologie eine brisante Mischung ein. Auch der Sozialismus war in den 50er Jahren ein jugendliches Konstrukt: »Das Alte« war durch die praktische Erfahrung in der Nazi- und Kriegszeit blamiert. Außerdem gab es eine Deutung, die diese Katastrophe als unvermeidlichen Endpunkt aller Klassengesellschaften erklärte. Und der Beweis, daß »das Neue«, der Sozialismus, wirklich die bessere Welt bringen würde, war im Alltag damals noch nicht zu erwarten. Zudem neigen eben gerade die Theoretiker dazu, die Strahlkraft des »Großen Projektes« letztlich nicht von »Einzelerscheinungen« und praktischen Unzulänglichkeiten »im Kleinen« schmälern zu lassen. Immer wieder gab es Zweifel, »ob die Methoden, mit denen wir arbeiten, die richtigen sind«, erinnert sich eine Studentin, die sich mit dem Sozialismus identifiziert, »aber immer wieder haben wir uns sozusagen am großen Ziel wieder aufgerichtet«.
So entstand in der DDR der 50er Jahre allmählich ein anderes gesellschaftliches »Oben«, eine andere Bildungsschicht als im Westen. Hinsichtlich seines Status, Prestiges und Einkommens war der Akademiker im Westen weit entfernt vom Arbeiter, während die DDR ihre neue sozialistische Intelligenz nicht in bemerkenswerter Weise über die anderen Werktätigen hob. Das belegt schon ein Vergleich der Einkommen. Auf die verbliebene traditionelle bürgerliche Intelligenz konnte mit dem verstärkten Zustrom von professionalisierten sozialistischen Kadern nun allmählich größerer Druck ausgeübt werden. Selbst internationale wissenschaftliche Autorität bewahrte sie nicht vor Gängelei, und selbst lukrative Einzelverträge hielten sie dann nicht mehr in der DDR. Im Laufe der 50er Jahre verschwand die bürgerliche Intelligenz allmählich in den Westen oder in den Ruhestand, und mit ihr verschwand der traditionelle Habitus, der soziale Typus des bürgerlichen Experten oder Gelehrten von der Bildfläche. Am Arbeitsplatz und in der gesellschaftlichen Kommunikation wurde das distinkte »Sie« durch das proletarische »Du« ersetzt, aus »mein lieber Herr Kollege« wurde die Anrede »Kollege« oder »Genosse«, und man verabschiedete sich auch nicht mehr »mit den besten Empfehlungen an die gnädige Frau Gemahlin«, sondern mit »Bis Morgen!«.
Die Kleidung und das Verhalten der Akademiker hatten sich verändert und den allgemeinen gesellschaftlichen Standards angenähert. Die

neuen Akademiker schlugen sich im Alltag mit den gleichen Wohnungs- und Versorgungsproblemen wie einfache Angestellte herum, und Arbeitern ging es in Versorgungsfragen oft besser. Die neue sozialistische Intelligenz kam also zum großen Teil aus einfachen Volksschichten, und man ließ sie bei ihrem Aufstieg auch nicht in bemerkenswerter Weise über das Volk hinaufsteigen.

Traditionsbrüche befreien nicht nur von einengenden Verbindlichkeiten, sie haben auch ihre besonderen Kosten. Die Bildungsaufsteiger erzählen von den enormen persönlichen Anstrengungen, sich die klassischen und die neuen sozialistischen Bildungsgüter anzueignen. Alles war neu für sie, sowohl das Alte, der bürgerliche Bildungskanon, als auch das Neue, die marxistische Wissenschaft. Zum einen konnte sich die neue Intelligenz nur noch selektiv auf das Erbe der »bürgerlichen Wissenschaft« und der »bürgerlichen Kultur« stützen – wobei die von der Politik verordnete Auswahl dessen, was zum Erbe und zur Tradition gehörte und was nicht, recht willkürlich wirkte und beständigen Schwankungen unterlag. Zum anderen sollten simultan neue »marxistisch-leninistische Gesellschaftswissenschaften« ausgearbeitet werden. Die Zweifel an den inhaltlichen und formalen Rahmenbedingungen des Wissenschafts- und Kulturbetriebes, die bei den jungen Studierenden und Akademikern – je nach politischem und weltanschaulichem Bekenntnis und professioneller Einsicht in die eigene Disziplin – früher oder später aufbrachen, konnten jedoch immer nur im Kleinen und Informellen diskutiert werden. Wer in dieser Beziehung prinzipiell wurde und Öffentlichkeit suchte, den traf die Gewalt des Repressionsapparates, der kam »zur Bewährung in die Produktion« oder verschwand in der Haft. Hier herrschten also eher individuelle und informelle Formen der Konfliktbewältigung vor, und vieles, was man tat, tat man mit den in diesem DDR-Milieu sprichwörtlich gewordenen »Bauchschmerzen«.

Das macht auch die Ambivalenz der Erinnerungen und Geschichten aus, die Angehörige der Intelligenz rückblickend auf die 50er erzählen. Die enorme Herausforderung, die das Eintauchen in diese neue Welt der Bildung stellte, das permanente Gefühl des Ungenügens, das sich bei einer solchen Aufholjagd oft einstellt, ließ die Angehörigen der ersten Generation der DDR-Intelligenz selten selbstzufrieden sein.

Die damaligen Schwierigkeiten reflektieren und thematisieren sie am deutlichsten – sowohl ihr Mittun an dem, was sich spätestens im Rückblick als Fehlentwicklung herausstellte, als auch die Begrenztheit ihres persönlichen Einflusses und Bewegungsspielraumes.

Die Alltagserinnerungen an die 50er Jahre in der mitteldeutschen Region zeigen, wie die politischen Rahmenbedingungen und Konflikte in das alltägliche Leben eingegriffen haben. Diese Erinnerungen illustrieren aber auch, wie die großen politischen Staatsaktionen auf der alltäglichen Ebene gefiltert, selektiert und eigensinnig umgeformt, wie sie gebremst oder ausgenutzt wurden. Im Alltag der Menschen gibt es wie im politischen, wirtschaftlichen und kulturellen Leben aller Gesellschaften tagtägliche Routinen und Denkwürdigkeiten. Die Denkwürdigkeiten im Alltag von werktätigen Menschen sind jedoch nicht mit den Denkwürdigkeiten auf der gesellschaftlichen Ebene identisch, das illustrieren die hier präsentierten Erzählungen sehr deutlich. Die Werte und Sinnvorstellungen des Alltags sind andere als jene, die die Staatsräson oder die dominierende gesellschaftliche Groß-Erzählung nahelegen. Auch solche politischen Konfliktsituationen wie den 17. Juni 1953, der später zu einer geschichtspolitischen Zäsur wurde, bewertet man im Alltag zunächst pragmatisch, wägt Chancen und Bewegungsräume ab. Noch ehe die öffentliche politische Auseinandersetzung an diesem Tag eskaliert war und ihren Höhepunkt erreicht hatte, so erinnern sich unsere Zeitzeugen, hatten die Leute schon vorausschauend den Alltag der nächsten Tage im Auge. Nämlich daß das Brot bei einer länger andauernden politischen Auseinandersetzung knapp werden würde. Und für eine Zeitzeugin ist der 17. Juni 1953 deswegen ein denkwürdiger Tag, weil die politischen Ereignisse ihr erstes Rendezvous mit einem jungen Mann verhinderten, den sie seitdem nie mehr gesehen hat. Dies alles illustriert die Autonomie des Alltags. Die hier bestätigten Erfahrungen sind meist langlebiger und wirken auch über Systemumbrüche hinweg. So werden jeweils zeittypische Erfahrungsmuster zu Lebenserfahrungen aufgeschichtet. Natürlich schleifen sie sich auch an neuen Gegebenheiten ab, werden mit neuen Erfahrungen kombiniert und erfahren manchmal auch ganz neue Interpretationen. Die Erzählenden reflektieren diesen Veränderungsprozeß genau, sie relativieren dann mit »damals dachte ich das so« oder »damals war das halt so üblich«. Der größte Teil der Alltagserfahrungen der 50er Jahre wird aber noch heute als gültig angesehen und als Wert noch hochgehalten: Arbeitsdisziplin und Verantwortungsbewußtsein, Bescheidenheit, Gemeinschaftsorientierung und die Fähigkeit, sich einzuordnen.

Aber sind Erinnerungen, selbst mit viel gutem Willen der sich Erinnernden, nicht etwas höchst Unzuverlässiges?

Natürlich sind Erinnerungen selektiv, ebenso selektiv wie es die tagtäglichen Wahrnehmungsprozesse sind. Zudem ist unstrittig, daß Erinnerungen keine Abbilder der Vergangenheit sind. Erinnerungen thematisieren zwar die Vergangenheit – aber sie sind etwas ganz Gegenwärtiges, sie sind aktuelle psychische Realität der sich Erinnernden. Das hat nichts mit bewußter Erfindung oder Verdrehung von »Tatsachen« durch die Zeitzeugen zu tun. Das Vergessen ist kein willkürlicher Prozeß – und das Erinnern oft auch nicht. Die jeweils individuelle Art des Vergessens und Erinnerns, die Komposition und die Schwerpunktsetzung in den Geschichten, die Kommentare und Wertungen, die Behauptung von Motiven, Zielen und Kausalitäten sind dagegen ganz zeitgenössische Konstruktionen. Die Erinnerungen und Geschichten aus den 50er Jahren zeigen also, wie die Vergangenheit heute anwesend ist. Sie zeigen, wie das damals Erlebte in die Gegenwart überführt wurde, sie zeigen, in welcher Art von Erfahrung das Vergangene in der Gegenwart abgelagert wird. Und Erfahrungen prägen wieder die Wahrnehmung des Gegenwärtigen und Zukünftigen.

Die hier präsentierten Erinnerungen und Erfahrungen bilden somit die Vergangenheit wie auch die Gegenwart ab. Sie zeigen die 50er Jahre aus dem Blickwinkel der späten 90er Jahre, also dem Ende einer weiteren, in ihrer Radikalität mit den 50ern vergleichbaren Transformationsdekade. Ostdeutschland ist damit ein Kulturraum, in dem sich in einer Lebensspanne zwei tiefgreifende gesellschaftliche Umbrüche vollzogen und in den Familienbiographien als Alltagserfahrung eingeschrieben haben. Denn wenn die politischen, ökonomischen und ideologischen Strukturen einer Gesellschaft durcheinandergewirbelt werden, ist es schließlich der Alltag, der sozusagen als konservativer Gegenspieler einer solchen Erneuerung eine gewisse Verhaltenssicherheit bietet. Alltagserfahrungen in Umbruchszeiten sind deswegen so vielsagend, weil es letztlich der Alltagsbereich ist, in dem sich sowohl die Hinwendung zum »Neuen« wie auch der Widerstand dagegen zu bewähren hat. Erst wenn sie auch den Alltag der Menschen verändert hat, war eine Umwälzung erfolgreich.

Glossar

Arbeiter-und-Bauern-Fakultät (ABF) Studieneinrichtung zur Erlangung der Hochschulreife. Die ABFs wurden 1949 gegründet bzw. aus bereits bestehenden Vorstudienanstalten gebildet. Sie bestanden an den Universitäten Berlin, Leipzig, Halle, Jena, Rostock und Greifswald sowie an den Technischen Hochschulen Dresden, Zwickau und Freiberg sowie in Schwerin und Cottbus. An die ABF wurden vor allem Kinder von Arbeitern und Bauern delegiert, die dort nach einem in der Regel drei Jahre dauernden Studium das Abitur ablegten, um dann ein Hochschulstudium aufzunehmen. Diese systematische Förderung von Arbeiter- und Bauernkindern führte dazu, daß deren Anteil unter den Studierenden Ende der 50er Jahre annähernd der sozialen Zusammensetzung der Bevölkerung entsprach. Bis zur Schließung der ABFs im Jahre 1963 wurden auf diesem Wege 33 729 Personen zum Hochschulstudium geführt. An der Martin-Luther-Universität Halle und der Bergakademie Freiberg blieben die ABF bis Ende 1989 bestehen.

Arbeiter-Wohnungsbaugenossenschaft (AWG) Freiwilliger Zusammenschluß von Wohnungsinteressenten mit dem Ziel des genossenschaftlichen Wohnungsbaus, der Verteilung, Werterhaltung und Verwaltung der gebauten Wohnungen. Im Jahr 1954 wurde in Zusammenarbeit mit den Gewerkschaften von Betrieben und staatlichen Einrichtungen der Zusammenschluß von Arbeitern, Angestellten und Angehörigen der Intelligenz in AWGs initiiert. Die Wohnungen wurden nach dem Leistungsprinzip, der »Dringlichkeit«, nach der Dauer der Mitgliedschaft und nach der Erfüllung der Verpflichtungen des Mitglieds gegenüber der AWG verteilt. In den 50er Jahren ständig wachsend, begann der Anteil des genossenschaftlichen Wohnungsbaus seit Anfang der 60er Jahre jedoch drastisch zu sinken.

Gesellschaft für Sport und Technik (GST) Bestand von 1952 bis 1990. In der GST konnten Jugendliche vormilitärischen und »wehrsportlichen« Interessen nachgehen, Schießen, Fallschirmspringen, Segelfliegen, Modellbau, Motor- und Wassersport u. ä. betreiben. Anknüpfend an Abenteuerlust und Technikbegeisterung der jungen Leute wurde so auch eine praktische und mentale Vorbereitung auf den freiwilligen Dienst bei der Kasernierten Volkspolizei bzw. der Nationalen Volksarmee betrieben.
In den folgenden Jahrzehnten, beginnend mit der Einführung der Wehrpflicht (1962) und der Pflicht zur »Vormilitärischen Ausbildung« bzw. dem Wehrkundeunterricht (1978), verstärkte sich ihr paramilitärischer Charakter.

Handelsorganisation (HO) Wurde 1948 gegründet, bestand bis 1990 und war eine staatliche Organisation des Einzelhandels. Sie wurde mit dem Ziel gebildet, den volkseigenen Sektor im Einzelhandel zu bewirtschaften und auszuweiten. Zu dieser Zeit wurde fast die Hälfte der Industrieproduktion im volkseigenen Sektor erzeugt, während im Binnenhandel der Anteil der Konsumgenossenschaften noch sehr gering war und der überwiegende Teil der Umsätze von privaten Einzelhandelsbetrieben erzielt wurde. Nach der Währungsreform 1948 und der folgenden Neuordnung der Einzelhandelsverkaufspreise bekam die HO eine zusätzliche Funktion. Während für die rationierten Konsumgüter festgesetzte Preise galten, bot die HO nur auf Bezugsschein oder gar nicht erhältliche Produkte zu deutlich höheren Preisen an. Im Jahr 1954 kostete ein rationiertes Kilo Butter 4,45 Mark, im freien HO-Verkauf dagegen 20 Mark. Die HO-Verkaufsstellen schöpften überschüssige Kaufkraft ab, führten dem Staat beträchtliche Einnahmen zu, behinderten zugleich aber auch die privaten Verkaufseinrichtungen, die weiterhin nur rationierte Waren zu verbilligten Preisen abgeben konnten. Die HO konnte so nennenswerte Umsatzsteigerungen erreichen und hatte eine stagnierende oder rückläufige Rentabilitätsentwicklung. Diese Preispolitik wurde im Mai 1958 zusammen mit der Lebensmittelrationierung abgeschafft, bei der Besteuerung und Warenzuteilung wurde die staatliche Handelsorganisation jedoch weiter vom Staat begünstigt.

Kleiderpunkte So wie der Bezug von Lebensmitteln war auch der Bezug von Textilien rationiert. Kleiderpunkte ist eine umgangssprachliche Bezeichnung für diese Bezugsscheine.

Krauter Umgangssprachlicher Begriff für einen »kleinen und privaten Gewerbetreibenden«

naTo Städtisch gefördertes Jugendzentrum mit Kneipe und Kino in Leipzig, Szenetreff. Der Name spielt ironisch auf die im Text erwähnte frühere Funktion des Gebäudes an. Damals beherbergte es nämlich einen »Klub der Nationalen Front« in der DDR.

RIAS »Radio im amerikanischen Sektor«, von 1945 bis 1991 bestehender Sender in West-Berlin. Der RIAS hatte mit seinem Musik-, Nachrichten- und Textprogramm in der SBZ/DDR ein großes Publikum. Manche Sendungen wurden direkt für die Hörerschaft in Ostdeutschland produziert. Die vom RIAS intendierte kulturelle und politische Einflußnahme auf die Ostdeutschen war, bis das Fernsehen zum wichtigsten Informationsmedium wurde, recht hoch. In Ostdeutschland wurden die Informationen über die Proteste und Krawalle am 17. Juni 1953 in Ost-Berlin sowie ihre Losungen und Forderungen durch den RIAS verbreitet.

»Sonstige« In der DDR wurden Schülerinnen und Schüler nach der sozialen Herkunft der Eltern klassifiziert, es wurden Kinder von »Arbeitern«, »Bauern«, der »Intelligenz« und den »Sonstigen« unterschieden. Kinder von »Arbeitern« und von »Bauern« wurden stärker gefördert als Kinder der anderen Gruppen. Kinder von Funktionären oder

Offizieren galten als Kinder von »Arbeitern«. In den ersten Jahrzehnten der DDR waren diese Zuordnungen sehr folgenreich und führten zu spezieller Förderung oder zu Gegenprivilegierung. In den Klassenbüchern gab es eine schmale Spalte »Soziale Herkunft«, wo alle Kinder mit »A«, »B«, »I« oder eben »S« rubriziert wurden.

Subbotnik Vom russischen »Subota« (Sonnabend) abgeleiteter, mehr oder weniger freiwilliger Arbeitseinsatz am Samstag, der unentgeltlich geleistet wurde.

Vopo Volkspolizist.

Wismut Die »Sowjetische Aktien Gesellschaft (SAG) Wismut« betrieb Uranerzbergbau in den sächsischen Revieren. Die Enteignung der Gruben, ihre Ausbeutung und der Abtransport der Bodenschätze in die Sowjetunion ging auf Reparationsforderungen der Sowjetunion zurück. Die SAG Wismut nahm eine Sonderstellung unter den übrigen SAGs ein, sie unterstand nicht der sowjetischen Militäradministration in Deutschland, sondern direkt den sowjetischen Stellen in Moskau. Anders als die SAG-Betriebe wurde die »Wismut« auch nicht zum 1. Januar 1954 an die DDR übergeben, sondern in eine »Sowjetisch-Deutsche-Aktiengesellschaft« (SDAG) umgewandelt. Die Versorgung der Arbeitskräfte in den SAGs war besser als die von Beschäftigten in anderen Betrieben in der SBZ bzw. DDR. In den frühen Jahren wurden die Arbeitskräfte für die militärisch wichtige Uranerzförderung in den Schächten der »Wismut« durch materielle Anreize, gelegentlich auch mit Gewalt und dem Befehl der Besatzungsmacht rekrutiert. Zwangsverpflichtet wurden vor allem als Nazis bekannte Personen.
Im Jahr 1991 ging der 50prozentige sowjetische Anteil an der SDAG Wismut in den Besitz der Bundesrepublik über.

Danksagung

Unser besonderer Dank gilt allen Zeitzeugen, die uns freimütig ihre Erinnerungen und Lebensgeschichten erzählt und für dieses Buch zur Verfügung gestellt haben.
Viele Erzähler wechselten ihre Lebensmittelpunkte, so daß im Buch auch viele Orte in Thüringen und Sachsen-Anhalt als Orte des Geschehens auftauchen. Wir fanden diese Geschichten jedoch so beispielhaft, daß wir nicht auf sie verzichten wollten.
Ebenfalls danken wir jenen Erzählern, die die 50er Jahre in Sachsen erlebten und heute in anderen Regionen leben.
Wir bedanken uns bei Herrn Matthias Eisel vom Leipziger Büro der Friedrich-Ebert-Stiftung und bei Herrn Christoph Wielepp vom Dresdner Büro der der Friedrich-Ebert-Stiftung. Sie nahmen unsere Gesprächsreihen in ihr Veranstaltungsprogramm auf und unterstützten sie finanziell.
Zudem gilt unser Dank der Landeszentrale für politische Bildung Sachsen, die das Erfassen der Manuskripte übernahm und die Veröffentlichung dieses Buches förderte.

Bildnachweis

Seite 12; 17; 19; 26; 31; 33; 42; 51; 54; 72; 74; 79; 82; 101; 104; 112; 117; 134; 139; 142; 145; 152: privat
Seite 2; 36; 87; 107; 126: Renate und Roger Rössing
Seite 45; 48; 67; 120: Fotothek Karl Detlef Mai
Seite 58: Haus der Geschichte/Zeitgeschichtliches Forum Leipzig
Seite 160: Universitätsarchiv Leipzig, ZFF Nr. 1019

Literarische Spaziergänge
mit Büchern und Autoren

Thomas Ahbe
Michael Hofmann

Hungern, Hamstern, Heiligabend
Leipziger erinnern sich an die Nachkriegszeit

Mit 47 Abbildungen
191 Seiten. Broschur
ISBN 3-378-01012-6

»Erinnerungen an den Alltag erscheinen oftmals belanglos, als unbedeutende private Episoden, über welche die Geschichte längst hinweggeschritten ist. Erst das Sammeln solcher persönlicher Erinnerungen zeigt ihre über den privaten Raum hinausweisende Allgemeingültigkeit.«

Alltagsgeschichten in sechs Kapiteln. Beteiligte berichten über den Neubeginn in einer Stadt, die exemplarisch für viele andere stehen könnte. Die Erzählungen aus dem Jahr 1945 reichen vom Einmarsch der Alliierten bis zum wieder beginnenden Nachtleben der Stadt. Die Kapitel im einzelnen:

- »Die Amis kommen!«
- »Die Russen in der Stadt«
- Leben in Trümmern
- Hungern, Hamstern, Heiligabend
- »Die Schule hat uns geprägt«
- Leipziger Nachtleben 1945

»Wird so Nachkriegszeit verklärt? Nein! Das ist die Wahrheit der Wahrnehmung der Menschen in ihrer Zeit.« *Die Zeit*

Gustav Kiepenheuer Verlag

Bernd-Lutz Lange

Magermilch
und lange Strümpfe

218 Seiten. Gebunden
ISBN 3-378-00621-8

»Aber das schlimmste für unsereinen waren die langen Strümpfe mit dem gestrickten Leibchen … eine Schande für jeden Jungen!«

Bernd-Lutz Lange erzählt von einer kargen, dennoch unbeschwerten Kindheit nach dem Krieg und in der jungen DDR. Fruchtschnee und Affenfett, Brausepulver und Muggefugg, Wattfraß und Kartoffelkäfer feiern in diesen Erinnerungen ihre fröhlichen Urständ.

Ein heiteres Zeitdokument: wie der Autor selbst, so steckte auch die Republik in den Kinderschuhen, und nicht alle Gehversuche endeten glücklich.

Gustav Kiepenheuer Verlag

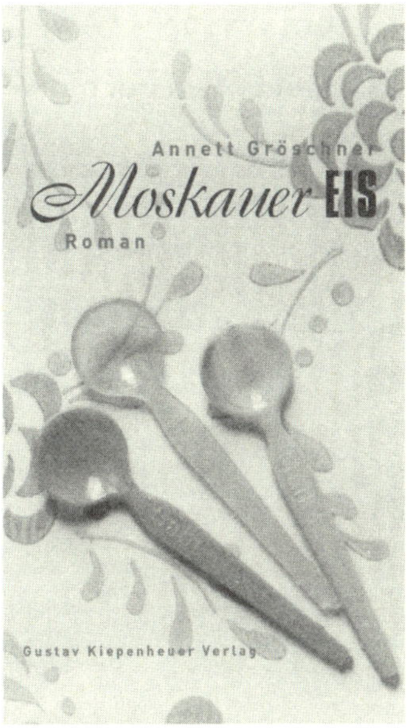

Annett Gröschner

Moskauer Eis

Roman

288 Seiten. Gebunden
ISBN 3-378-00628-5

»Im Prinzip konnte man alles einfrieren, Muttermilch, Tote, Erbsen, Bohnen, Spargel, die ganze DDR-Landwirtschaft, Fleischwirtschaft, Marmor, Stahl und Eisen, Akten, überhaupt hätte man die ganze ehemalige DDR mit einer Kühlzelle überbauen und sie konservieren können.«

Mit Lust am Detail hat Annett Gröschner ihre biographischen Erfahrungen als Mitglied einer Familie von manischen Gefrierforschern und Kühlanlagenkonstrukteuren zu einem Roman über das Leben in deutschen Landen vor und nach 1989 verdichtet.

Gustav Kiepenheuer Verlag

Jurij Brězan

Hunds Tagebuch

Mit 17 farbigen Illustrationen
von Volker Kriegel
104 Seiten. Gebunden
ISBN 3-378-00633-1

Ach ja, es ist schon schlimm, wenn Hund auf die Kaninchenjagd möchte, statt dessen aber an der Leine neben Frauchen durch die Straßen trotten muß. Die Menschenwelt ist Dackel Kifko ein Rätsel, und so beginnt er, sie auf seine Art zu erkunden.

Jurij Brezan und Volker Kriegel sind auf den Hund gekommen – der eine wie gewohnt als liebevoller, aufmerksamer Erzähler, der andere mit dem Blick für das, was uns die Spezies Dackel so liebenswert macht: verschlagener Blick, große Schnauze und viel zu kurze Beine. Ein amüsantes Buch aus dem Blickwinkel des Dackels Kifko, der »Herrchen« und »Frauchen« so manchen Streich spielt. Die Illustrationen des Cartoonisten Volker Kriegel machen das Buch zu einem wunderbaren Geschenk für Kinder und Erwachsene.

Alexander Osang

Die Nachrichten

6 CDs mit Booklet (24 S.)
388 min. 65 Tracks
ISBN 3-89813-130-0

Jan Landers, aufgewachsen in Ostberlin, ist Tagesschausprecher in Hamburg. Als das Gerücht aufkommt, er habe als IM mit der Stasi zusammengearbeitet, soll Landers sich erinnern. Mit journalistischer Präzision zeichnet Alexander Osang ein messerscharfes Bild von Ost und West- Deutschland in den Neunzigern. Jan Josef Liefers, der genau den Ton von Osangs »Die Nachrichten« trifft, macht den Roman zu einem Hörerlebnis.
»Eine Einführung in die Unterschiede der Alltags- und Mentalitatsgeschichte von Ost und West.« *TAZ*